重建家园

中国传统文化批评与重构

徐兆寿 著

中国社会科学出版社

图书在版编目（CIP）数据

重建家园：中国传统文化批评与重构/徐兆寿著 . —北京：
中国社会科学出版社，2017.5
　ISBN 978 - 7 - 5161 - 9688 - 5

　Ⅰ.①重…　Ⅱ.①徐…　Ⅲ.①思想史—研究—中国
Ⅳ.①B2

中国版本图书馆 CIP 数据核字（2017）第 005108 号

出 版 人	赵剑英
责任编辑	罗　莉
特约编辑	席建海
责任校对	李　林
责任印制	戴　宽

出　　　版	中国社会科学出版社
社　　　址	北京鼓楼西大街甲 158 号
邮　　　编	100720
网　　　址	http://www.csspw.cn
发 行 部	010 - 84083685
门 市 部	010 - 84029450
经　　　销	新华书店及其他书店

印　　　刷	北京明恒达印务有限公司
装　　　订	廊坊市广阳区广增装订厂
版　　　次	2017 年 5 月第 1 版
印　　　次	2017 年 5 月第 1 次印刷

开　　　本	710 × 1000　1/16
印　　　张	22.25
插　　　页	2
字　　　数	253 千字
定　　　价	88.00 元

凡购买中国社会科学出版社图书，如有质量问题请与本社营销中心联系调换
电话：010 - 84083683

目　　录

第一辑　重新理解孔子和老子

第二辑　传统经典的精神立场

第三辑　中国传统文化批评与重构

第一辑

重新理解孔子和老子

文学的大说时代

在去曲阜的前一周，我到一所学校里讲孔子，题目是《文学青年孔子》。有人在微信上说，你这是要解构孔子？我回复道，非也，我是还原孔子，重新理解孔子。孔子在世时也与我们一样，是一个人，是一个充满了理想也浑身缺点的人。在我看来，孔子和我们今天的众多文学青年一样，都是被某种梦想所惑，以为那些梦想才是人类真正需要的梦想，然后不断地想让人认可它，并试图改造这个社会，但最终脱离了现实，活在梦想中。我们都是被梦想伤害了的人，但又不承认那伤害。因一意孤行，在现实生活中，我们都是失意之人。永远走在路上，梦想永远也在前方。这就是我所说的文学青年的特点。

我认识很多被文学伤害的人，他们一刻都未曾停止过梦想，从未放弃过写作，但生活中他们都是失败者，但我始终觉得他们才是真正的文学者。那些在文学生活中获益多多、志得意满的人们，实际上是离文学越来越远。他们以为掌握了文学的话语权，并享受这权力带来的种种益处之时，实际上文学正在离开他们。文学永远属于那些对其抱有强烈热望的人们，属于真正的文学青年。

这样说来，孔子便是中国历史上第一位真正的文学青年。

事实上，当我们这样来知人论世的时候，就能真正地理解孔子，亲近孔子，并以此而使自己也得到某种升华。我以为，这种方式比通篇对他的赞美要更利于让人们接受。《孔子世家》就是这样的风格，所以每当我读这万言字时，就感觉孔子是我的另外一个自己，一个未曾谋面但神交已久的知己。

孔子在世的时候，文学才真正诞生。我这样说的时候，那些古典文学的教授们肯定要破口大骂了。他们会说，那《诗经》算什么呢？

是的，《诗经》中的国风是文学。但它没有作者，也就说明那不是一个文学的自觉时代。文学，一定是个体觉醒之后的事情。而在中国，文学的觉醒期就是诸子百家时期。老子的《道德经》，庄子的散文，屈子的《离骚》，一定是有我的觉醒，有我的意气、思想、灵魂在鼓荡。它与《尚书》那样的国家体的八股文是不一样的。文学是个人的事业。

但是，这样说的时候，是不是就意味着文学是小的，是表达个体存在的一种语言艺术？我不这样认为。文学在历史中不是静态的，就好比我说它在诸子百家时期才真正诞生一样。那么，它在每一个时期就都会有自己的存在形态和方式、地位、意义。

今天我们总是说，我们不要把文学说大了，文学一定是很小的，是以小见大的。那也只能说是今天的一孔之见。文学在觉醒之时并非那样。它是大说之说。老子说的是世界之初，天地之大道理。孔子讲的是大历史，是要让帝王、贵族以及百姓们都听的关于人的道理。而那个嬉笑怒骂的庄子看起来极不正经，但他讲的是天地间的大自由、大自在。他上嘴唇顶着天，下嘴唇挨着地，无边无际地与你聊天。你就着了他的魔，喜欢上他来。墨子也一样，讲的是国家与国家不要战争，人与人之间要兼相爱。

哪一个谈的不是个人理解的大道理？哪一个不是觉醒后的圣人？哪一个不想指点天下？行无为之教的老子谈的恰恰是最大的道。世界从他开始，然后过渡到孔子，最后被庄子讥讽。文人相轻的事从庄子开始。

那个时候，文言是文学的主流，就像今天小说是文学的主流一样，诗歌居于其次。诸子要通过文言来讲述自己对世界的理解。摆脱了天子的约束，也摆脱了诸神的监督，他们"哗啦"一下子都冲到了前面，把世界吵醒了。尤其是孔子，他不是一个人在说，他是领着一个庞大的团队在到处游说。老子和庄子都觉得有些烦了，说孔子扰乱了人心。他们甚至也说出了狠话：绝圣弃智，天下治矣。

如果那时有微博或微信，他们肯定天天在吵架。但孔子的粉丝很多，肯定会把老庄骂死。老庄总是单兵作战，喜欢独来独往，当然他们也不屑于与那些粉丝恋战。假如老子出场，定是像王家卫与粉丝们见面，话不多，但句句是旷世名言。然而老子肯定是不会出场的，至少时机一直未成熟。他在他将隐世之时送给世界几句话，而这几句话就够文青们玩味一世了。

也就是说，文学才刚刚觉醒，所以大家要拼命说话，拥有话语权。文言也与这种方式相适应。诗歌在那时居于其后。至于小说，在那时是不入流的。小说家流，乃街头巷尾闲言碎语耳。但后世的荒谬在于，学者、作家们每每要找其源头，便找到诸子时代的小说家流，以其为正宗。于是，大谈小说的本源在于闲言碎语，甚至于像张爱玲、王安忆所以为的流言记述。事实上，在诸子时期，小说乃小道耳。

孔子、老子、庄子之大说到哪里去了？"五四"以来学者们引进了西学，西学中有一个非常重要的学术门类，名曰哲学。于是，人们自然地按西学之划分把广义的文学分为哲学、历史、文学。把有思想或形而上一类的大文学归为哲学，而将孔子之《春秋》、太史公之《史记》一类的文学归为历史，文学剩下什么呢？确实是闲言碎语，不入流者也。

然而，自"五四"至20世纪80年代末的每次思想运动，文学家始终站在潮头，即使是哲学家也愿意谈文学，而将自己归于美学一类。为什么呢？因为作家们不愿意做闲言碎语之闲文章，而是想大说自己对时代的看法，想改变世界、改变人生，使人生在大时代中有永恒之光芒。"五四"时期的"新文学""人的文学"不就是这样建立起来的吗？但是，悖论也恰恰在于这些新文学运动的旗手们总是强调文学要独立于政治，文学要独立于皇帝。后来的文学家们进一步说，文学不要"文以载道"之传统，文学甚至要与国家意志分离，作家是独立的知识分子，应当站在国家意识形态的远处批判一切。

要干什么呢？不又回到诸子百家时代了吗？不还是想大说自我吗？

文言之后，诗赋居于主流，所以，赋自然就承担起了大说者的角色。屈子之离骚、汉之赋便产生。但文言始终并行不悖地存在。司马迁之《史记》仍然继承诸子尤其是孔子《春秋》大义，以笔为旗，以梦为马，树立自己的天下观、文人观。唐诗绚烂，然李白承庄子、杜甫继孔子，脉脉相承，何以断哉？即便如此，韩愈仍觉得文学在退步，反身向古，古文运动始焉。明清小说之时，说唱艺术成为主流，于是有《三国演义》《水浒传》《西游记》等。文言被革新后再次以新的方式出现，这就是小说。《三国演义》《水浒传》不都是儒家的大说吗？《西游记》难道不是佛家的大说？独独出了《金瓶梅》和《红楼梦》，别有风景，说的都是小事。今天的作家、学者们便都说，你看小说就是要往小里说，但他们为什么不说《红楼梦》之大？那种存在于人心的虚无之大，那些亘古以来就有的蛮荒之情，还有对儒家的深刻打击，对道家和佛家的由衷赞美。假如没有了这些广大的存在，《红楼梦》何以成梦？贾宝玉魂归何处？

今之才子们，看到了那些小技，便心有所动，玩弄辞藻，以为那便是传说中的小说之主流。悲哀啊！他们哪里能看到自孔子、老子、庄子以来就息息不断的大说，那就是对道的观照。假如说，孔子喜欢正面强攻人性、道德、世界的话，那么，庄子便是曲笔入道，从人性与世界的另一面说起。一个说有，一个说无。但他们讲的都是道，只不过在普通人看起来是对立的存在，而老子在《道德经》中早就有总结，它们是道的两面，"同谓之玄"，皆为道耳。

电影产生的时候，它与诸子时代的小说家一样，乃娱乐耳。所以，人们便以为电影的本质就是娱乐。可是，当电影慢慢地成为生活中的主流而小说渐渐式微之后，人们便要找大说的承担者，所以纷纷诟病电影。从这一意义上说，电影也将承担大说者的角色，否则电影便让位于别的艺术。

说透了，就是一句话，谁担当大说者，谁就是主流。自孔、老以来，从来如是。那些世故的文学终究是要被扔进历史马桶。尤其是在每一个更新换代之际，文学的大说被表现得澎湃有力而激动人心。而那些大说几乎都由一群文学青年完成。一部《新青年》就道明了真相。

孔子的文学实践

在烈日炎炎下，我们从孔庙再到孔府，然后驱车来到孔林。当我坐着电瓶车穿过那无数的坟茔时，我被震撼了。我去过秦陵，也去过十三陵。虽然我未去过埃及金字塔，但通过各种方式目睹过它的庄严、宏大，然而，它们都没有让我如此震撼。

世界上帝王从来都有浩大的陵墓，这是权力、专制的象征。他们死了也要显现自己的伟大。可是，孔林的伟大不在这里。孔子的墓也就那样一处，大概不到一亩地。但是，在孔林躺着的是十多万孔子的子孙。那些大大小小的坟茔上长满了青草。它们似乎在告诉世人，瞧，帝王终有时，且死后都不得安闲，总是有盗墓者打扰，然而圣人享有世人对其永恒的敬仰，有数不尽的子孙，且因为薄葬几乎无人去盗。我问讲解员小吕，"文化大革命"时批林批孔这里有什么损失，夫子墓是否被挖？小吕说，是的，只有"文化大革命"时遭遇不测，但是人们在挖孔子墓时，发现坟墓里到处都是盘根错节的大树根，根本无法挖开，便放弃了。那些延伸到地底下的根脉多像孔子的象征啊。世上有多少人都想把孔子打倒，但都像蚍蜉撼大树，无济于事。

这三千亩浩瀚的坟茔，比世界上任何一个帝王的事业都要壮观、伟大、无与伦比。我带着难以言表的感叹出了孔林，然后又坐车回曲阜。忽然，我看见前面曲阜的城墙，便问小吕，当年孔子就是从这里回到鲁国的吗？小吕笑着说，这个我不知道，应当是吧。其实，也许孔子是从其他门进去的，但我问的肯定不是哪个门的问题，而是，孔子一定是回到了这座据说比孔林都小的鲁国国都了。

那年，孔子已近七十岁了。司马迁在《史记》里写得很明白。五十六岁那年，孔子第一次执政，就显示了不凡的才华，结果招致齐国的担忧和季氏的嫉妒。齐国给季氏送来美女和财富，离间孔子。孔子恃才，一直等着鲁定公给他的祭肉，但没有等到，便失意地离开了鲁国。十四年之后，返回鲁国。史书上说，孔子六十八岁返回的鲁国，但这样来算不满十四年。说七十岁也不合适，因为六十九岁那年他还出席鲁昭公夫人孟子的葬礼。所以，六十九岁可能更准确一些。我记得周润发演的电影《孔子》里，当孔子远远地看到鲁国的城门时，他泪流满面，跪在地上亲吻故乡的尘土。那一刻，我的眼睛也湿润了。

他是如此失败。但是，在剩下的三年多时间里，他并没有因此而悲伤、颓唐，而是做了很多大事。他的学生感叹道："大哉孔子！博学而无所成名。"的确，孔子没有像老子、庄子那样为我们留下成系统的著作。他的言语都是弟子们记录而成。他说自己述而不作。此说虽然有些牵强，但总还是能说得过去的。

我一直在想，为什么后世那么多人著作等身，却还是觉得无法与孔子相比？比如董仲舒，他真正地实现了孔子的理想，做了帝王师，行了仁政，罢黜百家，独尊儒术，并有《春秋繁露》《天人三策》《士不遇赋》等著作，但我们总觉得他比起孔子，还是缺乏得很多。再比如朱熹，官至巡抚，著述甚丰，一生显达，是理学的代表人物，但比起孔子来，仍然觉得他太小了。再不要说那些历代的文人大学士及诗人、作家了，他们更是难以望孔项背了。

到底是什么原因使孔子显得如此伟大？

我的理解是实践，且是失败而执着的实践。不是他思想的高远、深邃、广阔和伟大，也不是他学富五车，而是他对道的实践。

老子也无法与其相比。因为老子只留下言论就转身隐去，背对世间了。如果说老子的实践在于隐世，那么，他也在真正地实践，只是这实践对于世俗世界来说，多少有些冷漠。但是孔子的古道热肠和行踪历历在目，且令人疼痛。

庄子更是与其无法比拟。庄子有那样浪漫、奇幻、深邃的散文，这世上至今无人能及，但是他没有孔子那样的牺牲精神。庄子太私我了，而孔子就显得广大无边，无私得多。

难道在中国历史上还有比孔子更伟大的人吗？我找不出第二个。

他三十岁开始办教育，大概是世界历史上第一个办私人教育的人。那时候，除了国家办学外，还没有人那样做。但是，孔子做了。他为什么要做？难道是像今天的人要办教育产业吗？他是想在那个知识和学说被贵族及国家垄断的时代里，让更多的人接受教育。他是敢吃螃蟹的人。他有教无类，不拒绝任何人，庶人他也愿意教育。他哪里知道，从他办教育的那一天起，他就被上天选中了。他要替上天来传达仁爱的思想。而在整个人类史上，那些伟大的导师都是办教育的人。释迦牟尼是这样的人，苏格拉底、柏拉图是这样的人，耶稣是这样的人，连穆罕默德也是这样的人。帝王想拥有的是广阔的疆域，而伟大的哲学家、宗教领袖想拥有的是精神、灵魂。帝王一直想永恒，长生不老，使自己的基业万世相传，往往速朽了。那些哲学家、宗教领袖自然是要传万世之法，但他们多么渴望现世的认可与幸福，往往失败了，然而上天也有公道，使这些伟大的传道者享受万世之拥戴，成为人间的神祇。他们各行其道，各有天命。

在教育中，孔子获得真理，也获得上天的鼓励。他总是说上天如何如何。上天是他一切力量的来源。他相信如此这一切都是上天的安排，到了五十岁的时候，他就完全相信这是天命。他在办教育之外，尝试着去实现自己的理想。后人都认为他喜欢做官。是的，做官是他实现理想的最好的途径。那些批判他的所谓志士们，试问在那样的时代里，他要让自己的理想变成现实，要让君王们相信仁政是天下最好的政治，除了成为官，还有其他的渠道吗？

如今，在后殖民主义学者萨义德的理论启示下，中国乃至全世界有无数的知识分子以为不参与政治就是真正的知识分子，更进一步，只有站在远处永远批判政府、既得功名者以及一切主流意识形态的人，才算是真正的知识分子。也许这是今天知识分子的一种选择，然而，我还是以为，这是一种与伟大的实践相脱节的空论。

在一切的言说中，唯有对言说的实践才是真正伟大的行为。龙树的思想虽然难以与释迦牟尼相比，但是他的聪明智慧决不在释迦牟尼之下，然而为什么在人们眼里，他只能是一位菩萨？因为他没有释迦牟尼那样伟大的实践。释迦牟尼敢于放弃荣华富贵，甘于做人类最卑微的乞讨（化缘）行为，他在世间进行了四十多年的教化活动。苏格拉底的智慧一定比柏拉图的要大吗？不见得。他们的教育活动有多大的差别吗？是有一些，但不见得有多少高低的不同。

但是，苏格拉底最伟大的实践在于，他愿意舍弃生命而实践自己的言说。相反，柏拉图和亚里士多德就无法与其相比。耶稣的实践也是愿意付出自己的生命。

是的，孔子与他们一样，愿意把自己的生命乃至一切宝贵的东西都舍出去，从而实现自己的理想。这就是他们伟大的实践。相比来讲，孔子、苏格拉底、释迦牟尼都没有自己的著作，他们的话都是由弟子记述而成。然而后世写作者比比皆是，即使写出了天下真理，却不去实践，哪一个又能与他们相比呢？

我读《论语》里的每一句话，都是与孔子广阔的胸怀、不幸的人生遭际尤其是他不为人知的郁闷心理联系在一起，我觉得那些言语每一句都充满着惊人的力量。犹如我读海子的诗，就一定要与其为诗歌献上年轻的生命这件事联系在一起。同理，在我读王国维的《人间词话》一样，我总是想到那个为古中国文化而殉道的细节。他们都是把生命的鲜血、呼吸浇灌在每一个汉字中间的人，所以，他们写的文字那样鲜红，那样沉重，令人伤感。而孔子说过的每一句话，我都觉得他是可以亲身实践的，相反，我觉得他如果做不到的话，就一定不会轻言。佛教里称之为妄言。

我们今天的小说家、诗人都在闭门造车，天天想着鲁奖、茅奖和诺奖，罕有人去为自己的言说而实践。我们的那些学者，也天天坐在故纸堆里考证古人的言词，心里想着职称、津贴，少有人去阐发造福世人的真理，更不会以生命去实践这真理。呜呼！正是这些坐在书斋里的闲人们在批判那些伟大的实践者。

我总看见，浮士德博士在放弃自杀后走向广阔的生活，去实践自己的理想。尽管他是被魔鬼诱惑着追名逐利，也曾做过不少恶事，但是，他最终回到了上帝的身旁。

我们呢？

我们总是埋怨生活在了一个可悲的时代，其实是因为我们自己可悲。孔子六十九岁回国，鲁国再没有用他。他得以又一次回到教育中。他把剩下的生命全部用于教育和编撰教材方面。

有一次，我与几个大学老师说起我去拜访孔子，看见子贡守墓处，我说当我听到子贡为老师守墓六年时，我震撼之极，旷世仅有，今世绝无。我们也带学生，试想想，有学生会为我们那样吗？一位老师说，当然不可能了，放在今天，六年时间能干多少事，能为国家做多少贡献？

又是功利性的判断。我说，我不这样认为。《左传》中有一句话，让我看了非常震惊。它的大意是，在古人看来，立德第一，功名第二，立言第三。当我看到那句话时，我整个的人生观发生了巨变。几十年来，我们一直强调发展、发展，强调国家的GDP，结果，功利思想侵入我们灵魂深处，同时，近百年来我们对传统道德口诛笔伐，道德信念在国人心中荡然无存，这就是今天中国社会的最大问题。当我们遇到两难的问题时，我们总是以功利和贡献的大小来决定一件事的性质。同样，我们这些知识分子总以为人世间最大的贡献是立言，以为孔子、老子、释迦牟尼、耶稣等最大的贡献也在于立言。所以我们对北宋张载的那句话赞赏有加，"为天地立心，为生民立命，为往圣继绝学，为万世开太平"。我们把立言当成我们的天命，而把实践当成别人的事。我们今天知识分子的想法绝对是，立言第一，功名第二，立德第三。或者说，功名第一，立言第二，立德第三。这就是我们与孔子的区别。

孔子的伟大创作

    如果有人问我，你现在最不愿去的地方有哪些，我会毫不犹豫地告诉他，医院。那是面对死亡的地方。我有好多年没有去体检。很多人都说，体检会提前预防疾病。但我以为，体检的最大问题也在这里。我们对生命总是不够尊重，我说的是生命的意义。体检还会带来一个很大的问题，即让人时时对死亡产生恐惧。我有一个朋友，本来很健康，如果不去体检，他也许能躲过死亡，但是他去体检后发现自己得了肝病，几天内就消瘦成皮包骨头，很快就死了。现在很多人都批评医生医德丧尽，为了挣钱，一个小病都被说成大病。我在想，生命的意义不在于活着，而在于如何活着，甚至说是如何死亡。假如生命的大限来临，检验有什么意义呢？这使我常常想到《易经》。深懂《易经》的人，对生命有另一种看法，就知道生命的节制与中庸之道，知道阴阳调节的道理，且往往对生死是有预知的人。古人说，懂得《易经》的人是可以与鬼神打交道的人。此说在今天当然很多人不信，因为大家都接受了科学世界观，但还有很多人会信。世界是多样的，体验也完全不同，我们应当相互尊重各自的信仰。

但现在医院的信仰在科学，在实验室，所以最大的问题还不在上述所讲的问题，而是把生命当机器，把人当工业流水线上的产品，当药品检验的实验品。一个小感冒，但你一进医院，医院首先让你进行尿检、血检，然后根据这些开一大堆药。那么，大一些的病呢，首先是进行各项检查，然后再确定得了什么病。若是头痛，就开一大堆治头痛的药，若是脚痛，就开一大堆治脚的病。我看这样的医生人人都能做了。不是他们在判断和治病，而是靠机器和药品说明书。大部分可能治好了，但很多疑难杂症是越治越恶化。比如化疗。

　　有很多老中医告诉我，在中医上看没有什么病是治不好的，主要在于阴阳平衡，但是，有一个中医也告诉我，中医还在于治心，叫人调节心理，面对生命，所以中医是一种古老的面对生命和死亡的哲学，若真是生命的大限来临，也不必恐惧。在他的影响下，有一段时间，我曾经痴迷于中医哲学。

　　在我痴迷于中医的那段时间，我曾研究过《易经》，但根本无法入门。那时我二十六七岁。四十多岁时，因为讲授中国传统文化的原因，不得不讲授《易经》，才又一次去研究《易经》，还是不能入门。再后来，我还拜访过一位民间高人学习过几次，并向其讨要过一些关于《易经》和占卜方面的书，还是很难得要领。四十五岁时，翻开南怀瑾先生的《〈易经〉杂谈》，仅仅一夜，过去的很多问题似乎通了。但也深深赞同南怀瑾先生的观念，一定要研究，但不要用其占卜，要相信那句儒家的理念：善易者不占。近两年来，渐渐能悟出一些道理来，越发觉得《易经》之广大深邃，我仅仅是窥见了一点光明而已。想到孔子五十才学《易》，也感觉不晚。今后的最大学问，恐怕就是这部中国最古老的经典了。

在孔子之前，私人是不允许写作的。写作属于国家的大事。但孔子之时，国家学术崩溃，学术下移至民间，于是，诸子纷起，各抒己见，百家争鸣，私人写作由此始焉。我在另一篇文章中讲过，在孔子之前，周公、管子也曾著述，但都代表的是国家。只有在孔子之时，才有了个人学说。正是在这个意义上，老子是第一个私人写作者，而孔子便是第二个私人写作者。

首先要说的是《易经》。《易经》应当是孔子最后编撰的书籍。至今我们很难对那些文言、系辞、序、彖、象、说卦、杂卦等的作者进行定论，有人说，《文言》乃文王所做，《象辞》乃周公所定，而《系辞》乃孔子所作。这些都是一些学者的说法。司马迁在《史记》中说："孔子晚而喜《易》，序《彖》《系》《象》《说卦》《文言》。"当然，也有人把序作为一部作品来看，显然不合理。但是，有一点是确定的，那就是这些文章都是经孔子删减或补充过的。这是孔子的特点。他既然已经"序《书传》"、编《礼记》，已经从一千多首诗删减为三百零五篇，也可将鲁史删减或改写为《春秋》，又怎么可能对六艺之首的《易经》轻易放过？这是他晚年最大的事情。虽然他说如果再给他几年时间就可以完全把《易经》修改得"彬彬矣"，但是，这并非说明他没有对《易经》进行编撰。大量的资料恰恰表明，在孔子之前，有关《易经》的书籍很多，但是不是符合《周易》，即符合周文王和周公的义理，就不得而知了。他要做的便是把所有有关《易经》的内容编撰起来，成为一部完善的经、传合一的《易经》。

我们看《三国演义》，会发现诸葛亮有神力，能知天文地理，还能善用风水。这一切都是因为他有一部《易经》在起作用。民间传说诸葛亮发明推背图，如果有，也出自《易经》。我观《阅微草堂笔记》，发现大学士纪晓岚除了经史子集和诗词歌赋皆通外，既善于卜卦，又善于开药方，真是了不起的大学士，而这一切的基础仍然在于六经之首的《易经》在身。我还看到鲁迅的老师章太炎先生在黄侃病了的时候，竟然能在了解病情后即开药方，然后再送到黄侃处。皆为《易经》矣。鲁迅则没有这样的能力，盖因鲁迅尚未研讨《易经》，便东渡日本，向东洋取经。

　　在我的视野里，也许章太炎是一个分界线。从此以后，新式的知识分子便与《易经》和整个传承了两千五百年的六艺断裂了。《易经》再次流至民间。后来，它就成了迷信，与我们这些在 20 世纪七八十年代成长起来的文化人没有任何关系了。我常常在想，我们还算是知识分子吗？我们对天文、地理、人命还知道多少？我们对人世间那些未知的领域还能探究吗？

　　很多人都说，不读孔子、老子，就不懂中国。其实，真实的情况是，不懂《易经》，我们不但不懂中国，而且我们几乎一无所知。对于这个世界来说，我们知道的事情其实很少很少，而未知的事情占了绝大多数。我们对一个小时之后将要发生什么无法确定，对明天一无所知，我们对最好的朋友也知之甚少。我们对世界的本质一无所知。但我们总是以为，我们知道一切。

　　然而，我并不赞同知识分子拿《易经》来进行算命或行事。如果说孔子之前的《易经》就是用来占卜的，就是用来趋利避害的，属于数术一类的话，那么孔子的伟大之处在于，他在这样无常的命运流转中确定了可以不变的内容，那就是君子、仁义、礼乐思想。他认为，君子无论在怎样的命运面前都不可盲目地趋利避害，而是要坚守正道，勇于进取，积极乐观，才可以达到君子的目的。比如某人要谋件大事，卜得一卦为"风天小畜"卦。其意思是目前只是稍有积蓄，还不能达到目的。如果是急功近利的话，那么谋事者有可能采取几种行为，第一种是不相信卦象，开始采取极端的不正当行为，从而想达到目的；第二种是觉得无望，便放弃了这件事；第三种是知道此卦的结果，但同时也对卦辞中圣人的劝导认真听取，采取积极而节制的方式，继续努力，坚守正道，相信有一天会达到目的。

显然，前两种方式就是算命，是功利性的、世俗性的，是《易经》在术算方面的功用，但是，第三种方式就是孔子所提倡的方式，有了理性，有了信仰。用这种简单的方式来说明孔子编撰《易经》的不同，可能很多人不大认同，但我就是这样理解的。也正是这样，到荀子的时候，他才说："善用易者不占。"意思是，《易经》的思想就是天地人心的道理，只要对天地人心有理性的把握，有正确的认识，还需要占卜吗？知道《易经》之理后，便对自己要谋的这件事从各个方面进行大致的分析后就可以做出判断。其实成功与否不是君子最终所要达到的目的。即使达成功名，但君子若觉得德不配位，仍然会觉得这是不利之事，应当坚决地回避。

我想，大概我们也可以从这个角度反过来判断孔子是否对《易经》的十翼进行过编撰。显然是的。《易经》中大量的"子曰""君子""仁义""大人"等词汇的运用，恐怕是只有孔门能做的事了，绝对不是道家的手法。

但是，孔子为何说"假我数年，若是，我于《易》则彬彬矣"。

我想，也是这个原因。很多人认为，孔子对《易经》还没有吃透，没有挖清楚，也就是说孔子不会用《易经》。的确，我们在《论语》和《史记·孔子世家》中几乎没有看到过孔子占卜的例子，而且《史记·孔子世家》中只说孔子"晚年喜易，韦编三绝"，似乎也说明孔子到晚年才在学习《易经》。

《论语》是孔子在各个不同时期的言论，也是孔子思想的主要佐证者。从《论语》中的确能看出，孔子是到晚年才真正开始治学于《易经》，但是，这也无法说明孔子不大懂《易经》。南怀瑾先生认为，《易经》是孔子传下来的，仅凭这一点就很了不起。他说，孔子著了《系传》等十翼，然后传与商瞿。后来，子夏在河西讲《易经》，大家都认为他只是得到易理而已，数术未曾得真传。历史上有记载，商瞿四十岁还没有儿子，他的母亲很难过，就问孔子。孔子说，你不要难过，他在四十岁后会有三个儿子，结果真如孔子所说一样，商瞿四十岁后有了三个儿子。这个事情说明孔子不是不会用《易经》，而是他不轻易使用而已。商瞿又传至后人，到了汉朝时就变成了京房系统。但是，后人认为，到了京房时，《易经》多转向数术方面了，且大不如孔子时期。也就是说，孔子对《易经》的研究不但有数术方面的，还有易理方面的，是统一的。

但即使这样，我们还是不能解释《史记·孔子世家》中孔子的遗憾。

我们还是从"彬彬"一词着手。如果说孔子不修《易经》，何来"彬彬"之说呢？正是因为他要修正过去人们对《易经》的种种不合适的解释，而使得《易经》所有的解释都达到文质彬彬，但是，他研究得太晚了，还没能达到这个目的就去世了。

那么，孔子想使那些对《易经》的种种解释达到怎样的地步就是"彬彬"了呢？显然是要把他的仁义礼乐思想完全融合在其中，同时，他也可能要用过去的经验来验证《易经》的各种爻辞和卦象。所以，爻辞中是历史，但是这个历史是一种动态的历史，这个动态则正是孔子要说明的地方。如果是静态，那就只有结果，就是完全功利性的，但如果是动态，则就有两种处理方式，一种是完全按照功利的目的而行事，这也是顺乎道，但是一种无意识的顺从，终究还是一种功利主义的行为；另一种则是行圣人之道，走正路，守正道，既不拘于法理的教条，要善于变通，又要在变通时不可妄为，就是《系辞》中所说的："夫《易》，圣人所以崇德而广业也。知崇礼卑，崇效天，卑法地。天地设位，而《易》行乎其中矣。成性存存，道义之门。"

这大概就是孔子要解决的事情，而这也是天底下最难的事。他要与上天达成一致，阴通鬼神，阳合人间礼法，既不盲目地行动，要听上天的安排，但同时也可按君子之道进行自身的坚守。甚至可以说，孔子想将《易经》的数术与易理统一起来，要取得上天与鬼神的统一，为人间甚至三界重新确定大道。

我以为，在这一点上，自古以来，没有人超越过孔子。自孔子之后，当然更没有人了。至于释迦牟尼、耶稣，是用宗教的方式直接为人间确定仪规，那是神的方式，不是人的方式。而孔子是人的方式，以人的正见，想为三界确定仪规，的确是太不可思议了。

每读《系辞》，都觉得那些精美之言语非《论语》之修辞可比，必当出于夫子。而老子之《道德》和夫子之《系辞》，可算是那个时代最伟大的哲学篇章了。

其次要谈谈《春秋》。这是孔子真正的创作。据说，孔子所作《春秋》不过一万八千多字，留至后世的是一万五千多字。是《道德经》的三倍。没有《庄子》那样的篇幅。但就是这一万多字，完成了孔子关于仁义、礼乐的大追求。

他为什么要做这样一部书？这不是与他述而不作的精神相违背吗？我们不能抠着字眼去理解孔子。孔子被迫流浪六国之间时，他就在想，"不行了，不行了，君子痛恨活了一辈子而名声不被人们称道。我的主张不能实行了，我用什么将自己显现给后人呢？"看到这儿，我笑了。司马迁写得太好了。他把孔夫子写活了。

如果说之前所有的事情都放在立德和功名上，那么这一次，他不得已便要立言了。他把鲁国的历史编纂成一万八千多字的《春秋》，在陈述事实的基础上，该赞扬的赞扬，该贬低的贬低，把那些诸侯臣子僭越与作乱的事情全都一一责骂。好个爱憎分明的孔子。按司马迁的推测，《春秋》作于孔子困厄之时，也就是五十六岁之后。那么，孔子是否把他对乱臣贼子们的恨也带进史书了呢？显然是，否则他如何实现他的礼制理想。也正是因为这个原因，孔子才说，"后世知丘者以《春秋》，而罪丘者亦以《春秋》"。也正是因为这个原因，后世对《春秋》是否为史书充满了怀疑，实证主义者胡适就认为，《春秋》一书，只可当作孔门正名主义的参考书看，却不可当作一部模范的史书看。因为历史的宗旨在于"说真话，记实事"。《春秋》的宗旨，不在记实事，只在写个人心中对实事的评判。徐复观也说，孔子修《春秋》的动机、目的，不在今日所谓"史学"，而是以史的审判代替神的审判的庄严使命。可以说，这是史学以上的使命，所以它是经而不是史。

徐复观之言诚哉。如果我们把孔子降格为一位史学家，圣人之教何在？他必然是要在历史的记述中陈述自己的大道。胡适之类者岂能知之。如果说真实，这才是真正的真实。非表相之真实，乃心中正义之真实。也正是从这个意义上，孔子是一位文学家，而非简单的史家。胡适者流是从西学中借来学术之分类法，将中国古代文史哲不分家的传统硬是要割裂开来。

新文化运动以来，尤其是新中国成立以来，现实主义的传统成为中国文学之主流，但为何我们一直在学习俄罗斯文学传统，却未曾向《春秋》学习呢？《春秋》是孔子作为一位知识分子对历史和社会进行批判的杰作，他不是虚无主义，他的每一句批判都是指向仁义、礼乐，归于大道。然而，孔子的这种批判精神并未在后世得以良好地继承。人们只记得其"四十不惑，五十知天命，六十耳顺，七十从心所欲而不逾矩"，只记得中庸之道。人们只记得从《论语》中得到一些顺从天命的只言片语，却看不到《论语》中的批判精神。于丹讲孔子，也是只讲"顺从"，从不谈批判，这大概也是那么多的人对其谴责的原因。

然而，今之文学青年，多没有高远之理想，追求的都是修辞之美饰，接舆之狂行，对待道德口诛笔伐，对待功名利己至上，而对待大道虚无彷徨，所以，批判无意义，这哪里是孔子之传人，分明是接舆之再传弟子，事实上，连接舆都难以连为一气，不知其何教也。

我读《论语》，必然想到《春秋》，必也一定要读《史记·孔子世家》，然后才发现，即使如此也只是懂得一半孔子，然后读

《诗》《礼》《书》，懂得其全貌。以为这就可以了，后来才发现，丢了《易经》，就等于丢了魂魄，于是研究《易经》，方知世人都误解了孔子，我也误解了半辈子。呜呼！圣人都如此，何况我等无名之辈。

想到此处，不觉仰天长笑。至于《诗》《书》《礼》《乐》，乃至《论语》者，还有谈的必要吗？

师道：子贡创立的信仰

在拜谒完孔子后，解说员小吕指着孔子墓右边的三间茅屋说："这是子贡守墓处。众师兄弟和他一起为孔子守了三年的墓，其他人都走了，他独自留下，又守了三年。共六年。"

那一刹那，我怔住了。然后，我的内心涌动着一股强烈的热流。只因为我也是一位老师，而且，我也曾是一位学生。在复旦读博士的时候，师兄弟们总是说导师陈思和先生一些感人的事迹，其中之一便是他视贾植芳先生如父。他留到复旦任教后，就一直在做贾先生的助手，深受贾先生爱护，同时，他不但替贾先生做一些工作上和学术上的琐事，还一直照顾贾先生的生活。贾先生在日记中每每写到，某一日他病了，是陈思和先生背他去医院，等等。贾先生去世，也是思和先生办的丧事。之后，贾先生的文集，也是思和先生带着众弟子整理出版的。我到复旦读书时，已经四十二岁，思和老师每每叫我"徐老师"，我便很不自在，后来在我多次的请求之下，他终于开始叫我的名字。那时，我给思和先生写过一封信，希望能在读书期间陪伴左右，端茶倒水，侍奉老师。那时陈老师有助手李一小师姐，她很能干，我无事可做。有一次，他说，希望我能替他处理一些学术会议方面的事。这些事原本由栾梅健老师做，栾老师最近病了，现在没人做了。我很高兴，但是，那时一方面我耳朵神经受伤，不能打电话了，另一方面，我所在的单位西北师范大学这边，我又兼着行政职务，不得不两边跑。后来，这边成立传媒学院，我受命来主持工作，更是没有时间了。每次去复旦，都是打飞机的，匆匆去，匆匆回。想起对老师的承诺，始终在后悔。后来我把这些心里话告诉我的研究生们，我的意思是，古老的师道在我的导师那里延续着，而我们应当学习他。我也常常有冲动，想调去上海，在老师需要我的时候，能随时出现在他身边。但此志绵绵，恐难以实现，所以，一次在北京遇到金理师兄，乘着酒兴，便对他说，恐怕照顾老师的重任会落到你和其他师兄身上了。

子贡的行为，让我又一次深深地感动。事实上，中国之师道，自子贡始，方获得信仰之力量。如果没有子贡之诚信，孔子这位师者便缺少了其神圣的对应者——坚定的信仰者学生。广而大之，从历史上看，释迦牟尼如果没有迦叶与阿难，其佛法可能会中断；老子若没有关尹喜，便不会有《道德经》；苏格拉底若没有柏拉图，其思想便很难永恒地传承下去；耶稣若没有保罗等弟子，又怎么可能有基督教呢？老师与弟子，是精神的对应者，缺一不可。

子贡是最早进入孔子门下的学生之一，也是跟随孔子在六国间流浪的学生之一。大概跟随孔子三十年。子贡比孔子要小三十一岁，算是真正的晚辈了。三十个春秋，使他们的感情必然不同于一般人。那时，男人虽然需要女人，但是，男人对男人的需要远远超过女人。在当时，女人是奴隶，是附属品，但男人间的友谊如同兄弟、父子，比世间什么都重要。不像今天，男人对女人爱情方面的需要远远超过友情，至少是一样重要。所以，孔子与子贡，犹如父子。

那么，子贡为何要守孝六年？

先得说说子贡和众师兄弟为何守孝三年。孔子之前，不曾听说学生为老师守孝三年之事，只听说儿子为父母守孝三年。那么，我们先要解决为什么儿子必须守孝三年的问题。

宰我是孔子的学生，被誉为"孔门十哲"之一，据说其聪慧在子贡之上。他与孔子论礼时，说："三年的丧期太久了，君子在这三年之间若不举行礼仪方面的事，礼仪就会荒废；若是三年之间不演奏音乐，音乐也一定会亡。旧的谷子已经吃完，新的谷也已经收成了，连打火的燧木也轮用了一次，所以，按自然的法则，一年就可以了。"

这与今天很多人说的一样。我去曲阜拜谒孔子，曲阜的一位文化人招待了我。席间，他也说，三年的时间太长了，在今天能干多少事啊，为国家能做多大的贡献啊。我还在网上看到很多人说起这件事时感叹，人生有多少个三年啊，意思意思就行了，人死不能复生。他们还说，九泉之下的父母也不希望子女如此浪费大好时光。话是好话，也适合当下人的想法，但我还是笑着说，我们与孔子的想法不太一样。他便问，为何不一样？

我便给他讲了宰我与孔子的对话。孔子没有直接回答宰我，而是问，守丧未满三年，你就吃好吃的，穿好穿的，你心里安不安呢？宰我说，我心安。孔子只好说，你既然心安就好了。

这可能是我们今天一般的做法。大家都觉得自己心里安了就好了，何必在乎形式呢，甚至何必在意先人呢。在今天，很多人都觉得父母死了，便不会再有对人世间的感知，因为人是没有灵魂的。

古人当然不一样，觉得父母仍然在看着孩子的所作所为。孔子不语乱力怪神，虽然他在心里也认可这些乱力怪神的存在，但他不是从这个角度来讲的。他是从一个人自身的角度讲。所以，在宰我走后，孔子就对其他学生说："宰我不仁啊，一个孩子生下来，三年后才能离开父母的怀抱。为父母守丧三年，是应当的。天下人都如此在做啊。"

在这里，孔子回答了为什么要守丧三年的原因，同时也批判了类似于宰我者，以为三年乃形式主义，心中安就可以了。事实上，我在前面已经讲过，宰我者，乃功利主义者，想以功利来替代仁义和情感，又怎么可以呢？圣人不谈功利，首先谈的是立德，其次才在功名。由于我们一百多年来国家始终处于图存救亡与发展国力上，功利主义盛行，所以，整个国家的血液里都灌满了铜臭，知识分子都不能幸免。这是我们共同的不幸。

孔子在后来又解读了三年守丧会形成怎样的德行。他说："父在，观其志。父没，观其行；三年无改于父之道，可谓孝矣。"孝道立了。

事实上，在我看来，守丧三年可做如下观：父母育有儿女，必要怀胎十月，初算为一年；生下来要育儿数月，古时称为坐月子，有的地方是一月，有的地方是三个月，月子后还要陪伴孩子成长，直到行走为止，这段时间母亲和儿女几乎时时在一起，又为一年；虽能行走，但古时没有奶粉，所以断奶一般到两岁，又是一年。如此便为三年。守丧三年，也算是一次礼的教育，是对父母养育之恩的报答，也是体认父母养育之不易的过程。这绝非简单的形式主义。

然而，古之礼，今已丧，所以，孝道也就亡了。

那么，孔子非众弟子之父，为何也要守孝三年？这就与子贡有关了。《礼记》中说，孔子死后，众弟子为其小丧事，弟子们不知道该穿什么丧服。子贡便说，应该像父亲去世一样。这可能也有一个环境。孔子只有一子，名孔鲤。孔子游历列国时，孔鲤在为其打理学校。事实上，孔子游历列国时，追随者七十多人，孔鲤所打理的学校，可能人数极少。但孔鲤先于孔子死去，所以，孔子死后，没有儿子为其戴孝。孔子虽有一孙，名孙伋，但那时才五岁。可以说，家里没有成年的男子。在这种情况下，子贡认为，学生们应当为孔子戴孝，并守孝三年。这大概是情理之中的事。

但子贡之一言，即成为后世之师。所以，后世有"一日为师，终身为父"的师道名言。但是，子贡为何又要在守孝三年后独与其他学生不同，多出三年呢？史书中未有解也，也似乎未有人再问此问题，自然也无人解了。

唯有我愚钝，问出这样的浅问。但这既然是我的问题，我也要寻出一番答案来。

我一直在想，孔子被迫流浪于列国之间，总是寓居于某处，好在当时的诸侯都把知识分子当贤人来看，总是给予一定的补给。比如孔子从鲁国出来后就到了卫国，卫灵公给予奉粟六万，与鲁国的俸禄一样。可能还有其他国家也给予过资助，但在司马迁的记述中很少。有些国家想给孔子接济，如齐国和楚国，但这些国家的贤臣们这时候就不贤了，纷纷出来将孔子排挤出去。文人相轻的事在那时候就比比皆是。人性之如此，古今一样。那么，按一些史书中所说，孔子游于列国中时，跟随者达七十多人，那么多的人，吃住都需要钱，哪里来的这些费用呢？武侠小说中，那些侠客尚且可劫富济贫，顺便贪污一些留给自己用，可孔子是君子，怎么办呢？

又是子贡在解决这个最大的难题。司马迁在《史记》的《仲尼弟子列传》和《货殖列传》中都写到子贡的经商事迹。《仲尼弟子列传》中说："子贡出，存鲁，乱齐，破吴，强晋而霸越。子贡一使，使势相破，十年之中，五国各有变。"这里先讲子贡的口才与韬略，然后说："子贡好废举，与时转货赀……家累千金，卒终于齐。"《货殖列传》则说："子赣既学于仲尼，退而仕于卫，废著鬻财于曹、鲁之间，七十子之徒，赐最为饶益。原宪不厌糟糠，匿于穷巷。子贡结驷连骑，束帛之币以聘享诸侯，所至，国君无不分庭与之抗礼。夫使孔子名布扬于天下者，子贡先后之也。此所谓得势而益彰者乎？"

原来子贡不仅是一位纵横家，做过鲁国和卫国的国相，还是一位商人。有人研究得出，子贡的祖上是中国最早的经商者，此话不一定准确，但确实能说明子贡来自于一个商业家庭，有经商的天分。所以，孔子游于列国之间，凡遇到财力方面的问题，基本上都是子贡解决的。还不光是如此，子贡能使孔子的团队与国君分庭抗礼。这可不得了。

而孔子在危难之际，几次也是在子贡的努力下得以脱身。一次是困于陈蔡之间，孔子便派子贡出使楚国。结果，"楚昭王兴师迎孔子，然后得免"。楚昭王还想"以书社地七百里封孔子"，楚国的令尹子西说："大王出使诸侯的使者有像子贡那样的吗？"楚昭王说，没有。令尹子西又说："您的宰相有像颜回那样的人吗？"楚昭王说，没有。又问："大王的各部长有像宰予那样的人吗？"回答还是没有。令尹子西说，如果您要封孔子，孔子又有那么多的贤人辅佐，将来还有您的位置吗？楚昭王一听，便作罢。

这个故事说明子贡确实厉害，他能像司马迁所说的那样使孔子能像国君一样存在于世而不受困厄，同时也说明，孔子门下贤者能人很多，团队的力量很大，使各国国君都为之忌惮。

孔子六十四岁那年，吴国和鲁国会盟，向鲁国征集牺牲畜猪、牛、羊各一百头。鲁国的季康子向孔子求救，孔子派子贡代表鲁国前往交涉，致使吴国取消了计划。鲁国便开始有心想让孔子回国，但仍然被一些文人阻挡，于是便想到招孔子的学生冉有。冉有走的时候，子贡特意嘱咐他，去以后一定要让鲁君招请孔子回国。

只有子贡知道孔子的心思。后来，冉有替季氏带领鲁国的军队，打败了齐国，季康子便问冉有，你这军事方面的本事是向谁学习的呢？冉有说，当然是我的老师孔子了。季康子又问，你的老师孔子是个什么样的人？冉有说，起用他你就会有好的名声，即使你向鬼神去问他的为人也是没有多少缺憾的人，但是你要知道，我这军事方面的小道，他是看不上的。我的老师是追求大道的人。季康子便叹口气说，我想把你的老师请回来，怎么样？冉有说，你要打算召他，就不能用小人来牵制他。

六十九岁那年，孔子终于回到了鲁国。如果没有他的门徒，尤其是子贡的努力，孔子怕是要困死于陈蔡之间，也难以回到故乡了。所以，大概孔子对子贡也是充满了感情的。不然的话，为何孔子病重之时，心里一直想着的就是子贡。

子贡也一样。子贡自始至终对孔子是充满了敬仰和爱戴的。鲁国司马叔孙武叔曾在朝堂上对诸大夫说："子贡要贤于仲尼。"有人便告诉子贡，子贡就说："假如用围墙作比喻，我的围墙只能够到肩膀那么高，人们就能看见房屋的美好了。但我老师的围墙有几丈高，你找不到门，也无法进去，看不到宗庙的美好和各个房舍的丰富多彩。能找到门进去的人或许还很少呢。叔孙武叔那样说，不也是很自然的吗!"

后来，叔孙武叔又毁仲尼。子贡便说："仲尼不可毁也。他人的贤德，好比丘陵，还能逾越，但仲尼乃日月也，不可逾越啊。有人虽然想要自绝，对日月有什么损伤呢？只能说这种人是不自量力啊。"可见子贡对老师的维护是多么的真诚。不像子路，当楚国的叶公向他问孔子的为人时，他不敢正面评价孔子。说明在子路的心中，对孔子还是抱有怀疑态度的。

孔子被迫流浪于列国时，子贡追随其后。每到孔子危难之时，子贡都会挺身而出。当孔子死亡的时候，他又怎么能不想念老师呢？那时的子贡，大概正在外面发大财，一听说老师病了，便赶紧往回赶。等到孔府时，看见孔子正拄着拐杖在门口等他呢，并说，子贡啊，你看，天都要塌了，圣人也快死了，你怎么才来？

子贡潸然泪下，跪拜在孔子面前。孔子仿佛就是想看一眼子贡似的，等看到子贡的第七天，便去世了。

子贡本是以口才和经商著世，但孔子的一番话，使他成为比颜回还要有德行的弟子。当孔子的弟子们不知用什么方式来面对孔子时，他脱口而出，当然是以父亲的方式对待老师。也因为他，孔子的弟子们才会守孝三年。然而，当弟子们"相诀而去"之后，子贡又留在孔子墓前，再守三年。

我们至今不明白他为何又再守三年的道理。但是，我一直记得孔子被围困于陈蔡之间时与子贡的一番对话。《史记·孔子世家》中记录了这个故事。孔子见弟子们被围困多有怨言，便叫来子路问，是不是我们的学说有问题了？子路说，大概是没有达到真正的仁吧，所以没有人理解我们。孔子又叫来子贡，问了同样的问题。子贡说："老师您的学说深邃宏大，所以天下没有哪个国家能容得下您。老师是否可以稍微降低一点标准呢？"孔子的回答非常精彩，他说："子贡啊，优秀的农夫善于播种耕耘，却不能保证一定就能获得好收成；优秀的工匠擅长工艺技巧，却也不能迎合所有人的要求。众口难调。君子虽然能够修明自己的学说，用法度来规范国家，用道统来治理臣民，但也不能保证被世道所容，这就是君子可能遇到的天命。如今你不修明自己的学说，却去追求迎合世人，被世人称赞而收容，你的志向太不远了！"

孔子的这番话何其悲壮！这就是君子，求仁得仁，何怨乎？所以，当孔子把颜回叫去再问时，颜回的回答就令孔子大为满意。颜回说："老师的学说深邃宏大，所以天下没有哪个国家能够容得下您。"这前面的评价与子贡多么一致啊，但是，后面的回答就不一样了。颜回说："即使如此，老师推广而实行它，不被容纳怕什么？正是不被容纳，然后才显示君子本色！老师的学说不修明，这是我们的耻辱。老师的学说已经努力修明而不被天下采用，这是当权者的耻辱。不被容纳怕什么？不被容纳然后才现出君子本色。"

这就是孔子为什么赞赏颜回的原因。颜回有一种生来就形而上的精神在支撑着他，孔子评价他说："回也，一箪食，一瓢饮，在陋巷，人不堪其忧，回也不改其乐。"为什么？颜回是有大志向的贤者。

也许子贡一直想得到有如颜回一样的评价，但是，在孔子生前始终未能得到。颜回早亡，未能为孔子守丧。于是，子贡便担此重任。

也许子贡一直记得这样的差别，所以，他能够放下他的发财梦和做官梦，放下名利，而立一次德。我想，他在孔子墓前也曾犹豫过要跟众师兄弟相诀而去，但是，当他放下名利之时，也就是他的志向远大之时，于是，他对孔子说：老师，我想再陪您三年，让我的志向再远一些。

他也许根本没有想到，就是那后三年，那"多余"的三年，竟将师道确立了。世间，还有谁愿意浪费那三年的发财时光呢？即使是流浪汉、垂死者也不愿浪费那三年。那三年，需要多大的勇气和定力。但也是仅仅那三年，那一个坚定的行为，就将孔子发扬光大了。

我想，在那段时间里，子贡和孔子一定又谈了很多很多。子贡还从南方带来一种叫"楷树"的树苗，种在不远处。曲阜人都叫皆树，意思是，孔子是人人效仿的师者。三年后，孔子才对子贡说，赐，你的志向够远大的了，可以去了。

子贡看看那树，已经长大，便起身走了。

孔子的追随者

　　孔子的文学追求，走的是非官方的路数。用今日的话说，不是作协系统，是民间道路。但这并不意味着他不认同作协，恰恰相反，他一生都想用官方的正道来倡导自己的理想，可事与愿违，始终流浪在民间。

　　这种愤懑与压抑、不得志，恰恰赋予他更大的力量和勇气以及自由，同时也给了他更多的时间去创作，致使他没有把时间浪费在那无聊的官场上和饭局上。所以，才会完成六艺。

　　孔子从一开始就被排挤在官方之外。季氏宴士，他欣然而往。阳虎把他挡住了，并呵斥他说，你又不是士，怎么能来蹭饭局呢？这对他是一种强烈的刺激。然后他便想在季氏那里谋得一官半职，季氏也确实给了他一些差事，他都办得井井有条，但是，他始终属于"贫且贱"的那一类，所以难以谋得大发展。

　　于是孔子开始走一条民间之道，办教育。那是三十岁的时候，已经怀着巨大的理想。这在当时是一件大事。犹如陈独秀、李大钊开始办《新青年》一样，是被逼的。要知道，在孔子时，传播的手段极其有限，主要是靠官方下文，别无他途，但是教育一经兴起，它就成为主流文化或新文化最重要的传播途径。孔子是看到了这一点，所以他想通过这样的方式来传播自己的理想和主张。

如果用今天的方式来思考的话，那一年，他就扬名于天下了。因为他是中国历史上最早收徒弟办教育的人。这可是要有天大的胆子。在孔子之前，教育是官办的，连文字和书写都是官方的事，私人是不允许的，但孔子之时，天子失学，学术流于民间，天下开始混乱，在那样的情景下，孔子做了，竟然也没事。不但没事，反而成了先锋人物。天下的青年，那些与孔子一样"贫且贱"的文学青年们，怎么能不激动？怎么还能安于贫困、压住理想的胸腔？

所以，一时之间，孔子在民间开始拥有无数的粉丝和追随者。问学于孔子者比比皆是。然而，孔子的心中，仍然有世人难以想象的大抱负。他还是要取得官方的认可，通过官方来实现自己的理想。

于是，在三十五岁那年，看到在鲁国谋求无望，便随着昭公的出走而到齐国，投奔到齐国高昭子门下做了家臣，想以此来与齐景公交往。由于他在民间的声名，和不懈的努力，他的愿望达成了。齐景公向他问政，他回答得很好，齐景公便想把尼溪的田地封给孔子。孔子高兴极了，觉得自己在齐国可以一展身手了。

但就在这个时候，齐国的一个大文人晏婴不高兴了。他怕失去在齐国的贤者地位，于是便在齐景公面前大骂了孔子一番，齐景公一看情形不对，便没有对孔子进行封赏。晏婴可是大名人，属于思想家和外交家，是齐国的国宝级人物。他说的话可是非常有分量的。但就是这样一位贤者对外来的孔子有了很大的看法。如果我们换一个思路来想，会怎样？假如孔子在拜见齐景公时不是通过高昭子，而是通过晏婴，或者说至少在高昭子那里待着的时候一定要去拜见

"地头蛇"晏婴，那情形就会完全不一样了。晏婴会视孔子为自己的门人，便不会反对了。

然而，孔子不是那样的人。子贡曾经这样劝过孔子，孔子不接受。如果换做我们今天的世俗心理学，就一定会对孔子这位单亲家庭出身的青年抱有成见，说他不懂礼数，说他不会做人，等等，总之是一个问题青年。晏婴不也是那样认为的吗？晏婴骂孔子说，孔子等儒者能言善辩却不能用法度来规范；高傲自大自以为是，怎么能用这样的人来教育百姓？

在晏婴的带领下，很快就有大夫想杀掉孔子。孔子便赶紧逃跑了。但孔子对这位曾加害自己的文人并没有多少诋毁，相反他曾赞曰："救民百姓而不夸，行补三君而不有，晏子果君子也！"

这是孔子第一次真正的失败。这次失败对他的打击很大，他决心认真地从事教育。从三十五岁到五十岁的十五年时间里，孔子修《诗》《书》《礼》《乐》。也就是说，六艺中的四艺基本上是孔子在五十岁之前就已经修订了一大半的工作。五十岁之后，才修《易经》和《春秋》二艺。四十二岁那年，曾有人请孔子做官，但他看到官场混乱，没答应，继续搞教育。

拒绝是明志的最好方法。它使人们知道拒绝者的立场。孔子拒绝仕鲁，便是对当时鲁国政治的最大的批评。定公五年那年，鲁国发生了一连环的事。先是季平子去世，季桓子继位。季桓子有一个宠臣叫仲梁怀，和阳虎有矛盾。阳虎打算赶走仲梁怀，被人制止了，但是仲梁怀越来越骄横，阳虎非常生气，终于拘捕了仲梁怀。这就惹怒了季桓子，阳虎乘机把季桓子也囚禁了，等到季桓子和他订立盟约后才放了他。阳虎从此越发看不起季氏，而季氏自己也僭越礼法凌驾于公室之上，开始执掌国政，因此鲁国从大夫以下全都僭越礼法背离正道。孔子看不惯，便不愿为官。

结果，他的这一行为在民间又得到大家的赞赏。人们看清了他的志向和立场，于是，来向他学习的青年越来越多，甚至很远的地方的人也来了。他都一一接受，不分贫民和贵族。

他时常站在门外，看着远方。他希望有高头大马来到他的府前，请他去做诸侯的宰相。但远方除了遥远，一无所有。

很快，学生们发现这个文学青年的头发已经白了，他老了，五十岁了。他成了老文学青年。但依然抱有一腔热血，依然觉得自己壮志未酬，常常会在庭院里叹息。他常常对弟子们说，只要给我三年时间，我会把一个国家治理得井井有条，文明而富足，我相信会有那一天的。他的那些追随者们看见他依旧会不自觉地去大门外向远方眺望。学生们还发现，那一年，老师的手里开始拿起了新的古书，那就是《易经》。

时间，仿佛在那一年要发生弯曲。

大道，也仿佛在那一年要开始圆润。

圣人，在那一年开始与天对话。

突然的一天，从远方飞来一骑人马，来请孔子为官。原来，鲁国又有难，有一个叫公孙不狃的大臣想重振礼制，在一个叫费邑的地方反叛了季氏，要请孔子出山。孔子想去，学生子路觉得不妥，不让他去，孔子便对学生说，文王和武王起于丰镐之地都不大，现在的费邑尽管很小，但也是希望吧。他们如果真的重用我，我将在东方复兴周道。

这是孔子在学生面前坦言自己理想的一刻。他修炼的时间太久太久了，只要有一线希望，他就想抓住。但是，他又失去了这一次机会。到底为什么未去成，司马迁未说。

孔子怅然若失，他又默默回到家里。颜回也若有所失，但颜回对老师说，这有什么呢，老师，君子当安贫乐道。孔子便高兴起来，看着颜回说，贤哉，回也。

没过几天，又有一骑尘埃由远及近。学生们告诉孔子，说是鲁定公的人来了。孔子便前去拜见。原因是鲁定公任命孔子为中都宰，即刻赴任。孔子在任上，只用了短短一年的时间，四处都来效法他。鲁定公又升他为司空，不久又由司空升任大司寇。

孔子终于做了官，摆脱了民间公知的身份。从文学青年的角度来说，他入了作协，当了领导。在任期间，孔子一心想恢复周道，所以做了很多事。有一件事使他名扬四海，即夹谷会盟。孔子会礼乐之道，使齐侯觉得自己有罪，并将从前侵占的郓、汶阳、龟阴之地归还给鲁国。

孔子的名气在这个时候可以说达到官场的顶峰，但是，他不知道此时要做什么才能使他的名气不至于伤害到自己。他的气场显然伤害到了季氏等贵族们。但文学青年的特质在于，他只相信大道，不顾及人心之恶。他没有意识到此时正有一场颠覆他的阴谋正从四面八方而来。

从司马迁的史书上看，是齐国的离间计，但事实上仍然是孔子不懂官场的黑暗。他的名气早已大过了季氏等贵族，已经不妙了，但他还想进一步恢复周道，拆毁三都，想打击季氏等贵族力量。结果，他失败了。他被迫流浪他乡。

一代文学青年的实践之路就这样中断了。世人都说孔子行中庸之道，以为孔子是老好人，也必然以为孔子是那种巴结逢迎之辈，又哪里知道夫子乃一赤子，毫无城府，到五十岁还没有世故之心。可见，世人对孔子的误解有多大。世人几乎是再造了一个孔子，却不知真实的孔子是多么让人敬畏和令人同情。

最不可思议的是，我始终无法理解当孔子被迫流浪于他乡之时，为什么会有那么多的追随者？难道他们还想跟随孔子到他国为官？或者还有未学之学？

从后来的情况来看，也确实非常复杂。司马迁说，由于孔子在卫国滞留时间最长，所以，孔子的学生在卫国做官的很多。但是，我还是觉得这件事在中国历史上是一件未能解释的大事。

同为老师，我们今天的很多学者，也有硕士、博士者一大群，但假如遭遇孔子之变，我们的身边还会有七十二贤追随左右吗？我想是很难的。也许历史上唯有孔子享有此德此福，后世无出其右。

其实，从今天来看，孔子流亡于列国之间，恰恰是上天要给他更大的名声的时候。只是他自己不知道。我们每个人对自身的命运总是全然无知，我们都局限于现世，功利于当下，站在此在中，我们不知身后的事，当然我们对身后的事更是无能为力。

从各种情况来看，孔子到列国之间，仍然是谋求发展的十四年。不是简单的流浪，更不是我们平时所想的周游列国。可见，那时的政治是开明的，仍然是周天子的天下。天下之士，在周天子的任何一片土地上皆可有所作为。这是孔子游于列国之间的重要原因。同时，也是学生们追随他四处奔波的原因。知道了这一点，他们的诸般行为就实在了，而不是那么虚无或者被神话了。

孔子离开鲁国后，才发现，他的粉丝遍布天下。齐景公、卫灵公、陈愍公、楚昭王这些诸侯都是他的铁粉，本要起用他，但都被义人们阻拦。赵简子等卿大夫们就更是不胜枚举。孔子在这些地方都没有停止过自己的教育，事实上也与佛陀弘法一样，在弘扬着周道、仁政、礼乐。受他教育者据说有三千人，这大概是个概数。

在这个文学青年的一生中，有一个粉丝对他造成了不小的影响。这就是卫灵公的夫人南子。当时，女人地位低下，皆不参政。周文王和周公所确定的男尊女卑思想已经根深蒂固。孔子自然也持这样的观念。这是当时的局限，也是孔子在后世屡遭批判的地方。孔子流浪于列国之间，没有一个异性学生和朋友。唯见过南子。这就成了千古奇案。

南子当然是美女，但这个美女与其他美女的不同在于，她想参政，所以四方来的君子都要拜见南子。南子对孔子之大名自然早有耳闻，所以想一见孔子，便让卫灵公介绍。卫灵公也答应了，派人去请孔子。孔子先是谢绝，但被一再地邀请也就不得已去见南子。南子在帷帐中，孔子隔着帷帐与其行礼。这使子路大为不满。孔子便对天发誓："我所否定的人或事，上天一定会厌弃的，上天一定会厌弃的。"关于这段译文，自古都有争议，大家都认为是孔子面对子路心虚，有愧疚，所以发誓说对南子没有什么想法。但依我来看，司马迁的表述非常清楚，再依通篇文章来看，也不会有这样的表述。《孔子世家》中有四次子路表达不同意见的时候。第一次是公孙不狃来请孔子，子路不想让孔子去，孔子便教育了子路。第二次便是见南子，我们先放下不说。第三次是楚国的叶公问子路孔子的为人，子路沉默不回答，孔子便又教育了他。第四次是孔子被困于陈蔡之间，召见了三个学生来交流，第一个便是子路。子路显然是不理解孔子，孔子又批评和教育了他。

我们再看看其他学生出场时的情景，子贡、颜回、冉有等，都是孔子陈述自己的观点教育学生的，没有一次是自责的。司马迁显然通过这篇文章是要立孔子的万世之师形象，怎么可能独独留下南子这么一个情节而败坏孔子的形象呢？所以，无论是从字面意思看，还是从通篇文章看，"予所不者，天厌之！天厌之！"这句话也一定是上面我说的那个意思，绝非后世那些小人之心度君子之腹者。他仍然是在教育子路，意思是，我与上天的意思是一样的，你就别再胡思乱想了。从这一点来看，孔子仍然不改他的男尊女卑思想。还有，从周礼来看，妇女是不允许参政的，孔子又怎么可能赞同南子参政呢？

至于我们要批评孔子歧视妇女，那是另一回事。但不管怎么说，南子一事仍然在说明，那个时候，孔子的名声不仅在民间很大，而且在官场上也是人人得知，且人人愿见。通过南子，司马迁写出了一个好德远大于好色的孔子。

至此，作为文学青年的孔子也就被司马迁这样而全美了。

孔子与儒家

一般的学者都认为，儒家在最早是一种官职，笔者认为，这是后世儒家想给自己正名分的一种妄为。从各种迹象来看，其实儒家就是最早的一种民间教育者，与官方相对应。

春秋大哲，孔、老并称。老子曰："人之所教，我亦教之。"说明老子那时也开始收弟子，不过其教育之法，往往以不言之教为主，故其弟子不多。老子比孔子要年长，孔子行教时已有私家授业之说。《汉书·艺文志》（《文子》九篇）注："老子弟子，与孔子并时。"从已有资料可以看到，老子有弟子文子、蜎（yuan）子、关尹子数人。大概那时儒家是最有名分收弟子的，其他各家并不大收弟子。孔子自少即教授于鲁国，"自周反鲁，弟子益进，其后弟子弥众"。

《孔子世家》："孔子自周反于鲁，弟子稍益进焉。""孔子不仕，退而修《诗》《书》《礼》《乐》，弟子弥众，至自远方，莫不受业焉。"

据说，孔子弟子三千，达徒七十二人。

孔子之前，已有儒家，孔子之时，开始为其正名。很多学者都认为，"儒"之名，起于周官。《周礼·天官》大宰之职"掌建邦之六典"，"二曰教典"，具体有："以九两系邦国之民……三曰师以贤得民，四曰儒以道得民。"唐孔颖达疏："儒以道得民者，诸侯师氏之下，又置一保氏之官。不与天子保氏同名，故号曰儒，掌管国子以道德，故云以道得民。民，亦谓学子也。"近人章炳麟《国故论衡·原儒》指出："儒有三科，关达、类、私之名。达名为儒，儒者，术士也。……类名为儒，儒者，知礼乐射御书数。……私名为儒。《七略》曰：'儒家者流，盖出于司徒之官，助人君顺阴阳教化者也。'"

但这些对儒的解释，也没有太多的根据，而且与当时人们对儒的看法极不一致。若儒是一种官职，是否也可以认为"道""墨""法"等也是一种官职呢？显然是不可以的。从这个意义上来说，儒在当时其实就是一种统称，至于是什么样的统称则有赖于考察。

《小戴记·儒行》："鲁哀公问于孔子曰：'夫子之服，其儒服软？'孔子对曰：'丘少居其鲁，衣逢掖之衣；长居宋，冠章甫之冠。丘闻之也，君子之学也博，其服也乡，丘不知儒服。'哀公曰：'敢问儒行？'孔子对曰：'遽数之，不能终其物；悉数之，乃留，更仆未可终也。''儒有不陨获于贫贱，不充诎于富贵，不慁君王，不累长上，不闵有司，故曰儒。今众人之命儒也妄，常以儒相诟病。'"

从这段话中，可以看出，儒者有专门的服饰，而且并非官者。儒者是有道之士。"今众人之命儒也妄，常以儒相诟病。"也是说儒在民间享有一定的威信，但它恰恰是一种智慧与荣誉的象征，不然，为什么有人自命儒？若是官职，就不能自命，只有民间的荣誉才可以自命。同时，这些儒家互相"诟病"也说明他们互相看不起，观点不同，是最早的文人相轻的现象。只有自视甚高的文人中间才会有这样一种风气，就像现在的诗人一样。所以在当时，有很多人对儒家是有看法的，比如，《史记·孔子世家》："晏婴进曰：夫儒者滑稽而不可轨法；倨傲自顺，不可以为下；崇丧遂哀，破产厚葬，不可以为俗；游说乞贷，不可以为国。"晏婴的这种形容也说明儒者乃民间的一种术士。《说文解字》释："儒，柔也，术士之称。"《周礼·地官·大司徒》所载，有"师儒"联称，柳诒徵引俞樾说："师者，其人有贤德者也；儒者，其人有伎术者也。"

说儒者"滑稽而不可轨法"是说一种行为状态，非官也；"倨傲自顺"可能与其有道有关，在春秋时的学者中间，似乎对有道者颇为尊重，所以隐士也颇多，是不是这样一些人呢？提倡"崇丧遂哀，破产厚葬"与今天中国汉民族中流行的道士的身份有些像，即章炳麟所说的顺阴阳的人，后期孔子注《易经》中常道"敬神"和《论语》中教导人们要"敬鬼神"的思想与这种身份有些相似，而"礼"的思想中对天地和神的敬畏也是显而易见的。

此外，我们都知道，春秋时巫术较盛行，其中《易经》便是代表之一，而《易经》又是儒家的六经之一，我们是不是可以这样设想，在民间有一部分人，拥有很高的智慧，懂得各种技术。他们有道行，也有大德，但却没有为官。这类似于原始社会时的先知一类的人。既不能为官，而又有很高的智慧，所以心理常常不平，行为也有些怪诞。这从现代心理学上来讲，倒是一个常见的例子。由于这样一些行为，便也生出不同的儒。孔子将其分为君子儒和小人儒。虽是有道之人，但道与道不同。君子者，有使命的人，真正的得道之人；小人者，有技术但只为利之人。既然儒可以分为不同的儒，进一步说明儒并非官职，还是一种民间的称谓。师是官，所以那时的乐师等都称"师什么"，但是没有"儒什么"。非要给儒找一个官，是后世儒家想为儒家正名的一个理念。既然师是官教，那么，儒很可能就是私教。因此，应该可以将儒看为最早的私立教育者。"天子失官，学在四夷"说的其实也是这个道理。官方失去了礼乐等学，而其学便落入民间了。这样，开办私教的儒学便自然而然地继承了天子失去的"六艺"之学。儒家得了六艺，也就是儒家从此要兴盛于天下的开始，也是儒家从民间走向朝野的开始。

郑玄也注：所谓"儒"，"有大德行不仕者"。就是这个道理。但并非不仕，而是不能，或未能。后来，自孔子开始，将师与儒合为一体，即儒家成了大兴私学的代表。因为如果说儒家是唯一的私学开办者也不对，道家、墨家等也收弟子。当然，其他各家收弟子办私学是有限的，不如儒家那样有传统，有"名分"。

但儒家为什么会有"六艺"？后人说儒家是"诸侯师氏之下"的"保氏"，其原因是《周礼·地官·保氏》有记载："保氏掌谏国子以道。乃教之六艺：一曰五礼，二曰六乐，三曰五射，四曰五驭，五曰六书，六曰九数。乃教之六仪：一曰祭祀之容，二曰宾客之容，三曰朝廷之容，四曰丧纪之容，五曰军旅之容，六曰车马之容。"

这里说的是国子们学的，其实在当时除了国子外，还有乡学，也教六艺、六德、六行等。"天子失官，学在四夷"，也就是说，国子学的东西已经流传到了四方。古人说"四夷"指的是诸侯，实为牵强之说。

儒既然是一种泛称，很可能就是指各种民间的教官。他们自然地继承了天下失掉的各种学说与技艺，而这种学说又与墨家的工商业者的技艺不同。儒家之所以兴私学，还是要让人走上仕的道路，所以自称为儒的人，自然就是富有学养、智慧、技艺的人。

儒家慢慢兴起后，开始"仕"。这大概也是从孔子开始。孔子是把儒家的私学发扬光大的人，也是把民间的儒者开始积极推向社会和官方阶层的人。从此，他便要为儒家正名，并为儒家立言和立行。

孔子在《礼记·儒行》中云："儒有可亲而不可劫也，可近而不可迫也，可杀而不可辱也。其居处不淫，其饮食不溽，其过失可微辩而不可面数也。其刚毅有如此者。"他教导自己的弟子要分辨儒家。"子谓子夏曰：女为君子儒，毋为小人儒。"（《论语·雍也》）

由于孔子的努力，儒家的地位得到提高，儒家进一步成为一种道德的化身，它与道家、墨家等一样，都是一种民间的称谓，与是不是官无关。从这时再回过头来认识"儒"，也许更为明显一些。

孔子之后，儒家分为多派。

《荀子·非十二子》："弟佗其冠，神谈其辞，禹行而舜趋，是子张氏之贱儒也。正其衣冠，齐其颜色，嗛然而终日不言，是子夏氏之贱儒也。偷儒惮事，无廉耻而嗜饮食，必曰君子固不用力，是子游氏之贱儒也。"

《韩非子·显学》："孔子之死也，有子张之儒，有子思之儒，有颜氏之儒，有孟氏之儒，有漆雕氏之儒，有仲良氏之儒，有孙氏之儒，有乐正氏之儒。"

在孔子之时，他将儒家理念与"君子""士"结合起来了，使儒家开始向正统发展。这一观念被后来的子思和孟子进一步发挥。《论语·泰伯》："曾子曰：'可以托六尺之孤，可以寄百里之命，临大节而不可夺也，君子人与？君子人也。'""士不可以不弘毅，任重而道远，仁以为己任，不亦重乎！死而后已，不亦远乎！"

孔子的一生，是传道授业的一生，也是冒天下之大不韪竭力提倡"礼乐"的一生。他虽然到处想为官，但仕途不济，主要原因是他所秉者道，而为官者所秉者利。道不同不相为谋，所以孔子周游六国，最后返鲁。他也曾作为诸侯的大臣和贵族的家臣，他同时让自己的学生也去做贵族的家臣，他们以此想成为"王道"的守护者和实践者。儒的精神在此开始发展成为"内圣外王"之道。此后历代儒家基本上都以这种理想而行道。

从夏启到孔子：家天下的合法化

　　从不同的价值观来判断历史，往往会有不同的结果。假如平等和民主观念没有产生，对古代历史的判断便只有一种，那就是如何使中央集权更为完善，如何使父权制更为完备。但自从近现代世界各地兴起平等和民主观念后，对历史的判断就是另一种了。比如马克思对古往历史的否定，比如鲁迅对儒家不平等礼教的批判。否定和批判的都是母权制之后的父权制思想。正是在这一意义上，孔子所代表的父权制或宗法制思想才成为当代中国文化价值所否定的对象。如果我们还站在不平等观念上来判断孔子，则孔子无疑仍然是当世之圣人。当然，这是从总体价值观的角度来看待问题的。至于孔子及其后来者所提倡的仁义礼智信等道德价值虽然在当时依附于父权制、宗法制，但它们可以超越时代，也就是说，在今天的平等价值观下，它们仍然是可以阐发新意的，并非连同它们都要被否定的。这与欧洲的基督教道德在文艺复兴之后仍然可以成为欧洲人奉行的道德一样，原来的不平等观念、父权思想以及神学观念都遭到否定，但是，基督教所提倡的爱的道德价值观是超越时代的。欧洲近现代的历史是将原来的不平等的道德价值观系统改为以平等、民主为基础的道德价值观系统。我们正在改造，但这一工程还需要一段时间来完成。

从以上立场来判断历史和历史文化，我以为便有的放矢了。也是在这个立场上，我想重新来谈谈孔子。

至今我们并不能确切地知道古人所奉行的"三代"之前到底是一个什么样子。古人对当时是极其向往的，动辄便是"三代之前"，以为那时候是人类的理想社会，大道运行。此后便是大道渐失的历史。"三代"的第一个朝代是夏，那么，夏是怎么开始的呢？

夏之前是禅让制。这可以从《史记》以及一些神话故事中看出来。渺渺史前史和简约的神话说明一个文化现象，那个时代虽然也存在不平等，但人们对道德的重视胜于后世。从《史记》中可以看到，舜做九州伯还是经历了很多的道德考验。大禹也有些类似。但从大禹之后，中国的历史便进入另一个阶段，这便是封建专制真正的第一页。

从中国历史上来看，夏启是第一个把"私"带进历史的人。他没有按照父亲禹的指示将帝位传给禹指定的"圣贤"来做，而是废除了这一传统，自己做了王。当时不叫王。当时的诸侯都叫伯，而他的称呼高于此，称为"后"，也就是君王的意思。然后，在征服东夷族后，开始称"王"。夏启在此时还做了另一件不平等的事。东夷族的有扈氏反对夏启搞"家天下"的世袭制，夏启便通过暴力"夷其宗庙，而焚其彝器，子孙为隶"。历史往往是以势来判断是非的，所以从这一角度来看，夏启的称王和统一诸族为后来中国的统一起了决定性的作用。而这一功业的出发点很简单，那便是"私"，是野心，是欲，是专制。为何是这些东西为其出发点呢？也很简单，人世间的纷争都是因为这些不公的私心而引起的，所以仍然要用此来平息这些。秦始皇能统一中国，也是功业、私欲在起决定性的作用。这都是势。假如从价值的角度来判断，就不是这么一回事了。夏启是第一个离经叛道之人。他将神圣的公义性禅让制废除了，开启了私我的世袭制。私欲，血缘在起作用。

在秦始皇之前的春秋战国时期，虽然战火连绵，但正义尚在。这可以表现在诸子百家的著书立说上。老庄、孔子、墨子等都不是为自己小国家的利益而奔走，而是为天下大义。他们著书立说，周游列国，或在此国为相，或在彼国当官，都有相当的自由。孔子在好几个国家滞留并做官，晚年还愤笔直书《春秋》，笔锋直指当下。同时，这种正义也表现在对一些霸主的反对上。一个国家做了不义之事，周围的其他国家就可以指责，监督其政治的公正性。然而，自从始皇之后，著书立说不再有自由，而只为天子著。天子也无人监督，只以私欲行。

一些学人以为，秦始皇统一中国，结束战国时期战火之争是立了头功。表面上看，是为天下黎民着想，不再有战争之困扰，实则为专制歌唱。专制生，则自由死，民众沦为奴隶。在自由与生存之间，形成了悖论。这种悖论恰恰就是价值观的混乱造成的悖论。若强调生存而不关心自由与生存的意义，则结束战争而维护大统便是正理，倘若强调生存之自由意义，则反之。前者为古之价值观，而后者为近代以来的人类价值观。不自由，毋宁死。人类自摆脱自然的困扰之后，就已经走出了生存之困境，面临的便是生存之意义与价值的重新确立，在这种情况下，个体的自由、意志、权利、价值便开始成为人类追求的目标。因此，从这一目标和价值之上来判断秦始皇的统一，便与一些历史的定论有分歧了。其实，历史从来都不可能有定论。有什么样的历史观就会有什么样的历史重述。比如，在鲁迅之前孔子的历史是一种逐渐被神化的历史，在鲁迅之后则成了逐渐被埋藏的孔子。价值观不同，历史又怎么会一样呢？

与此同时，在希腊诸岛，则开始了一场与中国不同的斗争，那就是西方最初的民主制。希腊诸邦因为地理和经济社会等原因最终没有成为一个大一统的封建帝国，虽然亚历山大野心勃勃，但他似乎在宣传希腊的民主文化。中国则因为地理环境、农耕经济等原因最终走向一个封建帝国。

夏启之后，第二个把私我扩大并逐渐将其神圣化的人是周公。《尚书·大传》说，"周公摄政"的第六年开始"制礼作乐"，其中一项最重要的内容就是确立宗法制，包括嫡长子继承制、分封制和宗庙祭祀制等。周公为什么要这样做？

历史上的第一代周公姓姬名旦（约公元前1100年），亦称叔旦，为周文王姬昌第四子。因封地在周（今陕西岐山北），故称周公或周公旦。是儒学思想的奠基人之一，孔子一生最崇敬的古代圣人之一。周公旦又是周武王姬发（约公元前1122—前1116年）的弟弟。他在周灭商之战中，"常左翼武王，用事居多"。灭商两年后，武王病死，其子成王年幼，由周公摄政。武王的另外两个弟弟管叔和蔡叔心中不服。他们散布流言蜚语，说周公有野心，有可能谋害成王，篡夺王位。不久，管叔、蔡叔勾结纣王的儿子武庚，并联合东夷部族反叛周朝。周公旦奉成王命，率师东征。经过三年的艰苦作战，终于讨平了叛乱，征服了东方诸国，收降了大批商朝贵族，同时斩杀了管叔、武庚，放逐了蔡叔，巩固了周朝的统治。周公旦平叛以后，为了加强对东方的控制，正式建议成王把国都迁到洛邑，又把在战争中俘获的大批商朝贵族即"殷顽民"迁居洛邑，派召公奭在洛邑驻兵，对他们加强监督。另外，周公旦封小弟康叔为卫君，令其驻守故商墟，以管理那里的商朝遗民。他先后建置71个封国，把武王15个兄弟和16个功臣，封到封国去做诸侯，以作为捍卫王室的藩屏。另外在封国内普遍推行井田制，将土地统一规划，巩固和加强了周王朝的经济基础。为了进一步巩固周朝政权，周公旦还"制礼作乐"，制定和推行了一套维护君臣宗法和上下等级的典章制度。主要有"畿服"制、"爵谥"制、"法"制、"嫡长子继承"制和"乐"制等。其中最重要的是嫡长子继承制和贵贱等级制。在殷商时，君位的继承多半是兄终弟及，传位不定。周公确立的嫡长子继承制，即以血缘为纽带，规定周天子的王位由长子继承。同时把其他庶子分封为诸侯卿大夫。他们与天子的关系是地方与中央、小宗与大宗的关系。周公旦还制定了一系列严格的君臣、父子、兄弟、亲疏、尊卑、贵贱的礼仪制度，以调整中央和地方、王侯与臣民的关系，加强中央政权的统治，这就是孔子奉行的周朝的礼乐制度。周公旦摄政七年，成王已长大，他还政于成王。在还政前，周公作《无逸》，以殷商的灭亡为前车之鉴，告诫成王要先知"稼穑之艰难"，不要纵情于声色、安逸、游玩和田猎。然后"还政成王，北面就臣位"。周公旦退位后，继续制礼作乐，完善各种典章法规。从此，宗法制就一代代因袭了下来。

从以上叙述中可以看出，周公制礼作乐，实行宗法制的原因有两点：一是借鉴夏商特别是商后期五代王权更替中血缘关系间的残酷斗争，寻找减少王权争斗并能使王权世代相传的制度；二是和平，使天下百姓不要以此为苦。第一是私，保证周朝的天下；第二是公，为天下百姓着想。

但是，这又是一种什么样的考虑呢？

他实行了宗法制，确立了一系列的关系，而这些关系又是以不平等为基础的。第一个不平等就是确立宗子，使其成为天下之王。所有的人都隶属于他。这样就保证了私王的地位，确保了私周的世袭制。接下来的不平等就是对宗庙等的确立，在信仰上进行了区别。这是最厉害的一招。最后，他把社会分为不同的阶级，于是，一个金字塔型的宗法制王朝由此确立了。

社会的确是得到了巩固，周公本人也勤勉为民，尽力抑制私我的欲望。

能做到这一点，在那时的确是不容易的。然而，他还是没有摆脱"私"我，还是以血缘为大。这就是世袭制。周公所提倡的世袭制与夏商时的世袭制不同。周朝的世袭制与宗法制联系在一起，由大宗来世袭。其王朝不但始终会落在家族内部，而且解决了世袭时王位和爵位引起的纷争。另一个便是分封制。周公分封周王室的同姓和功臣为诸侯，以为藩屏。诸侯的君位世袭，在其国内拥有统治权，但对天子有定期朝贡和提供军赋等义务。及至战国时，各国仍多分封侯君，但侯君已多不掌握封地的政权和军权，而且封地小，多不世袭。秦始皇统一全国，废除分封制，实行郡县制。分封制狭义也称"封建"制。

在整个封建社会，周公可以说是圣人。他与其先人们不但推翻了残暴的殷纣王，举起正义之大旗，而且重新创立了一套适合于当时政治的制度；他不仅自己奉行仁道，而且还制礼作乐，教化四方。

他对那个时代是有功的。但是，正如老子所言"反者道之动"，礼教实行数千年之久，弊病太多，不平等观念太甚，所以终于要消亡。也可以反过来看，在周公未实行等级制时，肯定已经有等级制的雏形，但平等观念人人生而有之，反对不平等之声音和行为时时皆有，王权受到威胁，周公才制定相关的等级制度，以约束不同阶层的人。周公制礼作乐的终极目的，使不平等思想神圣化。可见，从夏启到周公，是不平等观念逐步形成制度的过程。

然而，孔子之时，正值周室衰微，天子与诸侯的等级观念在慢慢消失，礼崩乐坏，社会风气又在回归周公之前的无礼状态。从周公到孔子，中国文化经过了一次巨大的改变，即学术下移至民间，也就是过去由帝王掌握的国家公器——知识与学术移至民间，由民间知识分子掌握、宣扬、发挥了。也就是说，孔子是第一个由民间走出来的阐述真理、政治、道德的知识分子。由孔子来继承周公之思想，恰恰说明周公之思想并没有深入民间，而只是在士大夫上层社会流行而已。这也大概是"礼不下庶人"的缘故吧。

今天很多人总是讲，孔子创立了儒家，其实这种说法是不合历史事实的。孔子之前是周公，孔子也不是最早的儒者，但孔子是一位继往开来的集大成者。他对周公的继承并非简单的生搬硬套，而是进行了极大的发挥。在政治制度上，他赞成周公，然而孔子的思想比周公的要广大得多。孔子所关心的群体已经超越周公，移至更为广大的民间。也就是说他所关心的是一个人如何生存、行走、交往乃至死亡。"不知死，焉知生？""不学《诗》，无以言。"这些言论和教育使人不仅从动物界走向人，而且使人升华为君子。孔子创立和发挥了很多道德，最重要的便是仁和礼。

从某种意义上来说，是孔子发现并创造了周公。孔子对于过去和当下的历史可以说看得极为真切了。在《礼记·礼运》中，孔子叹道："大道之行也，与三代之英，丘未之逮也，而有志焉。大道之行也，天下为公。选贤与能，讲信修睦，故人不独亲其亲，不独子其子，使老有所终，壮有所用，幼有所长，矜寡孤独废疾者，皆有所养。男有分，女有归。货恶其弃于地也，不必藏于己；力恶其不出于身也，不必为己。是故谋闭而不兴，盗窃乱贼而不作，故外户而不闭，是谓大同。今大道既隐，天下为家，各亲其亲，各子其子，货力为己，大人世及以为礼。城郭沟池以为固，礼义以为纪；以正君臣，以笃父子，以睦兄弟，以和夫妇，以设制度，以立田里，以贤勇知，以功为己。故谋用是作，而兵由此起。禹、汤、文、武、成王、周公，由此其选也。此六君子者，未有不谨于礼者也。以著其义，以考其信，著有过，刑仁讲让，示民有常。如有不由此者，在势者去，众以为殃，是谓小康。"

如此看来，在孔子的眼里，从夏开始，天下为家的时期就开始了，从此，公义失去，私利纷争。天下之私的原因就是一个"私"字，也是一个"家"字或"我"字。孔子慨叹那个天下为公的大道时期已经一去不返了。接下来的世道便是"家天下"的乱世，在这个时期，若是能将"私我"进行有力的限制，以体现公义，也就是道或仁，也算是有道了，也可以达到小康社会。而要进行这一切的唯一的办法便是礼。所以，孔子所奔赴的不是大同世界，那是他心中的理想，而是小康社会。心向周公而已。

悲乎！而后来的社会又如何呢？又该如何定义呢？

孔子，人类思想道德范式的创立者

近代以来，自西方之炮火屡犯我境时，中国人感觉到了天外有天，但是并没有感觉到道德学术的危险。这一点可以从清时国人对西洋的态度中看出。真正意识到中国道德文化之危险和需要改造的是严复、鲁迅等知识分子，这已经到鸦片战争中国备受凌辱之后。一种自觉的救国强国思想使一些知识分子开始寻找异质文化来改变中国文化。正是在这种思想下，西方文化才进入中国知识分子的视野，进化论、科学主义以及各种新的思想和学说——踏进中国人的灵魂生活中，改变了中国知识分子的世界观、人生观、价值观。也正是在这种背景下，中国的知识分子才开始重新评估已经流行了两千多年的儒家思想。从西方引进了两种思想，直接改变了中国人的灵魂与道德，一是进化论和科学主义，直接棒杀了从官方到民间深信不疑的神学观；二是平等、自由的价值观，从根本上瓦解了自周公、孔子以来的不平等的伦理观念。

孔子成为中国人自醒、革命、重建价值观的起点，自然也成为中国现当代知识分子共同的敌人。正如关于上帝的学说在欧洲中世纪之前是整个欧洲人所信奉的价值体系，而在中世纪之后却成了众多知识分子要打倒的第一对象。并不是像有些人所说的，这是对历史的不尊重，而是新的价值观、世界观、人生观的崛起。人们想要一种新的生活，就必须否定与此不相适应的旧的生活。唯有如此，新的生活才可以开始。

所以，在中国两千多年的学术思想史上，孔子占据了绝大多数时间，严复、鲁迅等知识分子所开辟的新的学术思想史才只是刚刚开始。从这一意义上来讲孔子，其意义之非凡是不言而喻的。在前文中也已经略述，孔子对于"五四"之前的中国文化，是灵魂，从"五四"开始，则是中国文化革命的起点。本文要阐述的是孔子在历史上的作用和今天如何评价之。

且先看看前人是如何评价孔子的。

柳诒徵在其《中国文化史》"孔子"部分开篇这样论述孔子：

> 孔子者，中国文化之中心也。无孔子则无中国文化。自孔子以前数千年之文化，赖孔子而传；自孔子以后数千年之文化，赖孔子而开。即使自今以后，吾国国民同化于世界各国之新文化，然过去时代之与孔子之关系，要为历史上不可磨灭之事实。故虽老子与孔子同生于春秋之时，同为中国之大哲，而其影响于全国国民，则老犹远逊于孔，其他诸子，更不可以并论。观夏德《支那古代史》，所引德人加摆伦资之言，则知孔子之地位矣。

加摆伦资这样评价孔子：

> 吾人欲测定史的人物之伟大之程度，其适当之法，即观其人物所及于人民者感化之大小、存续之长短及强弱之程度三者

之如何是也。以此方法测定孔子，彼实不可不谓为人类中最大人物之一人。盖经过二千年以上之岁月，至于今日，使全人类三分之一于道德的、社会的及政治的生活之点，全然存续于孔子之精神感化之下也。

雅斯贝尔斯是当代最有影响的存在主义哲学家之一，他在对人类文化史上存在过的所有的哲学家和思想家进行了一次大的考察之后，著《大哲学家》一书，里面对人类过往的大哲学家进行了分类，共三类 15 位：思想范式的创建者 4 人、思辨的集大成者 3 人、原创形而上学家 8 人。孔子和老子分别被归入思想范式的创建者和原创形而上学家行列。在雅斯贝尔斯之前，欧洲的哲学家总是以欧洲的哲学为中心来评价世界其他各民族的文化，所以黑格尔在论述到孔子时，傲慢地写道："从他的原著来看，我们可以得到这样的结论，如果他的著作没有被翻译过来的话，孔夫子的名声会更好些。"但是，雅斯贝尔斯在研究过孔子哲学后，在 1957 年 9 月 24 日给一位朋友的信中这样写道："孔子给我的印象极深。我并不是想捍卫他什么，因为由于大多数汉学家的缘故使他变得平庸乏味，实实在在他对我们来讲是取之不尽的。"在雅氏看来，孔子与苏格拉底、耶稣、佛陀并列为思想范式的创建者。他这样评价孔子：

> 在帝国解体的困境之中，在战乱和动荡的时代，孔子便是那些想通过他们的建议使国家得到拯救而到处游历的许多哲学家中之一员。对于所有这些哲学家来讲，出路便是知识，而孔子的解救之道则是有关古代的知识。他的根本问题是：什么是古代的？如何能够获得它？通过什么方式能实现它？

雅斯贝尔斯是站在整个人类的历史和所有的哲学家立场上来考察孔子的,他对孔子的把握是准确的。的确,在轴心时期(雅氏所创概念),苏格拉底和佛陀都在做与孔子一样的工作。苏格拉底认为当时所流行的知识都是可疑的,于是,他刨根问底,寻找知识的来源,要人们获得永恒的知识。佛陀也一样,他认为,我们能看到的都是表象,不是真理。佛陀告诉人们,世间流行的一切知识和表相都是短暂的,都不是永恒的真正的知识,真正的知识需要在禅定之后才能获得,也就要觉悟。孔子、佛陀、苏格拉底都创造了一种求知的方法,即对话和讨论的方法。他们基本都没有留下自己独立创作的著作,而是由弟子们来记录他们的言行,最后汇编而成。所以他们的形象往往是被后人创造的,其人格力量也因此而最大。

　　凡是读过《史记·孔子世家》的人,对孔子的生平便会了然于胸。"孔子贫且贱。及长,尝为季氏史,料量平;尝为司职吏而畜蕃息。由是为司空。已而去鲁,斥乎齐,逐乎宋、卫,困于陈蔡之间,于是反鲁。孔子长九尺有六寸,人皆谓之'长人'而异之。鲁复善待,由是反鲁。"在《史记》中,司马迁为我们描述了一个一生奋斗不息但始终不得志的政治家和教育家的形象。他对古代的历史几乎无所不知,但即使如此,他还是觉得夏商两代的历史已渺茫难求,只有周代的历史是真实的,于是他接着周公的路继续往前走。这是一个对古代学说集大成的学者,又是一个充满了开拓精神的知识分子。再结合《论语》,孔子的形象就血肉丰满,真实可信了。

　　孔子之时,有人赞赏他,但为官者和为学者多与他为敌。从庄子等人的传说中,孔子的对手似乎是老子,实则是道家。墨家虽出自儒家,但最终也以儒家为对手。甚至儒家内部也分为两派,孟子与荀子一直争斗不休。然而，我们从《论语》和《史记》中看到的不是一个好战的孔子，而是一个宽容、大度，做事井井有条，行为有原则的学者。他倡导的道德并不是后世所依循的教条，而是充满人性的启示。他并不刻意地规定人应该怎么做。他尊重人的天良、天性，但又不放纵，所以他说，发乎情，止乎礼。他还说："饮食男女，人之大欲存焉；死亡贫苦，人之大恶存焉。故欲、恶者，心之大端也。"他呼唤人的道德，但并不觉得道德就应该凌驾于人性之上成为教条。在他看来，人应该节制，但不可完全禁欲。为什么呢？这是天赋予人的大欲。他的一切论述都似乎毫无逻辑，这让类似于黑格尔一样重视逻辑的哲学家感到可笑。也是因为此，现代的中国人也不懂得他了。但正如孔子自己和雅斯贝尔斯所说的那样，其实孔子的所有言论都"一以贯之"。这便是难以把握的中庸之道。与老子一样，他们都不愿意把一个道理说死。这是典型的东方式的智慧。西方人的逻辑学则不同，凡事都追求一个死理。结果，在近现代，存在主义哲学和非理性主义学说都起来反对中世纪以来的教条主义的理性。西方在向东方学习。同样的事情也发生在中国。在近现代，中国的思想者都从西方借力量来改造中国的文化，使中国的文化有理一些。

阅读雅斯贝尔斯《大哲学家》中"孔子"一章时，能让中国人感到一种满足和理解。我以为他的一些论述比任何一个中国的学者都让人感到朴实和亲切。中国的学者一般分为两极，要么崇拜迷信孔子，要么就是将孔子当成仇人。雅斯贝尔斯没有这种迷信与仇恨。他在对孔子的思想进行了总结之后这样评价孔子：

　　　　孔子的性格乐天知命、开放、自然。他拒绝对他个人的任何神化。他生活在市井之中，作这一个人也有他的弱点。

孔子又做了哪些呢？与老子不同，他参与世俗的事务，并受一种天命的思想所驱动，即认为应当去改善人类的状况。他创立了一所学校，以培养未来的政治家，并编辑发行古代典籍。不过更为重要的是，在中国孔子乃是理性在其全范围与可能性之中首次闪烁出看得见的耀眼光芒，并且这些都表现在一位来自百姓的男子汉身上。

对于老子和孔子，他这样总结道：

虽然老子和孔子是对立的两极，但是相辅相成的两极。把那种褊狭归咎于孔子是错误的，因为这是后来的儒教中才成为现实的。有一种观点认为：老子的道超越了善恶的彼岸，而孔子却将"道"道德化了，更确切地可以这样讲：孔子透过有关善恶的知识在社会中从事建立俗世秩序的工作，而根本没有触及善恶彼岸之领域……两者的差异在于，老子直接通向道，而孔子则是间接地通过建立人世间的秩序来实现的，因此，他们只不过是同一个基本的见解所产生的相反的实践结果而已……老子置"道"于万物之前、之上，这也正是孔子的"一"，所不同的是，老子深入于道之中，孔子则由于他对"一"的敬畏并由它引导着而进入世俗事物之中。在孔子那里我们会发现，他有时也会有想要远离俗世的倾向，在极限状态时他也有过像老子一样通过无为而治，从而使世界重新恢复秩序的观念。虽然两位大师放眼于相反的方向，但他们实际上立足于同一基础之上。两者间的统一性在中国的伟大人物身上则一再得到体现，这并不是通过系统地统摄这两种思想于一体的哲学而予以反映，而是存在于中国人那乐于思考而又富于自我启发的生命智慧之中。

雅斯贝尔斯为我们还原了一个在世界文化背景下的孔子。事实上，孔子在当时之世也的确是一个世界公民。他虽然心怀自己的故国鲁国，但那是因为他觉得那里尚存周礼而已。他周游列国，并不是为鲁国的利益，而是天下。他热心的事业是人类的事业。在那个时期，他所看到的人类和天下便是周朝了。

孔子一生所提倡的主要是仁和礼，当然，除此之外，他还作乐，重创了君子这一伟大的概念。雅斯贝尔斯似乎对孔子所提倡的重要概念"仁"并没有给予过多的关注。但"仁"是孔子所追求的根本。君子的本质就是仁，礼的本质也是仁。若没有仁，礼和君子等这些概念就成了虚无的概念。而仁又与道是统一的。老子道："大道废，有仁义。智慧出，有大伪。"（《老子》第十八章）。孔子也同意这样的论述。他在《礼记·礼运》中先是谈到大道运行时的大同世界，转而说到，大道已隐，天下不再为公，而是为私，成了私人的天下，所以才编撰礼义。也正是在这个基础上，仁才产生。老子因此而生出隐世思想，而孔子却直面此惨淡的世道，提出仁和礼的概念。一正一反，恰好就是道的两面。从某种意义上来说，形而上的道破碎了，它化为形而下的一系列实在的概念，这就是儒家所提倡的道德。历史上有很多人把老子与孔子截然对立，是对道的理解过于虚无的原因。

从《史记·孔子世家》中看到，孔子在三十五岁之前拜见过一次老子。老子赠其言："吾闻富贵者送人以财，仁人者送人以言。吾不能富贵，窃仁人之号，送子以言，曰：'聪明深察而近于死者，好议人者也。博辩广大危其身者，发人之恶者也。为人子者毋以有己，为人臣者毋以有己。'"意思是说，聪慧明白洞察一切反而濒临死亡，是因为喜好议论他人的缘故，博洽善辩宽广宏大反而危及其身，是因为揭发别人丑恶的缘故，那么，无论做人儿子还是臣子，就不要有自己，不能议论别人。再结合《史记·孔子世家》对孔子后来的论述以及《论语》《礼记》等著作，可以看出，孔子是一个对当世充满了不同政见的人，他对很多人的做法都充满了批评。

老庄是齐物论者，提倡众生平等，但是孔子认为，人与动物相比，有相同的地方，也有不同的地方。"虎不食子"，便是仁。所以天地间本来就是有仁存在。既然仁是天地间固有的，孔子便不再去阐述更深的道了。但是，人与兽又有不同。孔子之时，还没有今天的历史观，对历史的认识仅限于一些罕见的文献。孔子也没见过我们今人能见到的甲骨文，对殷商文化的了解可能还没有今人多，所以孔子始终认为三代之前的社会是一个大同世界。在那个世界里，人与鸟兽共有天下，但是，在一些更古的神话传说中，应该有人与自然、猛兽之间的一系列战争，最终人取得了胜利。而人又是靠什么战胜了自然与猛兽的呢？除了人类数量的绝对优势和智慧的无与伦比外，便是礼了。礼又是什么呢？在孔子之时和之前，便是人与人之间的一系列交往时的制度和细节。与我们今天所认识的礼是不同的。《礼记·曲礼上》说："鹦鹉能言，不离飞鸟；猩猩能言，不离禽兽。今人而无礼，虽能言，不亦禽兽之心乎？夫唯禽兽无礼，故父子聚麀。是故圣人作，为礼以教人，使人以有礼，知自别于禽兽。"讲的便是这个道理。

即使在人与人之间，孔子认为也是有区别的。在《论语·阳货》中也讲"性相近，习相远"。这便是教化。教化不同，习惯便不同，这也就是礼的不同。《礼记·礼运》上说："夫礼，先王以承天之道，以治人之情，故失之者死，得之者生。《诗》曰：'相鼠有体，人而无礼；人而无礼，胡不遄死！'是故，夫礼，必本于天，毅于地，列于鬼神，达于丧、祭、射、御、冠、昏、朝、聘。"

人区别于兽，君子又区别于一般的人。是不是意味着君子就离大道远离了呢？因为兽的身上都有仁，人离兽那么远，人还能有仁吗？孔子便进一步发挥仁的意义。他说："仁者，爱人"，"己所不欲，勿施于人"。这便是人。人远离了自己曾经的群体，不是要远离大道，而是要发挥大道的善的功能。也就是说，一个君子，必须要有两端，其外在行为是礼，其内在的精神是仁。

孔子为我们人类创立了历史上第一个文质彬彬的形象，这就是以他自己为主要形象的君子形象。从诸多的历史典型中，孔子的形象跃然而出：一个大个子男人，自小就炼成一种坚毅的性格，树立了远大的理想，然后读书，开悟，去私为公，从此为天下的幸福而奋斗。他屡败屡战，从不气馁。他仗义执言，从不趋利避害、趋炎附势、投机取巧。他很少悲伤，总是乐观向上。他敢于冒天下之大不韪，知其不可为而为之，为着天理仁义而积极进取。他出生于民间，也归于民间。他是一位好老师，能够以身作则，因材施教。晚年他也生出感叹："天下失去大道很久了，没有有道的君王出现，天下有哪个君王能以我为师呢？我死的时刻到了。"说完他便倒在病床上，8天之后便与世长辞。他活了73岁。他是一个真实的圣人。之所以说他是圣人，是因为即使是他死的时候，他想的并不是他自己，还有道。他与道同在。

这就是孔子，他以自己的实践、人格、叹息甚至种种失败为我们创立了一个道德的化身。他比身居高位的周公要让人敬佩得多。在他之前的中国历史上，还没有哪一个人比他更让人敬佩和生出热爱之情。在他之后，也没有哪一个能如此坚韧地开创伟大道德的后继者。他是第一个，也是最后一个。虽然他赞赏周公的一系不平等的礼制，后世也依循他走得越来越教条，但这些都不能阻止人们对他的热爱与尊敬。在他的身上，让人类永远感受到的是一种伟大的人格的力量。特别是在今天，他已经完全地被退位到一个人的原点，而越是这种还原，越是让人们发现他的难能可贵。没有几个人能像他那样生活、追求、学习，也没有几个人能像他那样不会被失败打倒。

他以一个人的形象，而不是以一个神的形象，为人类创立了一种道德的范式。他不像佛陀那样教人去除欲望，也不像苏格拉底那样创立一个新神让人去信奉知识与道德，更不像耶稣那样以神的儿子出现。他就是一个人，一个平民，不借任何无法证明的力量来创立一种人的形象。他的体验不是神性的，而是人性的。他所面对的更多的也是人性。这是让人难以置信的。

当我们将他与人类所有那些伟大的哲学家、宗教领袖去比较的时候，我们都会产生无比的惊讶。

孔子为什么晚年喜欢《易经》

这使人想起牛顿晚年专注于神学的故事。牛顿虽专注于神学，但在神学上却无大成就。这似乎也类于孔子。孔子在形而上学上也没有太多的论述。

后世认为，孔子只谈人伦之道德，而不谈形而上之哲学。老子道："大道隐，有仁义。"庄子认为儒家乃小道，后世喜欢佛道学说及哲学的学者都认为，孔子讲的只是人道（人伦），没有天道之论述（形而上学），中国形而上先由道家后由佛道两家来承担。

但笔者以为，一般人只知其《论语》（其弟子所为），而不知其深意所在。《史记·孔子世家》云："孔子晚而喜易，序彖、系、象、说卦、文言。读易，韦编三绝。曰：'假我数年，若是，我于易则彬彬矣。'"

大概是从孔子积极入世的精神出发，后人认为孔子晚年喜易，也是专注于"小道"，即人道。柳诒徵之《中国文化史》"孔子"一章中举了这样一段话："《易》经中孔子所明，第可曰伦理学，或曰伦理的解释。"但是，紧接着又道："孔于圣人，决非不解《易》象之哲理。第孔子一生志向，专以对人宣明伦理一门，作入世法，至孔子之真实本领，哲理一门之出世法，始终未欲与世人道之，此正是孔子之高大处。故至今儒家所知之孔子，第知孔子本领之半而已。"①

他是道出了孔子不为人知的另一半。孔子对《易经》的解释
如下：

《系辞》："易有太极，是生两仪，两仪生四象，四象生八卦，八
卦定吉凶，吉凶生大业。"

《系辞》："神无方而易无体，一阴一阳之谓道。"

黎鸣也说："孔子的一生，实际上是受易经思想的影响逐渐展开
的。最明显的是孔子自述的一生六段、编选'六经'、'六纬'，以及
孔子本人的精通'六艺'等等。什么都与'六'有关，这明显与
《周易》六十四卦的六个卦位相关。"②

但是，我们知道孔子行教是早年就开始了，并非老了之后。如果
说孔子中年编六经和六纬只是在形式上合于《易经》的话，可晚年就
不同了。孔子"作《春秋》"时，是有强烈的冒天下之大不韪的勇气和
悲愤，《春秋》不能流传下来也是因为耳不顺，对时弊臧否太多。但在
他对一生进行自述时就不同了，他说："十五志于学，三十而立，四十
而不惑，五十而知天命，六十而耳顺，七十从心所欲而不逾矩。"孔子
自述时已到晚年，正是孔子喜《易》之时，按他对时弊的认识，和他
强行在天下推礼的态度，五十岁是不可能知天命的，六十岁更不可能
"耳顺"的。这种对天命的认识可能来自于两个方面，一个是当时盛行
的巫术，即敬鬼神，孔子也敬；另一个大概来自《易经》。而"耳顺"
完全是对世间万事万物有一种通融的态度，即不再固执了。至于"七
十从心所欲而不逾矩"更是对《易经》的深切认知和践行。

---

① 柳诒徵：《中国文化史》，上海古籍出版社 2001 年版，第 270 页。
② 黎鸣：《圣人的得失与民族的命运》（http：//www.tianya.cn/publicforum/Content/no01/1/223488.shtml）。

我们总以为"中庸"之道是孔子的发明，其实是《易经》的思想。老子的《道德经》中关于《易经》这一思想的发挥是以辩证的方式出现的，虽与中庸不同，但与中庸有同样的意蕴。在《道德经》中，诸如"天下皆知美之为美，斯恶矣。皆知善之为善，斯不善矣"的句子可以说比比皆是。孔子说"过犹不及"其实也是这个道理。老子的哲学求静，而避难；孔子的哲学求动，而立行。看起来是背道而驰，实则是道的不同方面而已。

现在我们有些人把老子的哲学称为"真理"，而把孔子的哲学却看得很低，其实是知其然而不知其所以然。

柳诒徵认为：孔子"其于形而上之原理，与老子所见正等。《易》之神妙，正赖孔子发明"①。《论语》称"子不语怪、力、乱、神"，而《易·系辞》却屡言神，如"阴阳不测之谓神"，"蓍之德圆而神"，"神以知来"，"是兴神物以前民用"，"圣人以此斋戒，以神明其德夫"，"鼓之舞之以尽神"之类。

难道是孔子晚年对自己的思想有大的波动？

这是极可能的。就像牛顿始终不能解释地球是怎么动起来的，他晚年虽然皓首穷经，却也难以找到答案，于是他只好低首于造物者。孔子也如此吗？

孔子一直称道不可知，道不可言。他还教导自己的弟子说，朝闻道，夕死可矣。这并非说他不懂道。孔子晚年对《易》的研究，使他萌发修订《易经》的意念。《易经》既经他修订，还受他补充。能说他不懂《易经》？

老子的哲学发端于《易经》，《易经》乃中国文化的玄牝之门，

---

① 柳诒徵：《中国文化史》，上海古籍出版社 2001 年版，第 270 页。

也乃中国文化形而上之标志。但孔子对《易经》的修订与补充，还是贯穿了中庸之道。至于这中庸之道，是否就是子思等所说的中庸之道，就是另一回事了。孔子认为，中庸之道是难以达到的。《中庸》："子曰：'中庸其至矣乎：民鲜能久矣。'""天下国家可均也，爵禄可辞也，白刃可蹈也，中庸不可能也。"

似乎孔子的中庸也与《易经》之精神一致，是有玄机存在的。

这样说，是不是孔子否定了他早年的思想和行动呢？按中国一般学者之尊老贬孔的说话，孔子若有形而上学，就不会有这样的人伦观念。这种认识其实是非常浅薄的。苏格拉底是形而上学的代表，但他仍然强调人的实际行动；柏拉图也一样，他始终强调的是美德，这与孔子的一些论述极其相近；亚里士多德可以说与孔子是极其近似的，他们都是传统的集大成者，即知识与技艺的传承者，同样也是新文化的开创者，是古代教育的先行者。西方所谓的这些行而上学者其实从本质上更注重现世人生的实践，这是西方哲学精神的重要取向。西方哲人重视的是实践，苏格拉底宁愿坐穿牢底，也不愿放弃自己的真理（其实上与孔子所持的仁与礼是共同的），这一点似乎与孔子更为接近。今天有很多学人尊重西方的文化，过分地崇拜西方的哲人，却又极力贬损中国的孔子，对孔子没有深入研究就武断地下结论，是不明智的。

试想想，如果孔子没有形而上学的支持，他怎么能够"吾道一以贯之"呢？稍稍懂点哲学的人应该知道，形而上学是形而下的道，若只有形而下而不懂形而上学，其行动怎么会"一以贯之"呢？其实何为形而上学？不就是超越自我，达到世界与自我共体的认识吗？孔子的大同世界，孔子的道，孔子的仁，难道不是形而上学吗？

孔子的出生与私生子的争议

在历史上，有关孔子的出生始终是一个谜，它不仅导致了男权思想的进一步盛行，还使孔子成为一个不可妄言的神。而在今天，有关孔子的出生仍然是一个学术问题。学者们和一些文人们关注的似乎不再是形而上的问题，而是一些花边的消息。可悲！之所以在历史上是一个谜，原因有四：一是历史记述甚少，二是儒家和帝王的神化，三是缺乏基本的性科学认识，四是男权思想中的处女情结所致。之所以在今天成为一些花边消息，是因为在今天性科学的发展和性风气的开放使人们对历史之谜有一种戏谑的态度，有一种哗众取宠的心理。

孔子出世：一个被男权意识篡改的细节

关于孔子的出世，冯梦龙在《东周列国志》里是这样写的：

那孔仲尼名丘，某父叔梁纥尝为邹邑大夫……多女而无子……乃求婚于颜氏……颜氏有五女，俱未聘，疑纥年老，谓诸女曰："谁愿适邹大夫者？"诸女莫对。最幼女曰徵在，出应曰："女子之义，在家从父，惟父所命，何问焉？"颜氏奇其语，即以徵在许婚。既归纥，夫妇忧无子，共祝祷于尼山之谷。徵在升山时，草木之叶皆上起。及祷毕而下，草木之叶皆下垂。是夜，徵在梦黑帝见召，嘱曰："汝有圣子，若产，必于'空桑之中'。"觉而有孕。一日，恍惚若梦，见五老人列于庭，自称"五星之精"，狎一兽，似小牛而独角，文如龙鳞，向徵在而伏。口吐玉尺，上有文曰："水精之子，继衰周而素王。"徵在心知其异，以绣绂系其角而去……其夜，有二苍龙自天而下，守于山之左右，又有二神女擎香露于空中，以沐徵在，良久乃去。徵在遂产孔子。石门中忽有清泉流出，自然温暖，浴毕，泉即涸。今曲阜县南二十八里，俗呼女陵山，即空桑也。①

这种描述在今人看来，无疑虚构之成分极大。小说也。耶稣诞生也无此神奇辉煌。这是东方人的想象，与释迦牟尼诞生类似。孔子、耶稣、释释迦牟尼之诞生都非俗人为之，而是神迹。这便是古人"圣人无父"的观念。"无父"之圣人在中国还有：华胥踏巨人迹而生伏羲，安登感神龙而生神农，女枢感虹光而生颛顼；附宝见大电绕北斗而生黄帝，庆都遇赤龙而生尧……就连汉高祖刘邦也要硬生生地编造一个他是神与自己母亲感应而生的故事。这种"创造"有一个目的，就是将圣人神化，使圣人所传思想神圣化、永恒化。其原因则只有一个，即父权思想在作祟。这也就是心理学上所说的

---

① （明）冯梦龙：《东周列国志》，中国人事出版社1996年版，第573—574页。

"处女情结"。"处女情结"是人类从母权社会向父权社会过渡的一个重要的心理，即对性的禁锢。在母系社会时，性的禁忌是很少的，从今天的观念来判断那个时期的性伦理，是很混乱的，简直就是乱伦，但对于人类追求生存并与自然界和其他动物斗争的当时，性的开放在一定程度上也就是在鼓励人的生产。这是可以理解的。在那个时期，性、生殖以及能生育的母亲是人类崇拜的对象。随着人类对生命的认识以及男女在生产与社会活动中地位的变化，男人逐渐成为社会的统治者，性开始受到禁锢，与性相关的伦理观念也因为禁锢而产生，受崇拜的对象渐渐成了父亲，母亲或女性则成为从属对象。而在这个时期，与性没有任何关联的处女则成为男人们崇拜的对象，一方面，"女性"的特点是母系社会对母亲（还有美）崇拜的过渡形象，另一方面，与性无染的"处女"则又是父系社会对性禁忌（包括审美）的象征。处女成了最神圣的象征，而其神圣就在于与性无染。

而目前发现最早对孔子生平进行记述的是《史记·孔子世家》，其曰：

> 索隐孔子非有诸侯之位，而亦称系家者，以是圣人为教化之主，又代有贤哲，故称系家焉。正义孔子无侯伯之位，而称世家者，太史公以孔子布衣传十余世，学者宗之，自天子王侯，中国言六艺者宗于夫子，可谓至圣，故为世家。孔子生鲁昌平乡陬邑。其先宋人也，曰孔防叔。防叔生伯夏，伯夏生叔梁纥。纥与颜氏女野合而生孔子，祷于尼丘得孔子。鲁襄公二十二年而孔子生。生而首上圩顶，故因名曰丘云。字仲尼，姓孔氏。

因为《史记》记载之太略，孔子身世便为疑事。司马贞《史记索隐》、张守义《史记正义》特意对"野合"二字进行了解释，认为叔梁纥与颜徵在结婚时已年过六十四岁。婚姻过此者，皆为野合。有些学者对此持否定态度，并认为孔子是私生子，因为孔子出生之后并不与父同在，而是与母亲一起生活。孔子三岁时，叔梁纥去世。颜氏女一直未将孔子的生父告知孔子。直到孔子十七岁，母亲颜氏女去世时，他拟将其母亲埋葬在"无父之衢"。他正在苦恼时，邻居告知了他的身世，并且知道了他父亲埋葬在"防"。于是，孔子找到"防"地，打开父亲的坟，将母亲与父亲合葬在一起。这种说法见于《礼记·檀弓上》上的一句话："孔子少孤，不知其墓，殡于五父之衢，人之见之者，皆以为葬也，其慎也，盖殡也。问于陬曼父之母，然后得合葬于防。"此种说法是否真实，历来都有学者怀疑。《史记·孔子世家》说："孔子疑其父墓处，母讳之也。……孔子母死，乃殡五父之衢，盖其慎也。陬人挽父之母诲孔子父墓，然后往合葬于防焉。"这段记载引起了许多误会。

　　"野合"为何意？孔子的母亲为何"讳之"？《史记》均未解释，但至少在司马迁看来，这对孔子是没有什么影响的？

　　后来因为此两词，便生出诸多关于"礼"的探讨和对孔子的非难。"野合"在春秋是什么意思？与什么人野合，为何"讳"？"讳"的是"野合"，还是别的什么？

　　先来讲讲"野合"。

　　一说是手续不完备的婚姻。清人桂馥《札朴》卷二"野合"条说："《史记》：梁公野合而生孔子。案：野合，言未得成礼于女氏之庙也。"意思是未能亲迎于女氏之宗庙，而在城外举行结婚仪式。这于古代婚礼来说，确是缺少了一个手续，或者说手续不够完备。这种说法显然是受历来对孔子神化的影响。明清时期是中国性禁忌和性伦理最盛的时期，此时的学者自然不愿意其崇拜的孔子是一个凡人，更不愿意孔子是一个"野合"之后诞生的形象。

二说是年纪不相当的婚姻。唐司马贞《史记索隐》注"野合"指孔子的父亲年纪大，孔子的母亲年纪小，"非当壮室初笄之礼，故云野合，谓不合礼仪"。它是指年纪不相当的婚姻，不合于常人的礼仪。这种说法是司马迁之后最早从"礼"的角度进行的解释，显然是想神化孔子。根据梁启超的说法，儒学到了唐时虽说没有像两汉和南北朝时那样的融合与发展，但却开始了另一条道路，便是在前人的基础进行注疏。从另一个角度来讲，便是有些学术停滞，不敢超越前人了。

三说是一种习俗。一自由撰稿人黄守愚先生和复旦大学历史学系教授朱维铮都认为孔子是私生子。黄守愚为支持朱维铮之言论，前后撰文两篇《黄守愚：孔子原本就是私生子》和《孔子不仅是私生子还是遗弃儿》，在其博客上发表，其文所举事实均为上文所列，都是历代学者所怀疑之论述，但其对"野合"的解释也可参考。他认为，在春秋之时，"社祭"与性崇拜仍然兴盛，凡无子者可在"仲春二月"去参加社会，求得子。他举了很多例子，这是性文化学上支持的观点。他还说，现在的陕西临潼和山西霍州还保留着这种风俗。"每年三月三庙会，不育的妇女祭拜女神之后，夜间在林中与野男人交媾。第二日清晨低头不语回家，得子之后再来谢神。"陈忠实在其《白鹿原》中也写过这样一个风俗。

现在回头再来看看"野合"的含义。孙开泰在《孔子孟子生平事迹考辨》中说：

> "野合"指野外，与男女之事无关。如《左传·定公十年》记载齐鲁在祝其会盟，齐侯宴请鲁公，孔子对梁邱据辞谢说："牺象不出门，嘉乐不野合……是弃礼也。"西晋杜预注："牺象，酒器；牺尊，象尊也。嘉乐钟磬也。"唐孔颖达疏："此言不出门，不野合者，谓享燕正礼，当设于宫内，不得违礼而行，妄作于野耳。"（《春秋左传正义》卷五十六）这里的"野合"，是在野外宴享、奏乐的意思。又如《后汉书·南匈奴列传》记载，大将军梁商给马续等人的书信中有"良骑野合，交锋接矢，决胜当时，戎狄之所长"的话。这里的"野合"，是指在野外作战。

从孙开泰对"野合"的解释来看，孔子父母在野外并没有行男女之事，只是欢宴而已，然后才有祷于尼山生孔子，但显然不是。《史记》很清楚地写道："纥与颜氏女野合而生孔子。"显然与性有关。但是，我们可以从这种解释中得到两个引申义：

一是"野合"与礼相背。这种解释其实也得到了所有对"野合"解释者的支持，但问题的关键在于，他们以为，野合的始终是孔子的父母本人。从年龄上来区别，从有无性能力上进行区别（冯梦龙就是如此以为，以为孔子是其母亲与神结合而生）。有关孔子出生真实的论述历来都以《史记》为准，其他各家解释似乎都得不到学者们的重视。这是因为对孔子的尊重与崇拜已经使学者不能真实地接触一个"人"的孔子，他们所理解的始终是一个"神"的孔子。凡是维护孔子绝非私生子的人都有这样一种情怀。二是中国传统的文化对性的禁锢使学者们多不从性风俗和性文化的角度去理解，而硬是在"礼"的圈套里打转。孔子的父亲是一个英雄，据说与颜氏结婚时已六十四岁，所以人们多认为他已无生育能力。这也是徵在众姐妹的认识。

如果真的如此，"纥与颜氏女野合"便是另一种解释。按春秋时期的风俗，农历三月三时，纥与颜氏在某个社祭中"野合"？按当时的风俗，如果他们没有正式结婚，那么，他们就是在这次社祭中相识并"野合"，但问题是，参加野合者多是这样一些男女：男的都是青壮年，且多是未婚者或"花心男子"，叔梁纥六十多岁还参加这样的活动，恐怕是不可能的，而且他本身就是一个还未得子的老男子，怎么可能去参加这样的活动？看来，这样是解释不通的。参加这些活动的女子往往是未婚女子或结婚后不能生育者，这对于颜氏倒是合适的。

但是，另一个问题又产生了。因为参加野合的人是叔梁纥与颜氏，那么，难道是叔梁纥带着颜氏去参加社祭？像"仲春二月，奔者不禁"的风俗一样，叔梁纥为求子而忍受着痛苦，从一个不知名的男人那里为自己续后。《白鹿原》中白嘉轩的小儿子白孝义生不了娃，冷医生就告诉他，去棒槌会：

> 在白鹿原东南方向的秦岭山地有一座孤峰，圆溜的峰体通体匀称，形状酷似女人捶打衣服的棒槌。孤峰基座的山梁上有一座孤零零的小庙，里头坐着一尊怪神。那神的脑袋上一半是女人的发髻，另一半是男人披肩的乱发；一只眼睛如杏仁顾盼多情，另一只眼睛是豹眼怒，一只细柔精巧的耳朵附着耳环，另一只耳朵直垂到肩上；半边嘴唇下巴和半边脸颊细腻光洁，另半边嘴唇下巴和脸颊则须毛如蓑草；半边胸脯有一只浑实翘起的乳房，另半边肌肉棱凸的胸脯上有一粒皂角核儿似的黑色

乳头；一只脚上穿着粉红色绣鞋小到不过三寸，另一只脚赤裸裸绑着麻鞋；只在臀部裹着一条布巾，把最隐秘的部分掩盖起来；一条光滑丰腴的手臂托着一只微微启开的河蚌，另一条肌腱累褶的手臂高擎着一把铁铸的棒槌。这就是男女合一的棒槌神了（棒蚌谐音）。每年六月三日到六日为棒槌神会日，会的时间不在白天而在夜晚，半夜时分达到盛期。近处的人一般在家喝过汤去赶会，远处的人早早动身赶天黑时进入山中。一般都是由婆婆引着不孕的媳妇装作走亲戚出门，竹条笼儿里装着供品和自食的干粮，上边用一条布巾严严地遮盖起来，先由阿婆把供品敬奉上去，然后婆媳俩人在棒槌神前点蜡焚香叩拜一绋，再挤出庙门时，婆婆给媳妇从头顶罩下一幅盖脸的纱布，俩人约好会面的地点，婆婆就匆匆走开了。这时候，藏在树干和石头背后的男人就把盖着脸的女人拉过去，引到一个僻静的旮旯时，谁也不许问谁一句话，就开始调逗交媾。这些男人多是临近村爱占便宜的年轻人。完事以后，媳妇找到婆婆立即回家。有些婆婆还不放心，引着媳妇再烧一回香叩拜一回，再次把媳妇推进黑暗里去，而且说："咱们远远地跑来不容易，再去一回更把稳些。"第二年，得了孩子的媳妇仍由婆婆领着来谢神。那时候，婆婆牵着媳妇的手绝不松开，谢罢棒槌神就早早归去了。白鹿原流行着许多以此为题的骂人的话，俩人发生纠纷对天赌咒时说：谁昧良心谁就是棒槌会上拾下的……①

这种风俗是上古流传下来的，虽然是小说，是风俗的传说，但

---

① 陈忠实：《白鹿原》，人民文学出版社 1993 年版，第 567—568 页。

从另一个角度说明了"野合"的问题。首先，这是那个时候的一种风俗，它并非像今人那样对其充满了伦理的非难，所以孔子在世时也没有多少人对他的身世非难。更何况参与了这种风俗活动的人是不会把这个秘密告诉别人的。这也就似乎能理解颜氏为何"讳之"了。有可能是，纥带着颜氏"野合"的事虽然在当时合乎风俗，但叔梁纥毕竟是当地的官员，他自己和整个家人对此都有些尴尬，所以在叔梁纥死后，孔子家里人对他母子俩定然另眼相看。孔子母亲也不愿意别人因此指责孔子，所以就带着他去了娘家。也可能是因为这种原因，颜氏再也没有回过家，也没有带着孔子去过，所以孔子对自己的身世一直不知，直到十七岁颜氏去世时才知道自己的父亲是谁。这虽然是一种猜测，但在民间是真实的。这样的事例很多。《白鹿原》中的描述便是一例。

这种猜想唯一的问题在于，若真是叔梁纥亲自带着颜氏去"野合"，那么，叔梁纥的情绪一定很坏。在《白鹿原》中，同样的事也发生了。白嘉轩的母亲白赵氏让兔娃与孝义的媳妇暗合，眼看孝义媳妇的肚子越来越大，她也就越来越生气，最后给气死了。叔梁纥是否也经历了同样的痛苦呢？这样一种情结可以解释另一种对孔子身世的说法。有人说，叔梁纥与颜氏"野合"之后，就再也没有见面，孔子是在颜氏娘家生的，所以颜氏"讳之"。这种说法与太史公在《史记》中的陈述显然是不合的。若是再也没有见面，何以"祷于尼丘"？"纥与颜氏女野合而生孔子，祷于尼丘得孔子。"这种"祷"与《白鹿原》上的婆婆、媳妇到庙里烧香、祷告有类似之处。一个"祷"字说明了叔梁纥与颜氏定然已婚，但求子心切。那种说孔子父母"野合"后再也没有见面的说法是错误的。同样，一个

"祷"字，也说明了此"野合"的合法性，说明在当时就是一种性崇拜的场合下得到的孔子。但是，"野合"在当时是一种风俗，叔梁纥对此深知其意，在其回家后，看着颜氏怀孕定然心情不悦，可能也同样出现了《白鹿原》中白赵氏的情结。不仅他有，他家里人也可能会有。所以，颜氏很可能在叔梁纥死之前被叔梁纥因某种原因"休"了，这就使得颜氏不能再回叔梁纥家，自然也未参加叔梁纥的葬礼，不知道叔梁纥葬于何处了，所以"讳之"；也很可能是叔梁纥死后，家道中落，再加上颜氏既为叔梁纥之小妾，孔子属于庶出，又因其为"野合"而生，对其百般刁难，将颜氏硬是挤出了家门。

此为一种解释，应该是能把关于孔子身世的诸多问题理清楚。还有一种解释，此解释仍然在"野合"上。"野合"一词除了如上所述是一种风俗，与当时上流社会的"礼"对应外，还有另一种解释。这便是在"野外交合"。孙开泰对"野合"一词进行了考证，发现在古代，"野合"一词一方面是相对于礼来讲的一个词，另一方面有"野外"的意思。这似乎是民间的词汇，司马迁运用之。如"牺象不出门，嘉乐不野合"中的"野合"是在野外宴享、奏乐的意思。又如《后汉书·南匈奴列传》中"良骑野合，交锋接矢"中的"野合"，是指在野外作战。

如果"野合"一词可以解释为"野外交合"，那么，"纥与颜氏女野合而生孔子，祷于尼丘得孔子"就可以有不冒犯于天下的正解了，也似乎与太史公之意吻合。这里的问题是叔梁纥与颜氏结婚时已六十四岁，按《家语·本姓解》："叔梁纥娶于鲁之施氏，生女九人，无男。其妾生孟皮，病足。乃求婚于颜氏。颜父问三女（云云），二女莫对；微在进曰：'从父所制、将何问焉！'遂以妻之"等解释，特别是《东周列国志》中的解释（虽然为小说，但民间定然有些说法，并非作者空穴来风，至少冯梦龙本人是如此理解的），给我们一种明示，孔子的父亲叔梁纥与颜氏成婚时已无生育能力，所以才"祷于尼丘"。

自古以来，由于学者们都耻于言性，尤其对老人的性能力更是耻言。实际上，若从性文化的角度来解释太史公之语就有了不同的答案。张贤亮的《男人的一半是女人》中，主人公章永麟是一个因为政治等各种原因患了阳痿的男人，其最后的治疗在"野外"取得了意想不到的成功。相对来说，在家里进行性活动，始终是受到各种礼俗和环境的影响，而在野外，在人们身心放松，心灵和身体都回归原始本性时，其性的能力也被完全释放了出来。这种情景在性文化中算是一种常见的性经验。如果我们从这一角度来考虑的话，一切就有了另一种解释。

叔梁纥虽六十四岁娶颜氏（有些学者认为比这个年龄还要大），但并不意味着他是一个无性能力的人。关于这一点，我们只能从现有的文字记载来猜想。首先，他是一个英雄，力大无比，身体一定很强壮。其次，他有无性能力是一个未知数。他娶颜氏是为了给自己续后，但他到底有没有能力为自己续后呢？这是一个千古寄案。张守节作《史记正义》时发挥道："男八月生齿，八岁毁齿，二八十六阳道通，八八六十四阳道绝。女七月生齿，七岁毁齿，二七十四阴道通，七七四十九阴道绝。婚姻过此者皆为野合。"这便是古人对叔梁纥无性能力的判断，也是孔子为私生子的依据。

但根据现代人对老年人的性能力的观察所得，张守节的这个"依据"只是一种简单的推理。在古代，人们总是对数字充满了迷信，这虽然也有一定的道理，但它毕竟只是一种推理。在那个朝代，人对性因为讳莫如深和禁止谈论与研究，所以也不可能有大量的调查，只能靠一些简单的推理。在现当代，生活的开放和研究的深入，学者们发表一个观点总是要经过大量调查和实证，研究也就更具说服力。有学者称，"在实际生活中，50 岁以上的妇女还有怀孕和分娩现象。60 岁以上的男子老来得子，也并不是个别特殊的事例。"[①] 甚至有著者认为，"在我国，绝大部分老年人的性生活都持续到了 70 岁以上，而且，他们的性生活的质量并不差"[②]。虽然这些数据还有待进一步分析，但基本的一个观点是可以确立的，即并不是所有的男人在六十四岁时就失去了生育能力。这就意味着自张守节以来的关于孔子出世的观念基本是错误的，至少是没有多少根据的。

孔子与父亲的关系

从一些现代学说的角度来看，孔子的父亲叔梁纥有几个特点值得注意：一是他乃一个军人，力大无穷，说明他的身体很好，而性能力与身体是有直接关联的，这可以在一定程度上推翻唐代张守节的观点；二是他自身直接前往向颜氏求婚，说明他对自己的生育能力是有信心的；三是他的个子也很高，孔子的个子也很高，从遗传

---

① 《现代家庭》编辑部编：《今晚悄悄话——健康性生活 231 问》，文汇出版社 1999 年版，第 275 页。

② 郭维峰、白继庚：《不老秘诀——保健防病篇》，山西科学技术出版社 1993 年版，第 146 页。

的角度来看，孔子与其关系密切。

另一些值得注意的细节是孔子的童年生活和他后来的一些主张、追求与心理特点也与父亲相关。

关于孔子父亲死亡的时间，《史记·孔子世家》说得很清楚，孔子生的时候也就是其父亲死的时候。另一些学者认为，孔子之父是孔子三岁时死的。若是前一种情况，孔子对其父亲自然是没有任何记忆的，若是后一种情况也一样。用现代心理学的一些观点来看，一个人三岁之前的生活几乎是不会有任何记忆的，孔子对其父亲没有任何印象是自然的事。父亲死后，家道中落，孔子与其母回到了母亲的娘家生活，一直到其母亲去世。在这中间，肯定让现代心理学家很难理解的是这个单亲家庭成长起来的男孩为什么没有现代单亲家庭成长起来的孩子的那种敏感、狭隘甚至由溺爱而导致的自私？这一方面与当时的社会基本都是农业社会有关，大家都生活在乡村，大自然的教育和乡村那种朴素的人际关系会改善孩子的心灵。另一方面，孔子知道其父亲已经死了，所以"常陈俎豆，设礼容"。

从某种意义上来说，恰恰是父亲早亡才成就了后来的孔子。

一是孔子祭祀的热情与身份。孔子生活的时代是一个祖先崇拜盛行的时代。那时巫术盛行，祭祀者的身份也颇高。但孔子一生下来父亲就去世了，他又生活在母亲的娘家，没有机会去祭拜自己的祖先，这造成了他对祭祀心理上的渴求。因为这种渴求和当时祭祀者身份的高贵，促使孔子很小就对祭祀充满了热情，所以他才"常陈俎豆，设礼容"。这种心理和行为是孔子后来成为祭祀者身份的原因。

二是孔子"正名"的思想来源。在《史记·孔子世家》中有这样一个细节值得人们关注："孔子疑其父墓处，母讳之也。"一个

"疑"字，道出了孔子早年的种种心理。按一般人心理，既然知道自己的父亲是谁，却不能从母亲那里知道父亲的墓地，会怎么想呢？不外乎会有下列几种想法：一是父母的关系不合当时的礼仪。如父亲年龄大而母亲年龄小，在外公家肯定有一些闲言，特别是孔子的父亲据说本来是对母亲的几位姐姐有意，而几位姐姐一直嫌孔子父亲年龄太大，这会使他总是想知道父母之间的确切关系。二是他与父亲的关系形成他强烈的"正名"思想。他到底是不是叔梁纥的儿子，若不是，那么是谁的儿子？关于这个疑问，有学者认为，因为孔子的母亲在孔子父亲死的时候很年轻，按照当时的规矩是不能参加葬礼的，所以不知道墓地。① 也可能是，孔子父亲去世时正好是孔子出生之初，孔子的母亲不方便参加葬礼，没去墓地。总之，母亲的态度迫使他必须要确认两种关系，一是父母的关系，二是他与父亲的关系。所以在母亲死后，他非常谨慎地先把母亲殡于五父之衢，然后从邻居那儿得知父亲的墓地后才合葬。邻居的证明自然是孔子所得到的最重要的证据。这也是社会对孔子父母关系的一种确认。至此，两种关系都得以确认。这就是正名。这种童年和青少年时期心理的煎熬使孔子对当时的礼有了非常深刻的认识，尤其是对"正名"有独到的体验。

三是伦理观念的形成。一个人的伦理观念主要是在自己的家庭中形成的，家庭成员尤其是父母的伦理观念直接影响孩子的身心发展。父亲的早亡，使孔子很小就对父亲只有一种神往，这种神往使父亲的形象很高大，可以说孔子创造了一个父亲。他的父亲是当时的一个大人物，也就是孔子所说的"士"，这对孔子来说非常重要。

---

① 参见顾学颉等选注《史记选注》，人民文学出版社 1956 年版，第 153 页。

所以他很小就想去祭奠父亲，但母亲不愿意，这使孔子反而对父亲有一种好奇心。民间有一俗语："没爹的孩子早当家。"孔子当是。在他十七岁时，母亲又去世。在他的家庭生活中，他与他在心中创造的父亲是这个家庭的中心，也就是说，男人在家庭伦理中占有重要的地位。这种心理与他后来所认识到的社会现状共同作用形成了孔子的伦理观念。孔子叹自己所处之世正值"礼崩乐坏"之际，周礼不存。父不父，子不子，君不君，臣不臣。夫妻之间大概也不稳定。《庄子·盗跖》中曰："神农之世，卧则居居，起则于于。民知其母，不知其父。"《吕氏春秋·持君览》中亦道："昔太古常无君矣，其民聚生群处，知母不知父，无亲戚兄弟夫妇男女之别，无上下长幼之道。"所谓"礼崩乐坏"大概就是指当时的社会风气又回到了三代之前的混乱状况。所以孔子才要冒天下之大不韪，确立社会的伦理秩序。大概在十七岁至三十岁，是孔子重新认识伦理观念的一个重要时期。《论语》中有语："吾十有五，而志于学。三十而立……"大概是说，孔子在十五岁时才开始真正的学习，到三十岁便有所得，志向、观念、道德都基本确立了。在这一时期，他通过读书和学习认识到周礼才是他真正认同的礼制。而周礼最核心的内容便是宗法制男权思想。

四是孔子性格的形成。父亲的早亡使孔子比同龄人要早熟得多，同时也形成了他坚强的性格。作为长子，他在家庭中既是长兄，又是严父。这种身份和家庭环境造就了一个严于律己、宽以待人、自强不息并且极具家庭和社会责任感的男人。孔子身上一系列光辉的优点都与此相关，如"知其不可为而为之"的努力精神，再如"天行健，君子当自强不息"的奋斗精神。

是否私生子在今天还重要吗？

历代学者争论孔子的出生有一个很重要的原因，便是孔子是否为神之子。如果是，孔子的学说便是神授，如果不是，儒家学说便不是千古真理。从司马迁著《史记》开始，其"祷"而得孔子的记载就有些神化色彩，及至唐时诸文人对"野合"的解释，更使孔子与人间的"性"——这一生命的诞生行为无关，最后到明清时冯梦龙的神化描述，一个"人"的孔子消失了，而一个"神"的孔子渐渐升起。这就是孔子的出生在古代如此重要的原因。著名的国学家柳诒徵在历述孔子历史上之多种生卒学说后，说："皆视孔子为神奇不经之人，迄今日而称述其说者不衰。欲比孔子于耶稣、穆罕默德，以孔教为标帜，是皆不知孔子者也。孔子不假宗教以惑世，而卓然立人之极，故为生民以来所未有。"[1]

在当代，人们还在不断考证孔子的出生。但与古代的考证有一个最大的不同，那便是今人认为孔子是一个人，而不是神。既然是人，他便是其母亲与某个男人共同结合的产儿。那么，这个男人到底是谁呢？这便成了今天学人们讨论的重点。

在古代，讲孔子是私生子是因为孔子是神的私生子。而在今天呢？人们还在争论孔子是否为私生子到底是什么原因？是学术之争还是哗众取宠？

---

[1] 柳诒徵：《中国文化史》，上海古籍出版社 2001 年版，第 265 页。

自由撰稿人黄守愚先生和复旦大学历史学系教授朱维铮讲孔子是一个私生子时，其语境与历史上的学术之争已经发生了巨变。历史上的孔子是一个圣人，人们争论的焦点是怎么把一个圣人打扮得更为神圣，而在今天孔子是一个凡人，人们争论的焦点是怎么把孔子变成一个可供娱乐的历史名人。朱维铮教授的观点只是通过媒体报道了出来，至于他是否写过这样的一篇论文还查不出来。也许他有非常得力的证据，但自由撰稿人黄守愚先生则先后有两篇文章为证。黄先生的初衷是想还孔子以真实，也有大量的社会学和文史方面的证据，但通过媒体的报道使这一争论变成了一个娱乐事件。消息一经登出，便立刻引来人们的热烈关注，而且遭受网民们的谩骂。网民之骂不足为患，因为网民还是因袭了古人之情结，但引出另外几个问题。

一是私生子的问题。这不仅仅是一个社会学方面的问题，而且是一个很重要的伦理问题。私生子自古就遭到社会的摒弃，这是因为它仍然与性禁忌相关。所谓私生子，便是在一种不正当的性关系下产生的孩子，它不是社会提倡的正当的家庭关系中产生的。学者们大概想说，连圣人孔子都是一个私生子，私生子便不是什么见不得人的事情。这样说的目的是想移风易俗，让社会不要再对私生子另眼相待，但其实这样说又与孔子的思想相背。孔子一生都在提倡"正名"和"三纲五常"的伦理观念，而如果他是私生子，就无法给自己正名。所以在他母亲死后先"殡五父之衢，盖其慎也"，待"陬人挽父之母诲孔子父墓，然后往合葬于防焉"。这证明他不是私生子，而是有父有母之人。

人类社会自"只知其母，不知其父"的母系社会向父系社会过渡后，便是一个不但有父有母而且以父为大的男权社会。在男权社会中，性有了很多禁忌，如女性必须在婚前保持处女之身，女性在结婚后不能在家庭外再有任何性关系，等等。这些主要是针对女性的，对男性则不然。男人在外可以与其他没有家室的女子发生性关系，若有孩子，则孩子自然要归入家庭之内，此女子一般也被纳为妻妾。倘若女子在外有不正当的关系，生下的孩子才被称为私生子，古代称孽子、野种等。孩子自然也不知其父亲是谁。孔子之父既已向颜氏求婚，则说明其夫妻关系是实，即使"野合"不合当时的规矩，但一旦有子，此风俗也便化为乌有，自然地成为正当关系，何来私生子之说？再说孔子自小就有姓，也知道其父亲是谁，只是不知其父之墓在何地而已，与古代的私生子之说相去甚远。

但即使是私生子，孔子也一直强调，"人不独亲其亲，不独子其子"，意思是说，人人都不是只把自己的亲人当亲人，而是把所有的人都当成亲人，不是只把自己的儿子当儿子，而是把所有人的儿子都当成是自己的儿子。这是一种超越血统的境界。无论是母系社会，还是父系社会，血统是很重要的，但重要血统还是一个"私"字在起作用，所以孔子提倡大道，提倡"为公"，就是要人们超越血统。

在今天，再讨论私生子有无意义呢？这是一个非常复杂的社会伦理问题。首先要界定什么是今天的"私生子"。今天所说的私生子仍然是指国家法律认定的婚姻关系之外的生子，如未婚生子和婚外生子。今天世界各国对此类私生子都给予极大的宽容，在法律上享有与其他人共同的权利，但在道德上仍然属于被谴责的对象。所以在今天讨论私生子主要是在道德领域内，而不是在法律上。其次要认清古今私生子的区别在哪里。古代是一个以血统为主的父权制社会，男人享有极大的性自由，所以，男人有婚外情，只要对方不是已婚者，生下的孩子往往都会归依于男方，因此私生子迟早会被正名。今天是一个两性平等的社会，相比古代的父权制社会，男方的性自由受到限制，女方的性权利受到尊重，但并非有比男方更多的性自由。也就是说，相对母系社会和父系社会，今天的男女双方的性自由都受到极大的限制。这也是今天社会文明与性之间的冲突。一方面，文明对人的约束越来越多，另一方面，性和情欲对人的自然诉求也形成反作用力。这是今天人类存在的悖论。所以，在今天，未婚生育者得到社会的宽容，第三者也会得到社会的谅解，离婚更是受到社会的保护，这就使得私生子现象越来越多，成为社会上一支不可忽视的人群。但是，这些都仅仅限于法律，在道德上，这些现象还是会受到社会的批评。因此，这些私生子在成长中大多会形成不健全的人格心理，这对他们和社会都是不利的。最后，私生子现象是否能够得到彻底解决。一方面，能否杜绝私生子的产生，这主要取决于女性。从今天的避孕和人流技术来看，这是能够杜绝的，但一些女性出于对男方的爱或报复不采取相应的措施，另一些女性则是因为宗教信仰的关系不主张人流而生育。前者的心理如果能够得到适当的干预或调理是能够解决的，后者则需要解决信仰的问题。另一方面，对于已经生育的私生子要给予更多的社会关爱，如让其得到父爱，有一个健康的家庭等。

二是讨论孔子是否为私生子已毫无意义。前面已经谈过，孔子之出生为何成为学术史上重要的焦点，关键在于孔子之学术地位在历史上的神化和孔子之出生在历史上文献之少。前者的神化色彩在今天已经剥落，所以，后者也便成为一个单纯的学术问题。但是，从前面笔者的论述也可看出，古代的论述自然不可去信，而今天若从现代心理学、遗传学、社会学等方面去重新考查这一问题时，仍然存在很多问题。关键还是文献太少。笔者以为，这一问题不必太过认真，重要的还是要回到孔子博大精深的思想和光辉的人格精神的探讨中。无论他是一个私生子，还是一个有父有名的正常子，他对于中国文化和人类的贡献都是举足轻重的。想以私生子来颠覆孔子人格者恰恰是社会退步的表现。

三是学术与娱乐的关系。虽然要反对将学术娱乐化，因为学术一旦被娱乐化，学术的严肃性就被消解了，但是，学术娱乐化也是学术下移到民间并将学术观点进行更大范围宣传的途径。如自由撰稿人黄守愚先生和复旦大学历史学系教授朱维铮讲孔子是一个私生子的问题被娱乐化后，有无数的网民对此发表了自己的看法。绝大多数网民都不懂学术，或者对此毫无研究，只是因袭传统的说法，认为说孔子是一个私生子有辱孔子的圣人名誉，所以对学者们进行了各种攻击，甚至谩骂，但也有一部分人认为黄守愚先生和朱维铮教授讲得有道理，于是，在阅读者内部就会发生诸多争议，这种争议恰恰是将学术下移的一种很好的手段。表面来看，被骂者是学者，学术也似乎受到极大的损害，但实际上是学术观点被更多的人议论，或接受，或争议。在过去，学术高高在上，学者也极有权威，即使有争议，也是学者们自己的事，似乎与民间无关，现在，学术被消息化、娱乐化后，民间力量便参与了进来，学者们便受到"无知"者的质疑、谩骂。这是一件好事。一方面说明学术也民主化了，不是谁想编造就能编造的了，而是要通过坚实有力的证据来证明自己的观点是否经得起考验；另一方面也说明大众需要启蒙、教育甚至学术熏陶，这可以提高大众的文化修养和认识能力。

孔子真的是"述而不作"吗？

当代学人一直强调没有大师，何耶？我认为一个非常重要的原因是学术中的一种病态规范在起作用。即所有学术文章都是"第二十一条军规"。你所说的话必须是前人已经证明的，在某种意义上也就是说，前人已经说过。你不能自己证明自己的话是对的。如果前人没有说过，你就不能证明自己的话有道理。哪怕是一些闲人或不学无术者杜撰的观点也罢，总之你可以引述，也就是每句话都要有典故。既然前人已经讲过了，何苦再绕着弯子说呢？不是重复吗？既然前人已经做过了，何来学术创新？现在的学术文章也不允许写作者站在前台来直抒胸臆，所有感性的灵感的部分都不是学术。学术已经离人越来越远了。这就是现在的学术规范。我以为，即使是考证也要有灵感突发，也要有大胆设想。我们读孔子、老庄、柏拉图的文章，是不是也要求他们引经据典地论述自己的观点呢？即使是近人萨特、尼采等人，也是基于自己对世界的观察和个人的体悟之上，若是依当代中国学术规范，则斯人都不存在矣。我以为，这里面一个最重要的原因，就是自清代以来沿袭下来的一种学术陋习，也可简单地称为"述而不作"的圣人之教条。君不见现在的学术文章几乎都是综述学术史的套路吗？每一篇文章都要把前人所有的观点尽数一遍，却唯独没有自己的观点。这就是述而不作。

"述而不作"见于《论语·述而》："子曰：述而不作，信而好古，窃比于我老彭。"历代以来，这一短短的论述构成了中国儒家文化传统一个非常重要的矛盾心理。表面上看，它强调了孔子对传统"礼""道"的继承性思想，但究其实质，却构成了一对矛盾，即"述"与"作"的矛盾。在两千多年的历史上，对它的阐释已经形成中国传统文化一个非常重要的阐释学现象。从汉儒到宋儒，再到清末民初的儒家与新文化运动者，最后到今天各派学人的复杂解释，可以说，对它的论述几乎成为一个民族有无创新和在创新面前持何种态度的有力见证。

从上述意义来看，"述而不作"是解读孔子的一个核心问题，既可以从此知晓孔子对传统文化的态度，又可以微妙地悟出孔子在论述历史时的真正态度。但是，历代儒家在解读孔子这一观点时，都拘泥于字面的陈义，望文生义，全然忘记了孔子所处的历史语境。自宋朱熹对"述而不作"进行注解后，历代注解都未曾超越之。清末民初时的梁启超在《国故学讨论集》中也说："先辈每教不可轩言著述，因为未成熟的见解公布出来，会自误误人……"即使当代，如南怀瑾等被称为国学大师的学者们仍然沿袭朱熹之论述，宣传对传统文化只进行继承的解说，不主张改造和创新。这种思想不只在国学家那里根深蒂固，而且已经渗透进整个中国文化的深层肌理中，影响着中国文化的再生和创造。所以说，解读"述而不作"，同时也是清理中国儒家思想的消极因子。

近些年来，由于民间学者和政府的共同努力，国学不仅开始向全球推演，而且在国内一时成了热点，一大批国学家纷纷开始重新解读儒家思想，在这样一种向外向内的背景下，就必须对孔子这一思想进行解读，但这种解读必须是全新的，必须是有所扬弃的，必须是以我们今天的人生和民族复兴为条件的。"述而不作"既有历史的深层原因，有其历史局限性，又是一种对道的形而上的表述，此为生长点。我们必须超越朱熹以来乃至今天一些国学家的种种解释，打破保守的文化心理，清算中国传统文化中的消极因子，创造一个新孔子，使孔子思想具有文化再生的创新能力，也唯有如此，中国传统文化才能与世界文化共融，并为中国乃至世界文化做出积极的贡献。

历代儒家对"述而不作"的不同解释和种种疑问

可以说，历史上对"述而不作"不间断的阐释，成为考察儒家文化思想和学术发展的一个重要线索，从中可以清晰地看出儒家乃至中国学术思想的发展动态。历史上最早对它进行解释的自然是孔子的门人，这就是《论语·述而》中的记述："子曰：述而不作，信而好古，窃比于我老彭。"这应该是最原始的记录，同样也是最早的解释，犹如柏拉图对于苏格拉底一样，柏拉图是苏格拉底最早的阐释者。孔子当时究竟怎么说，今天已经不得而知，我们只能从其学生书面的记述中来了解、彻悟孔子对历史、道、学术的态度。但是，历来人们往往忽视了这一点。孔子还讲过："吾道一以贯之。"为了体现这一思想，孔子的学生在整理孔子的思想形成《论语》时，便尽力地体现此主张，将孔子定型为一个编辑。

有疑问的是，从今天来看，孔子是个主张积极探索世界，以行动来改造社会的人，他的一生都证明了这一思想，此乃"作"也，但为何孔子只强调"述"却反对"作"呢？这不与他一生的实践形成了矛盾吗？同时，孔子的弟子记述而整理的《论语》是作还是述呢？如果只是述，那么，这些所述之内容又是谁之作？显然，这种矛盾在孔子最早的门徒那里就已经存在了。此乃疑问之一。

第二个解释者应该是孟子。孟子作过这样的阐述："孔子作《春秋》,《春秋》是述，亦言作者，散文通称。如周公作常棣，召公述之，亦曰作常棣矣。"孟子说的"《春秋》是述，亦言作者"，其实已经告诉人们，孔子所谓的"述"与"作"是有矛盾的，也是存在疑问的，同时他还告诉人们，此"述"也是"作"。用今人的意思，即《春秋》就是孔子"编著"的，在编辑之中有创造，而且是创造性地编辑，创造是主体。在后世，对孟子的这种解释有互应的是司马迁在《史记》中对孔子的描述，他虽然没有明确指出孔子"述而不作"中"作"的精神是主导性的，但他用了好几次"序""书"，且道："故书传、礼记自孔氏。"意思再明白不过。使人疑惑的是，后世多不解孟子和司马迁之意，仍然把"述"与"作"对立起来，称孔子为编者。如是说，司马迁的《史记》也只是编辑而成而非作也？此乃疑问之二。

在历史上，汉儒多采取孔子门徒的说法，再对"述而不作"进行经典论述的便是宋时的朱熹，且其思想影响甚巨。朱熹注："述，传旧而已。作，则创始也。故作非圣人不能，而述则贤者可及。窃比，尊之之辞。我，亲之之辞。老彭，商贤大夫。见大戴礼，盖信古而传述者也。孔子删诗、书，定礼、乐，赞周易，修春秋，皆传先王之旧，而未尝有所作也。故其自言如此，盖不惟不敢当作者之圣，而亦不敢显然自附于古之贤人。盖其德愈盛而心愈下，不自知其辞之谦也。"朱熹在作解释时，似乎找到了那个前提条件："然当是时作者略备，夫子盖集群圣之大成而折衷之，其事虽述，而功则倍于作矣。"① 意思是，孔子之前的"圣人"已经把道理精义全讲了出来，剩下的就只是综合整理。那么，这些圣人都是谁呢？孔子说"吾从周"，除了周公之外，我们很难再知道还有哪些圣人。钱穆说："在孔子以前的古代典籍，流传至今者并不多。举其最要者，只尚书、诗经，和易经三种。尚书里保留着不到二十篇商、周两代重要的政治文件。尚书分今、古文两种本子，古文尚书出后人编纂与伪造。即今文尚书亦不信，如尧典、禹贡等，大概尽是战国时代人之作品。"史学界基本有一个定论，即从孔子或孔子稍前，学术与教育基本都是官方的，民间的个体的学术与教育尚未开始，若论历史上之圣人，自然只有历代帝王，即三皇五帝，但真正能够让孔子信服的只有周时帝王的学说与制度，那么，除了这几个圣人外，还会是哪些圣人呢？难道孔子所述者全是圣人所为吗？一个明显的例子是《诗经》上很多作品来自民间，那些作者皆非圣人。从中国文化现有的资料来看，个体的民间的原创性私学始自老子、孔子等，那么，这种个体的研究与编著难道不是"创始"吗？这两者都是有矛盾的。此乃疑问之三。

及至近代，梁启超等儒家学者在面临西方文化侵袭之时，在

---

① （宋）朱熹：《四书集注》，岳麓书社 1985 年版，第 120 页。

"述而不作"的文化创新上，一方面沿袭古人特别是朱熹的观点，另一方面又存在疑问和矛盾之处。他在《国故学讨论集》中先说："先辈每教不可轩言著述，因为未成熟的见解公布出来，会自误误人……"然后又说，青年学子的"斐然有述作之誉"，解读了读书和做学问的关系。他举例道，同是读《文献通考》中的《钱币考》各史以及《食货志》中的"钱币"下各文，泛泛读去，很可能一无所获，但如果是一面读一面打主意做一篇中国货币沿革考的文章，其读后所得则会大不一样，很可能是"加倍受用"。由此得出结论："所以我很奖励青年好著书的习惯。至于所著的书，拿不拿给人看，什么时候才认成功，这不是你的自由吗?"①梁启超所处的时代已经是一个与中国传统文化迥然有异的文化时代，他虽然对"述而不作"没有做出更为合理的解释，但是，却揭示了"述而不作"的内在矛盾，即不能有所收获，同时，由于囿于圣人之言论而使自己的行为也处于一种矛盾之中，即著书与何时示人的关系。其实，此时的著书已经是"作"了。为何梁启超也会陷于矛盾之中呢？此乃疑问之四。

到了当代，儒家学说在中国大陆已然式微，甚至没有地位。对孔子多采取批判之态度，儒家观念成为"吃人的礼教"，人们对孔子的"述而不作"的观点也无多少发挥，研究儒学者也多采用朱熹之陈说。20世纪90年代中国台湾的学者南怀瑾的《论语别裁》在大陆风行，斯人之解读"述而不作"可以说代表了当代儒家学者的一种认识。在当代，著述太多，学人常叹当今之学术多为垃圾，所以提倡学古人在学术上的谨慎之态度。南怀瑾说："我们研究孔子思想，

---

①　徐鲁：《"述而不作"与"斐然有述作"》，《中国图书评》1998年第11期。

知道孔子自己很谦虚，他说我述而不作。什么叫述？就是承先启后，继往开来，保留传统的文化，就所知道的，把他继续起来，流传下来，好比现在说的，散播种子，没自己的创作，不加意见。孔子的删诗书、定礼乐、系易辞、著春秋等六经文化的整理，只是承续前人，并没有加以创作。"这种观点认为孔子仅仅是一个编辑，而不是作者。其实，早在南怀瑾之前，这种观点被大多数人接受并进而发挥了。在网络镜像站点上，如果搜索有关孔子"述而不作"这一内容，就会发现有一大批人在探讨孔子的编辑思想，而中心意思便是"述而不作"。这里便有一个非常大的疑问，南怀瑾在解读"述而不作"时，和朱熹一样，认为孔子说此话是因为谦虚。既然是谦虚，便存在谦虚背后的本质的解释，为何他们还要如此执着于表面的解释呢？更有疑问的是，他们都提倡述而不作，而他们自己又是著作等身，岂不矛盾！此乃疑问之五。

从以上分析可以看出，从孔子的门徒到朱熹，再到梁启超、南怀瑾，大家几乎都沿用同一种说法，且其中有同一个矛盾，即认为"述而不作"是孔子的一种自谦，与"窃"呼应，但同时又否认孔子"作"的精神。这是一种什么原因呢？

"述而不作"成为中国文化不能生长的真正症结

对孔子"述而不作"进行的种种阐释已经构成中国儒家文化甚至整个中国传统文化一个非常重要的文化现象，它们不仅从内在上反映了中国儒家文化的发展及没落，而且在本质上反映了"述而不作"乃儒家文化甚至整个中国传统文化的基本思维模式。两千多年来，中国的文化能始终保持在一种"述"的静态发展，却少有"作"的勃兴。魏晋时期的复古、唐时的古文运动、宋明时期的理学乃至当代的新儒学，表面上看都是一次又一次的文化复兴，但究其实质，无不体现了这种"述"而不"作"的精神。不论从整个世界历史文化发展的脉络去比较，还是从文化本身需要积极发展的内在要求去判断，这种"述而不作"的精神显然是中国文化的一个疾瘤，也是中国文化不能获得真正发展的内在原因。

首先，它导致"我注六经"与"六经注我"的矛盾文化。如果说孔子的"作《春秋》"，"序书传"，是在文化凋敝、礼崩乐坏时进行的文化整理的话，他还创造了一系列的"人学"概念，如仁、君子、士、礼、信等，但自汉兴起的"我注六经"却已丧失了这种"作"的精神，只留下"述"的传统。自汉兴起到魏晋盛行的"我注六经"和"六经注我"本是一次蔚为壮观的文化复兴运动，但被"述而不作"的圣人之教束缚了。无论是"我注六经"，还是"六经注我"都跳不出"六经"的范畴。所谓"六经注我"只不过是一种"述"的态势下的调整而已。这种先从文学、哲学和史学兴起的文化现象后来便成为整个中国历史的一种矛盾的发展心理。历代王朝的更迭、胡汉民族的融合，应该说可以产生新的文化和制度，但传统的力量仍然是最强大的，"述"的文化心理仍然是占主导地位的，致使整个中国两千多年的历史始终是儒家的天下。这是从汉的独尊儒术起始的，因为从那时起，儒家的文化便开始直接影响中国的历史，而"述而不作"的矛盾心态也就构成了整个中国历史的矛盾心理。

"五四"时期对儒家的革命才使整个中国的历史有了新的一页，而"五四"时期的主要文化精神是"作"，它体现了老子"道者反之动"的精神。

其次，它成为历代王朝进行改革的基本思维模式，也可以叫"托古改制"。实际上，它反映了儒家文化一个非常重要的内容，即礼。对传统的尊重，是礼的主要内容之一。"述而不作"也便是对礼的一种理性描述。在中国历史上，无论是改革者，还是保守派，要消灭自己的对手惯用的方法就是礼，即只"述"，反对"作"。其实，此述也便是作，因为坚持传统就消灭了敌人。

再次，在跨文化研究中，它还构成了一种跨文化现象，由此，它成为一种消极的文化心理。有很多学者指出，在人类轴心时期产生的几个伟大的圣人都是"述而不作"的典范，他们分别是孔子、苏格拉底、耶稣、释迦牟尼。伊斯兰教的创始者穆罕默德也一样。他们只是转述先祖的文化或神的旨意，自己却从不发挥。他们的经典并非由他们自己创作，皆由其门徒记载，属于圣人"言行录"与"故事集"，且文体都很相似，为"对话体"。后来，人们还发现，这种"述而不作"的跨文化现象不仅存在于几大文明古国，而且或多或少地保留在各民族的文化中，成为全人类发展中一种非常"神秘"的文化现象。在人类轴心时期和各民族的轴心时期，这些"述而不作"的圣人之"述"发挥着非常重要的作用，在今天看来，他们不仅成为远古文化的集大成者，而且事实上是构成每个民族后来文化的原创者。他们是承前启后者。但是，这种精神在今天每每遭到误解。编辑家和保守派常常会用传统的力量来压制革新者，而他们拿出的最有力的武器便是圣人的"述而不作"。圣人遗留下来的这种矛盾的心理成了历史发展的阻力。

最后，它导致学术上的"述而不作"，使学术没落甚至腐败。从汉至宋、明再到清，儒家学者的"我注六经"，虽然事实是"六经注我"，但这种注释仍然没有跳出圣人之言论，所以历代学术都不能阐发新思想。哲学的僵死、科学的不兴乃至文学的没落都与这种"述"而不"作"的思想有关。更为重要的是，它成为中国学术的一种病态的内在文化肌理。从近代开始到"五四"时期进行的文化革命应该是"作"的精神，然后，可悲的是，中国学人在放弃了中国的文化传统后，又"述"起了西方的文化传统，把中国的圣人换成了西方的圣人。换汤不换药。从哲学、历史、经济学到数学、物理、化学等整个科学领域，中国学人都以西方学说为经典，动辄以西方经典为例。虽然尊重传统是应该的，但是完全的"述而不作"则是今之学人的一大通病。作家余杰批评今之学术只是资料的堆积，而学人自我恰恰缺席，便是一端。近年来，不少学人都感叹中国学术看上去繁荣盛大，但原创性的学术寥寥无几，国家领导人和一些学术权威也感叹中国的大学和科研机构为何培养不出大师。所谓大师，便是有原创性学术成果的学者，是真正能体现"作"的精神的学人。实际上，问题不仅出在体制上，而且还出在"述而不作"的病态文化心理上。在目前的学术语境下，这种思想犹如癌症一样，阻碍着中国学术的发展，同时，也由于这种心理，很多学人对学术有一种轻视的态度，让弟子代笔，抄袭现象严重，由此而产生了诸多的学术腐败。

"述而不作"的历史语境及其本义

《史记》云:"孔子之时,周室微而礼乐废,诗书缺。"诗书散落于民间,学术也从官方下移到民间。在此之前的商朝和西周是"学在官府",即所有专门知识均藏于王室,由巫、史、祝、卜等专门文化官员掌管,秘不示众,实行文化垄断,但从孔子之时,那种"礼乐征伐自天子出"的时代一去不返,大夫、庶士、家臣等社会的边缘阶层崛起,成为社会的中心,政出大夫、陪臣执掌国命、士人奔走天下,甚至平民也可以成为社会的中坚力量(如墨家)。孔子感叹道:"天子失官,学在四夷。"(《左传·昭公十七年》)庄子也说:"道术将为天下裂。"(《庄子·天下》)"官失而师儒传之。"(汪中《述学·周官征文》)这便是私学之开始,这大概也是儒家兴盛的原因之一。

孔子的思想主要以仁为核心,但以礼为形式,而礼的核心内容又是继承传统。在仁与礼之间,其实也就是作与述的关系。仁的思想是从孔子开始创建并发挥的,体现了孔子积极创新的精神,也就是"作"的精神。礼是继承,孔子说,"吾从周","克己复礼",但这种恢复也不是单纯的恢复,而是恢复圣人之礼,这就有了取舍,实际上就有了"作"的意思。这些圣人是按照孔子自己的圣人标准来定制的,而不是别人的圣人。因此,尽管孔子在形式上采取"编""序传""复礼""从周"等一系列"述"的思维模式,但在实质上是以创新为重。一个重大的疑问就产生了，为什么孔子不强调创新的精神，即作呢？

　　原因就在于孔子所处的历史语境，即官学刚失、私学方兴之势。在周朝时期，"作"和"述"是有严格等级区分的。《礼·中庸》云："非天子不议礼，不制度，不考文。议礼、制度、考文，皆作者之事，然必天子乃得为之。""虽有其位，苟无其德，不敢作礼乐焉；虽有其德，苟无其位，亦不敢作礼乐焉。"由此可见，孔子修《春秋》，自言述而不作就是这个原因。不是孔子不"作"，而是孔子没有称"作"的地位；不是孔子的"述"不是"作"，而是因礼制，只能把"作"称为"述"。这就是"述而不作"最原始的含义。若强调私学，则有悖于孔子强调的礼的概念，与乱臣无疑，更何况，古之立言者，皆为天子，并非圣人。天子不一定是圣人，但有立言的权利，而圣人不一定是天子，也就不一定有立言的权利。所以，朱熹所言差矣。但是，在历史语境发生变化后，述与作便构成了一对外与内的矛盾，而这种矛盾直接影响了中国儒家文化的生长。

　　此外，就古人来说，"述"与"作"尤其是"作"，与我们今人的理解是有差异的，且语境是不同的。从字面意思来看，述，今指讲述。朱熹注："述，传旧而已。"南怀瑾解释说，循也，传承也，意思是古意。古今学人对此多无分歧，但在对"作"的解释上，就不同了。

　　《说文解字》注曰："作，起也。从人，从乍。"《增韵》曰："乍，初也。"《广雅·释诂》云："作，始也。"那么"作"就有指事物的兴起之义，含有创造之义。朱熹亦注："作，则创始也。"今人理解多为"创作"的意思。其实，这种理解有点狭隘，是就字面意思而讲的，作的意义远比这些解释要广泛得多。古人讲"天地生而万物作",此"作"并非"创作"。古文中"作"的意思很广泛,创作和制作都是其中之一种。即使今人理解的"创作"也有好几种意思。通常我们讲的创作是指写作,比如说老子是创作者,因为他写就《道德经》(后人也怀疑这是否真为老子所作,这种怀疑的逻辑大概也与圣人述而不作这样一种观念有关)。但在文艺学上,还有好几种创作。

除文字外,第一种创作便是口述。口头文学是最初的文学形式,神话、民间故事都是这样的文学样式。这是不是"述"呢?其实,我们都知道,每一个讲述者都是进行了再创作的。真正的原始叙述者(原创者)只有一个,其他的讲述者则都是再创作了,所以后来的"述"者便不可能是单纯的"述"者了。这在文艺学上是一个基本的概念。但口头叙述的特点使每一个叙述者都成为原创者。孔子讲述历史,本身就是一种再创作,更何况他不仅在讲述中有取舍,有好恶,而且还亲自编了历史。在"礼乐废,诗书缺"的情况下,孔子的编辑便不是单纯的编辑,而是编撰了。这便是另一重"作"的意思。

第二种是问答与辩论中的"作"。其实,一个人只要讲述,他便在"作"。没有"述而不作"的。这在文艺哲学上是一个再浅显不过的道理了。你要给别人讲述,就要用自己的语词,用自己的理解,用自己的好恶来进行,而这里面参与了自己的人生体验。这种讲述早已改变了被讲述的内容,成了讲述者自己的内容了。你只要"述",就在影响别人,也就是在"作"。"作"不只是以文字进行,同样也以口头进行。人们一般都讲孔子、佛陀和耶稣是"述而不作"之圣人,还说苏格拉底也是述而不作者。从现代文艺学和哲学的角度来看,无疑是掩耳盗铃。孔子、佛陀、耶稣和苏格拉底都是在私人写作开始时的一种"作为"，以对话和学生、信徒记录圣人之言的形式而"作"的。

此外，从接受美学来看，每一个读者或接受者，他在面对文学、哲学时，都是一种再创作，不可能是单纯的"述"。

所以，无论从述者或是作者或是接受者来说，"述而不作"是不存在的。除孟子、司马迁外，汉儒、宋儒、清儒乃至今儒，口头上强调"述而不作"，但实际上个个都是著作等身，是事实上的作者。

"述而不作"是一种形而上的类宗教的表述

在当今越来越多的理解中，孔子"述而不作"存在一种外在的"述"与内在的"作"的矛盾。当然，在一些学者那里，孔子的"述"与后面的"信而好古"中的"信"是一致的，即这种述是一种内在本质的述，没有本质的创新。如南怀瑾认为："他有个态度，信而好古，不是迷信，是真信，加以考证过的真信。"但即使是朱熹这样的儒家，也认为孔子的这种述要远远大于作，也就是说，这种述在内在上已经远远超乎表面了，已经发生了变化，这就是质的变化。似乎是无论谁解释都会陷入矛盾之中。

实际上，从前面的论述已经看出，自孔子开始，"述而不作"就存在于这样一种矛盾之中。孟子、朱熹、梁启超都看出了这种矛盾，那么，如何理解这种矛盾呢？这就要谈到孔子一直谈的"道"，即要从更高的理性上来解决这种矛盾。

孔子说:"吾道一以贯之","朝闻道,夕死可矣","人能弘道,非道弘人","道不同,不相为谋"等。在孔子看来,当时之世是一个大道隐、礼崩乐坏的时代,他之所以克己复礼,宣扬仁的思想,其最终的目的是要恢复"道",但是,"道"是难以讲出的,是"上士"和智慧者才可以体验到的,"中士"和"下士"是不可以听到的,所以,尽管孔子常常提到道,但很少给自己的学生阐述道。孔子对道是尊重的、敬畏的,在他看来,道是先天给定的,是不变的,但是由人来弘扬的。从已然给定的道来看,圣人只能是述,不可能有作,这就是"述而不作"的本质原因。

这一矛盾的思想,在轴心时期的其他圣人身上也同样存在。如苏格拉底一生都在集市上、酒馆里用疑问的形式来教导自己的弟子,他没有办过学校,也没有留下任何著作,他甚至从不正面论述什么问题,但人们公认他为最伟大的哲学家。在苏格拉底的身上,"述"与"作"的矛盾是最突出的。当别人问他为什么时,他只是说,神让我如是说。他在临死前仍然面带笑容,拒绝狱卒给他提供的逃跑机会。他说,神让我死。苏格拉底从未表示自己超过神的知识,也未创造过任何知识。在他看来,知识有两种,即流行的知识与神圣永恒的知识,流行的知识是人们运用和思想的知识,而神圣永恒的知识是神的知识。在永恒的知识面前,他表示了自己的无知。在这里,苏格拉底的神与孔子的道是相同的。

同样,在耶稣传道的过程中,耶稣所口"述"的是上帝的意旨,他自己并没有过多的甚至从未发挥。不是轴心时期的穆罕默德也一样。

在释迦牟尼时期,印度教就已经有了,释迦牟尼是古印度宗教的集大成者,但他自己也从未著书立说。他四处讲法,教导弟子,所讲授的是永恒的知识。他发明了"禅定"，意思是，只有在禅定的时候你才能看见永恒的知识，而我们平时的所见所闻只不过是流行的知识而已。这与苏格拉底是一致的。

即使在老子与庄子那里，也存在相同的道理。老子曰："道可道，非常道。"庄子在文章中常常写到别人问道，他的回答是：不知道。道是不可讲出的，但道又的确存在。庄子把这道也称为"真宰"。他说，这个世界在表面看上去是无人主宰的，但是，却又如此有秩序，仿佛有真宰，这秩序便是真宰的表现之一。他反过来又说，但真宰又在哪里呢？他无法回答这个问题，便说，也许到一万年之后会有一个更聪明的人来解释。

庄子的这个预言其实正是无数科学家在回答的问题。牛顿后半生的矛盾是很多人不解的一个难点，即他陷入神学的思索中。地球最初是怎么动起来的？也就是世界最初的运动是怎么回事？如果无休止地问下去，最后只能到宗教那里寻找答案，如果你不觉得这是问题，认为世界最初就是运动的，那么，也就认定世界本来有它自己的样子，这便是"道"。科学只是找到了道的运动的一些轨迹，但并未创造什么。所以，爱因斯坦发现了相对论，但又说，世界的本质是不可知的。到了当代最伟大的物理学家霍金先生时，他在《时间简史》中说，在未来地球乃至宇宙会爆炸，谁来拯救这个世界呢？他绝望地说，也许是上帝。

霍金的思想与老庄以及孔子有相同的地方，那就是类宗教。如果再逐一去看，我们就很自然地发现，述而不作的现象更多地存在于有"天启"意识的宗教那里。轴心时期的圣人们几乎都是。在天启宗教那里，神是生命的创造者，一切知识与道德也是其创造的，人类只是按神的方式生活的生命。所以，述而不作既是非常自然的，又是非常神圣的。

孔子所处的时代是一个神人思想交替的时代，也是一个巫术盛行的时代，属于类宗教时代，孔子的述而不作也应该是一种类宗教思想。实际上，孔子本人就是一位祭祀的官员，他有敬天地鬼神的思想，从某种程度上与苏格拉底有相同之处。在这种思想下，孔子便认为三皇五帝时期并非洪荒时期，而是文明时代。正因为如此，他才愿意接受"述"的使命，而否定自己"作"的精神。假如我们从这个角度去理解，述而不作就不存在矛盾了。

但中国的文化在形而上甚至宗教的层面上讨论得较少，尤其对孔子所处的历史语境认识不清楚，从而造成中国人在对述而不作的理解上常常有偏差。如果从形而上的道的角度来看，圣人只能述，没有作，圣人只是来弘道的，而非创造道的，但如果从流行的知识来看，圣人对道的理解是原创性的，是神圣的永恒的知识，而圣人也是真正创造道的人。中国儒家学者之所以不敢超越孔子也无法超越孔子的原因也就在这里，他们把孔子理解为原创者，为道的化身。孔子在形而上的层面上与道相混了。但这与孔子本人的意思大相径庭。

"述而不作"的现代正解：述即作

以上我们已经厘清，述而不作是宗教和类宗教的一种思想和方法，但这种思想与方法往往被人们误解，甚至被人利用，从而形成了一种消极的保守的甚至专制的心理机制，已经不利于知识突变的现代，尤其不利于在世界文化融合的背景下要求文化创新的当代中国社会。在重估儒家文化、重倡国学的今天，一种复古的思潮正在兴起，有很多学人仍然沿袭陈词陋说，宣扬孔子"述而不作"就是只"述"不创作的思想，这对我们学术的创新是不利的。我们有必要对这种思想进行多方面的探讨，在还原孔子的真面貌之时，更应该以积极的态度来理解孔子的思想，为当代学术和思想发展廓清路障。这也符合孔子一生积极入世改革社会的思想。

要深入理解孔子"述而不作"的思想，除了上述的历史语境和形而上的解释外，我们还可以从孔子一生的精神来理解。

国学家柳诒徵在其《中国文化史》一书说道："世谓孔子'述而不作'者，盖示读'十冀'及《春秋》也。"《孟子》即称"孔子作《春秋》"，《公羊》明载未修春秋之原文，唯杜预称《春秋》多用旧史，然亦谓有勘正处。孔子传《易》修史，而合之《诗》《书》《礼》《乐》，号为"六艺"，亦名为"经"。柳诒徵是儒学在现代社会处于没落之时的研究者，唯他对孔子"述而不作"提出了积极的解释，即反对从汉以来特别是从朱熹以来的保守的解释。在柳诒徵看来，孔子论史治礼，以《春秋》为主，而《春秋》之学，为最难讲，主要原因是"当时门弟子已不能赞一辞"。《史记·孔子世家》也云："至于为《春秋》，笔则笔，削则削，于夏之徒，不能赞一辞。弟子受《春秋》，孔子曰：'后世知丘者以《春秋》，而罪丘者亦以《春秋》。'"

遗憾的是，《春秋》没有流传下来，但为什么没有流传下来呢？这是一个非常大的疑惑。

《孟子·滕文公》推测说："孔子成《春秋》，而乱臣贼子惧。"

《庄子·齐物论》评论道："《春秋》经世，先王之志，圣人议而不辩。"《汉书·艺文志》讲得最明确："仲尼与左丘明观其史记，据行事，仍人道，因兴以立功，就败以成罚，假日月以定历数，藉朝聘以正礼乐。有所褒讳贬损，不可书见，口授弟子，弟子迟而异言。丘明恐弟子各安其意，以失其真，故论本事而作传，明夫子不以空言说经也。《春秋》所贬损大人当世君臣，有威权势力，其事皆形于传，是以隐其书而不宣，所以免时难也。及末世口说流行。故有《公羊》《谷梁》《邹》《夹》之《传》。"

柳诒徵说："自汉以来，三《传》传而《邹》《夹》不传。然而，孔子当时怎么讲历史，今天已不得而知。不过，有一点，很明显，'《春秋》之义，在正名分，寓褒贬。其影响所及，有非他书可比者'。"

这便是孔子治史。这就是孔子之历史观。钱穆评价道："是他的新史里有一通褒贬，这种褒贬，即是他的历史哲学，即是他的人生批评。他对于整个人类文化演进有一种广大而开通的见解。"

不仅于此，孔子晚年"喜易，序彖、系、象、说卦、文言。读易，韦编三绝。曰：'假我数年，若是，我于易则彬彬矣。'"（《史记·孔子世家》）可见，孔子的一生并非简单的"述"，而是以"述"的形式来"作"。他把历史按自己的"仁、礼"的观念来编撰，这就是创新，就是"作"。后世儒者不取孔子精神，不辨孔子的历史语境，却一味注重其具体之言词，便画地为牢、刻舟求剑了。

孔子的承前启后精神也被后人歪曲了。我们看一个问题常常不是以历史的观念来看的，而是想当然地进行批评。孔子若不好古，中国古文化还能有传承？孔子所传承的正是当时中国古文化中最优秀的礼的精神，这是当时社会的需要，是应运而生。而孔子又并非生搬硬套古代之礼，而是"作《春秋》"以制礼。孔子还创造性地描绘了大同世界，向往将来。可以说，孔子是一个超越时代的人，既继承历史，又改革现实，开创未来，同时还有一种永久的向往。

孔子的一生是实实在在的"作"的一生，是实践的一生。在礼崩乐坏之时，孔子冒天下之大不韪提倡礼，修《诗经》，他还周游六国，实现自己的抱负。他的大半生都是在积极的实践中度过的，即使到了晚年，也以修史和修经来实现自己对文化的创新。没有一种文化是凭空而来的，文化是延续着的，孔子是将这种延续的文化按"道""仁""礼"的精神来调整。两千多年来，中国文化的精神基本上就是按孔子所设想的精神在前行。他在中国历史上可以说是"前无古人、后无来者"，是独创的一生。他的这一精神不仅成为后世儒家积极进取的主要精神资源，而且成为中国文化中最积极的因素。相比佛、道文化来说，儒更能代表俗世中知识分子的形象。

中国无创新久矣，在备受质问的古老的四大发明面前，在面对世界强国的政治、经济、军事乃至文化上的侵压时，无论是中国的执政者，还是中国的学人，都迫切希望当代中国有一种积极的"作"的精神来激活学术、思想和社会的发展，而不是简单的"述"。

孔子的反对者

刘再复在《读书》杂志上发表文章说："想想中国历史的沧桑起落，看到一些大人物的升降浮沉，便冒出一个问题自问自答。问的是：'谁是最可怜的人？'答的是：'孔夫子。'"① 的确，在 20 世纪，中国人在西来的价值体系下革新文化，便要找出整个封建时代最权威文化圣人做对立面，这自然非孔子莫属了。我倒是觉得，即使如此，孔子也是伟大的、光荣的。孔子若活着，他必然要借用佛家的一句话给自己找出路："我不入地狱，谁入地狱。"中国的文化唯有在他的尸骨上踏过，才能向着另一个价值体系奔去。前文中已经论述过数次，孔子所执者，在于大道之后的私家天下的不平等礼制，而"五四"时期的中国人要的是平等、民主基础上的公天下。所以鲁迅硬是要踩过他的尸体。

鲁迅和那时代的一些人主张，要完全地打倒孔子。但你要问他，打倒之后又怎样，人往哪里去呢？人怎样在世上立行呢？他不知道。

鲁迅就是这样的一个人。他说，中国几千年的历史中只有两个字"吃人"。指礼教，也指专制。事实上，准确地说是男权思想。从

---

① 刘再复：《谁是最可怜的人》，《读书》2008 年第 4 期。

人类历史来看，人类的思想大抵可以分为三个阶段：第一阶段是女权思想，是母系文化时代，几乎是人类的史前时代，我们今天只能看见它的朦胧景象。大地湾的茅庐、马家窑的彩陶、西南山川中的母阴崇拜，都昭示了那个时代人类的艰难步履。那是一个以血缘为中心的人类。母亲的每一滴血都流淌在氏族成员的脉管里。天然的感觉，天然的认知，天然的生存，天然的崇拜。人类确是诗意地栖居于大地之上。第二阶段是男权思想，是父系文化时代，是整个的古典时代，包括近代史。在这一阶段，人类对生命的认识与前一阶段相比发生了巨大的变化，认识到男性在生命创造中的伟大作用，甚至在某一阶段认为是男人创造了人类，女人只不过是培育生命而已。这种认识的诞生以及男人在社会生活中的地位的提高使得人类进入男权时代。男权思想包括父权、君权、夫权。第三个阶段是两性平等思想。这个阶段萌发于现代，在当代才取得一些成绩，但在未来，它将成为整个人类新的伦理价值基础。从现代开始，人们认识到生命的创造是男女共同完成的，最重要的是人类开始反思男权文化，老子曰："反者道之动。"这就是男女两性平等的到来。鲁迅所批判的，是整个古典时代的男权思想，其实也就是男人的专制思想。这种专制思想，不仅压迫着女性，同样也囚禁了男人。祥林嫂的悲剧是几千年来中国妇女的悲剧。《狂人日记》中"狂人"的悲剧是整个中国人的精神悲剧。其实，如果从这一意义上来审视鲁迅的价值观的话，那就是男女平等，再宽泛一些说，就是整个人类平等的观念。

鲁迅对孔子和儒家的反动带来了新的文化气象。马克思是对整个欧洲文化的反叛，带来了整个世界的新文化。大家都以为这是现代性的开始，那么，后现代呢？事实上，后现代是现代性的又一次反动，但其背景、勇气的来源、价值观都是现代性。从信仰和价值上来说，后现代必然是无神论者。

鲁迅的《过客》可以说充分地表现了鲁迅在思想上的茫然。时间在黄昏，过客"眼光阴沉，困顿倔强"，"我知道那里是有许多野百合、野蔷薇，不过那里是坟"。我们没有在鲁迅的著作中读到过他对未来世界的憧憬。不像孔子。孔子有一个理想，大同世界。马克思也有一个理想，共产主义。大同世界是一个农耕景象，共产主义是一个商品景象，但两者在精神世界里有共同点。鲁迅没有这样的憧憬。他的颓唐与茫然在这里表现了出来。这使我们不仅想起《老人与海》。老人也是悲壮的，他一无所获，但他没有过客那样的茫然与昏暗。老人的心灵背景是明亮的。这是鲁迅的局限。所以，经过半个多世纪之后，我们再来审视鲁迅时，《过客》这篇独幕剧就成了我们打开鲁迅精神世界的一把斧子。鲁迅之前的决绝与孤独无依在这时有了一些颓唐。他累了。他突然想到"到哪里去"的哲学问题。他无力回答。这使我们同样想到了另一个哲学家，尼采。尼采的精神世界与鲁迅的其实是相同的，苍凉而渺茫。这与老庄的虚无之道也不一样。老庄的虚无之道是一种明确的"有"，而鲁迅的虚空就是"无"。

鲁迅后来的路由我们一直走下去。近年来，反思"五四"也成了一股热潮。因为人们发现，自"五四"以来，我们赖以存在的人与人之间的伦理道德模糊了。自然，人类新的价值观是要建立在"平等"这样一个价值基础之上，但在此之上的道德是什么？家庭伦理与道德又是什么？几十年以来，我们不能否认，中国人还是沿袭着中国的传统道德在生活。朋友之间的情义，师生之间的恩情，行为处世中的准则，都是儒家所开辟的伦理道德。假如我们现在把这些都放弃了，中国人之间的伦理道德就几乎为零了。对鲁迅的反思，对"五四"以来新文化运动的反思，对中国传统文化的反思，都成了近年来知识分子新的课题。

这种反思所带来的便是重新认识孔子和中国一切传统文化。于丹讲《论语》之所以取得让人惊讶的热效完全是这种深层需求的结果。

但现在对孔子的认识有两种。一种是以黎鸣先生为代表的彻底否定派。黎鸣先生自 2005 年以来，通过博客对孔子进行了猛烈的抨击，认为孔子是中国文化的罪人。"孔夫子，制造和宣教愚昧的伟大'先师'"，"中国人全都'瞎了眼'——孔子真给了中国人'道德'么？""儒经是中华民族的洗脑经"，他认为老子的《道德经》（现在的《道德经》多是被歪曲了）和《圣经》才是真正的道德之经。另一种是于丹和第三代新儒家们。他们认为，孔子是能真正拯救人类的圣人，孔子所代表的儒家学说也是宗教没落时期人类的人性选择。这种认识在今天的国学那里得到了极大的肯定，尤其在近两年国学热时期，孔子又一次被抬高到圣人的地位。可以说，这两种思想都有过激的地方。前者在批判孔子的同时，并没有考虑孔子所处的历史时代。其实上，孔子所强调的"三纲"和基督教所强调的戒律都是在同一个价值体系上，那就是男尊女卑的不平等思想，这是当时全人类共同经历的一个男权时代，几乎没有任何民族能幸免。西方的文艺复兴和人文主义运动正是致力于此，"平等"，才会有"博爱"，才能产生民主，最后才有自由。西方文化是早中国文化几个世纪就开始了这种文化上的觉醒，而中国文化迟至"五四"时期才开始这种"平等"的要求。

"平等"最重要的是伦理上的平等。一是人与宇宙，也就是人与上帝的伦理，这是一种皈依与被皈依的关系；二是人与万物齐等；三是人人之间平等，最重要的是男女平等，然后才可能是人人平等；四是人的精神与肉体的统一，也就是人与自我的关系，最重要的是人要承认人的肉体的正当要求。此四种伦理关系产生了现代人类最重要的价值体系和道德标准。中国自夏启开始私有社会，到周文王和周公时宗法化，到儒家时将这种不平等和男权美化，成为统治中国三千多年不平等专制社会的理论法宝，在 20 世纪初才第一次真正彻底地被认识，但这种全民族的觉醒历时百年也并没有得到彻底改善。人心之改变是艰难的，由此可以想见，欧洲社会经过了数百年的文化运动才得到根本的改善也是不容易的。

既然"平等""博爱""自由"是我们今天中华民族乃至人类共同追求的正面价值，对孔子的批评便是正确的。孔子所推荐的"礼"确是一种不平等的礼，孔子所推荐的孝也是一种专制的孝，后期儒家借着孔子的名义确立的"三纲"更是一种专制的化身。

那么，孔子所推行的"仁"在今天也是一种反动的哲学吗？孔子说："仁者爱人。"这里面有博爱的思想。黎鸣先生认为，孔子的爱是一种谎言，因为孔子所提倡的一系列道德都是不确定的、游移不定的，不像"摩西十诫"是确定的，不可动摇的律例。这种说法是有一定道理的。孔子的学说属类宗教，与摩西、耶稣的宗教是不一样的。也正是因为如此，儒家在经历孟子的"天道"之后，在董仲舒时便把"天"人格化，提出"天人感应"学说。此时的儒家开始宗教化，但是自董仲舒之后，儒家开始与道家、佛家慢慢靠近，终于在朱熹时合为理学。儒家的这些演化，实际上也正是在改变孔子时道德的不确定性。礼教是最重要的表征。这种改变在人格方面实际上也是靠佛、道两家的戒律来实现的。

所以，我们可以把专制与儒家结合起来的中国文化大致画出一条轨迹：

夏启（废除禅让制，实行帝制，开始私有天下，公有天下消亡）→周文王、周公（实行分封制、宗法制，天下彻底私有化、专制化，制礼，作乐）→孔子、孟子（对周文王、周公的礼乐制度和宗法制进行美化，在哲学上寻找根据，为封建专制社会制定更为详细的伦理制度）→汉武帝、董仲舒（罢黜百家，独尊儒术，将儒家宗教化，确立"三纲五常"的伦理观念，儒家渐入心）→朱熹、二程（将儒家与释道合一，创立理学，将儒家彻底地推向专制、禁欲、不平等的绝地）→康有为、梁启超及后来的新儒学（前者是在中西文化背景下的最后微调，后者是在世界文化背景下确立孔子人性论的地位）。

我们同样也可以理出一个与这种儒家文化相对抗的文化脉络来：

东夷族的有扈氏对夏启的"家天下"的反抗→周公时期管叔和蔡叔对世袭制的反抗（尽管他们始终没有得到历史的认可）→诸子百家尤其是道家、墨家、法家、名家对儒家的批判→黄老学说对汉武帝时期儒家的对抗→曹雪芹、《金瓶梅》的作者兰陵笑笑生对"存天理、灭人欲"的理学的颠覆→鲁迅、毛泽东的彻底清理→新儒家重新解释儒家及孔子。

从这两个脉络可以看出以下一些特征：

　　第一，儒家确与封建专制是一体的，尤其是其提倡的"三纲"之礼教是文化专制的核心内容，这使封建政治有了可以依凭的理论根据。这是道家、鲁迅、黎鸣等反对孔子的主要基础。道家的齐物论与鲁迅、黎鸣等的平等思想虽然不完全一致，但在追求人的平等这一点是相同的。

　　第二，道家反对儒家的"仁爱"道德，后世证明，对于世俗世界来说，"仁爱"道德仍然得有。西方不仅有以基督教道德为世俗世界的行为准则，也有形而上的哲学，两者互为条件。道家与儒家在中国历史中所扮演的角色实际上也是如此，两者互相渗透，使中国知识分子也形成了既儒且道的人格理想。

　　第三，对儒家的颠覆与反叛在中国文化史上始终未断，并非是有些学者所断言的只存在单一的儒家学说，中国之所以不出哲学家是因为文化上的专制。事实上，对于欧洲国家而言，何尝不如此。西方哲学充其量也就是苏格拉底、柏拉图数人，文化上也是专制的，其下哲学家也如中国的孟子、荀子、董仲舒、程子、朱子等一样。儒家自孔子以后，孟子等人对儒家学说都有不同建树，每一个阶段都融合了不同的文化而产生了不同的儒家理念，并非一成不变。这并非是为中国文化辩解，而是客观表述。事实上，对于中世纪之前的欧洲文化来说，文化始终是一元的，即使中世纪以后，文化有了一些激荡，但在达尔文产生之前，文化在本质上还是一元论。达尔文之后，文化渐趋多元，但基督教道德在整个欧洲社会仍然是起基础作用的。这与儒家的命运是相同的。因此，笔者认为，不能薄中厚西，也不要薄西厚中。文化最基础的价值发生了变化，文化在本质上就要被颠覆，就得重新来构建新的价值系统。从这个意义上来说，西方人走在中国人的前面，中国人必须向西方人学习。

第四，基督教强调爱，儒家强调仁，在形而上的层面上都是相同的，那么，为何在反对儒家时也要把这种"仁爱"思想一起彻底反掉，仿佛不彻底，就不是真正的革命者，而在对待西方的男权文化基督教时，却又俯首称臣，认为其提倡的仁爱思想是好的。这是鲁迅和黎鸣先生的悖论。在这里，我们不禁要怀疑一百年来我们赞赏的"彻底的"和"革命者"的精神。人类始终是连绵不绝的，其文化也是传承的，一时间将过去的文化彻底斩断，那么，人类靠什么来维系道德生活呢？轴心时代的大哲学家并非武断的自创者，而是对文化的继往开来者。释迦牟尼是对他之前的印度宗教的集大成者和改革者，苏格拉底显然继承的是前人对"神"的崇拜以及《荷马史诗》精神，孔子更是一个继往开来者。这就为我们提出一个问题，他们继承的是什么，开创的又是什么？

显然，在人类早期生活中，人类的一切精神都已诞生，只不过每一个大哲学家对人类精神的最高理念发挥不同。苏格拉底认为，真理就藏在人的心中，所以人的一生就是不断唤起这种真理性。柏拉图从希腊神话中也是从永恒的神那里找到了人类本身所赋有的一切善性，即对道德的追求。《圣经》在开始便讲"最初，世界一片黑暗，上帝的灵运行其中"，这灵是什么？是善，是一切智慧。在东方，老子和庄子认为，道先天地而存在，从新物理学的角度来讲，就是宇宙在爆炸之初，就是道的运行，甚至说，道在此之前就已经存在，是道让宇宙爆炸。孔子说，虎不食子，所以"仁"是先天而存在于生物的本性里，人就更不用说了。孟子说，人有恻隐之心，人性的善是先天的。到朱熹时，朱熹更进一步讲，理与道一致，是先天地之前就存在的，而理中就有善，所以善也是先天的，这就是"道心"。宇宙爆炸学说告诉我们，宇宙的产生及其扩散是非常有规律的，这种规律从何而来？也就是说，物质是有心的。马克思说，物质的变化是有规律的，这规律是什么？不就是智慧吗？所有的一切都告诉我们，人类有且必须有一种形而上的善，这种善是任何时代人类都需要的，而且这种善也是任何生命中都运行的一种智慧。从这个意义上来说，孔子的"仁"便是这样一种善。

所以，在中世纪反对基督教时，人们对基督教的"爱"的精神不但没有"彻底革命"，而且对其进行了发挥。这便是博爱精神。那么，在我们反对儒家和孔子时，是不是也要将其提倡的"仁爱"精神也一并革命呢？同样都是反对不平等，但在不平等社会里仍然存在一种伟大的精神，这便是我们要继承的精神。

所以，儒家的"仁爱"精神本身并没有错，我们需要的是重新发挥，而不是将其"彻底""革命"掉。我们需要反对的是儒家的"礼教"。这便是"去其糟粕，取其精华"。

实际上，鲁迅先生是取西方精神的精华而革中国传统文化的命，黎鸣先生所取的是道家的精神和西方文化的精神，所以要彻底地革命掉儒家。我以为，鲁迅先生与黎鸣先生最大的问题是会使中国人缺乏一种文化自信，缺乏了文化上的自信，其构建的信心也自然会失去。儒家需要清理，但并非连孩子带水一起泼出去。事实上，整个人类都在重新构建一种完全平等意义上的道德价值体系。不仅仅是中国人需要它，整个人类都需要它。

第五，维护和赞同儒家的问题。历史上所有对儒学持完全赞同者在价值上都是不平等者，而在目下，对儒家"仁爱"精神持赞扬而对儒家的礼教持矛盾态度者居多。这便是新儒学的问题。新儒学是从中国港台地区及美国一些地方发起的一种学说，从根本上缺乏深刻的理论构建。而以于丹等为代表的国学热表面上看是一场文化的复兴，实际上也是一种可怕的潮流。这股潮流缺乏基本的价值引导，即儒家和孔子的哪些学说是应该否弃的，哪些理念又是应该吸收的。此问题不解决，中国人无法真正地认识儒学及孔子。

老子，第一个私人写作者

几乎在所有中国人眼里，老子是无为而治，不追名，不逐利，所以，不会像孔子一样在晚年因为不得志而悲愤地喊道："弗乎弗乎，君子病没世而名不称焉。吾道不行矣，吾何以自见于后世哉？"但是，有意思的是，孔子倒没留下什么原创的作品，而老子则有《道德经》五千言。

岂不荒唐？

对老子的记述比起孔子来，更渺无可寻了。但这对于一些大师来讲似乎更为有利。人们可以根据他的一些文字创造一个神似的"老子"。《史记》上对孔子的记述很多，也很真实。孔子的那些败景和被侮辱的场面总是被一些对手当成笑柄，但更多的人则会同情孔子。老子不一样，他骑着青牛一路向西，除了被逼写下道德五千言之外，就渺无踪迹了。的确有些神。这种遁入方外的行动与其思想一致。其言行的一致，使人不得不产生不可名状的景仰之情。孔子是一个真实的人，而老子似乎就是一位神仙了。他的生辰无从考查，他的死亡也成了历史的悬案。有人说他去了印度，成了浮屠，也有人说他去了西方，与基督教有关。甘肃陇西有一座山叫岳麓山的凤台（又称超然台）据说是老子飞升的地方。据当地学者李瑞麟介绍，"老子去周西去"，据说翻越陇山，进入"夷狄"地区的天水、武山、渭源、狄道，到达河西走廊的流沙、居延泽一带，游走传道达十七年之久，然后原路返回狄道。最后在临洮逝世。相传老子飞升的日子，正是农历三月二十八日。每年这一天，临洮全县各地的父老乡亲及道教信徒，都要在岳麓山举行盛大的纪念老子的活动。民间传说这一活动始于三国之时，至今已经有近两千年的历史。

这一考证似乎对老子的去处有了一个切实的交代。但实际上，学术界的纷争还是不断。人们想在渺茫的历史中对一些事件和人物给予定论。可惜的是，学术的争论在今天已经成为旅游经济与文化的利益之争了。这多少有些变味。然而，无论今人怎样争论，人们重视的并非他在哪里出生和去世，而是他的道德五千言。

也许首先我们要问老子五千言是从哪里来的？它是凭空而生吗？它之前有类似的文本吗？他的老师又是谁？

事实上这些问题并非笔者的疑问，而是自古以来就有的。庄子认为，老子之学出于古之道术："以本为精，以物为粗，以有积为不足，澹然独与神明居。古之道术，有在于是也，关尹、老聃闻其风而悦之。"（《庄子·天下》）老子也说："执古之道，以御今之有，能知古始，是谓道纪。"柳诒徵认为："实则老子之思想，由吾国人种性及事实所发生，非其学能造成后来之种性及事实也……老子之书，专说对待之理，其原盖出于《易》。惟《易》在孔子未系辞之前，仅示阴阳消息、奇偶对待之象，尚未明示二仪之先之太极。老子从对待之象，推究其发生此对待之故，得恍惚之一元，而反复言之。""老子既知此原理，见此真境，病世人之竞争于外，而不反求于内也，于是教人无为。其教人以无为，非谓绝无所为也，扫除一切人类后起之知识情欲，然后可从根本用功。故曰：'无为而无不为。'"①

柳诒徵这一论述与古时情状基本吻合。的确，在老子看来，当时流行的知识都与本质相去甚远，所以学得越多，与道之间的距离就越远。他要求人们抛弃这些陋见，去寻找真正的道。这种认识似乎与释迦牟尼之对知识的认识有些同理，但又不同。虽然两者都追求清静，但释迦牟尼在于去欲，而老子在于明理，并非完全去欲。

老子之于历史的态度，与孔子有大不同。孔子执着于能证明的历史，且是文字等固化的历史，周之历史当然是清楚的了，所以他从周开始。虽然他也常言三代之前的历史，但总觉得渺不可信。老子是一位史官，恰恰越过历史，看到的是世界之初和世界之变化，所以老子所言者形而上学。他强调人之本原，人之纯正。老子发现，万事万物都有明灭之时，因此，他以为不可妄为。人的所有的问题来自于人的聪明。"民之难治，以其智多。"但古人治世，并非用智，而是用道，"非以明之，将以愚之"。知此两者，就是懂得了玄德，天下也就"大顺"了。

老子与孔子共同的理念都是让人们要回到原初去。只不过，老子走得更远，直接走到人性与事物的中心。孔子讲中庸之道，"过犹不及"，要让人处于持重状态。老子更为消极。老子是退守的哲学。"强者示弱，大国必居下游。""善用人者为下。"为什么呢？老子以为，"上善若水，水利万物而不争，处众人之所恶，故几于道"。众人都讨厌的处境，恰恰是最能保全性命，与智无关，而是与道共在的状态。同时，"江海所以能为百谷王，以其善下之，是故能为百谷

---

① 柳诒徵：《中国文化史》，上海古籍出版社 2001 年版，第 258—259 页。

王"。百川归海，正是因为海是最下游的存在。从这些论述可以看出，老子教人们学会以宏观的视野来审视自然，以自然为师，学习如何生存的哲学。

以上讲的都是老子愿意归隐、行无为之道的哲学。在三代之时，学术、知识、文字都为国家所有。这种现象不仅仅在中国是，其他国家也同样是。比如，美索不达米亚平原上诞生的楔形文字几乎没有个人的色彩，都是国家或皇族用以记述国家大事以及最高事务——祭祀活动的。以海德格尔的观点来讲，这些都是原初命名的活动。这些原初命名不一定全出自官方，也有的诞生于民间，但一旦文字诞生，便为国家所有。所以，知识、教育的拥有者都为国家。国家的拥有者——那些最高阶层的贵族便是最早能接触知识和教育的人。但是，正如孔子所说的那样，知识和学说的创立者应该是国家意志，私人还不允许创作。这种习惯也是文明最早的特性。虽然民间也有知识，也有创造，比如谚语，比如民歌，但这些都算不上严格的文人写作。文人写作是在知识和文字传播到民间，且天下纷乱之时才诞生的。文字是国家公器，几乎不允许个人创造。因为个人若创造，天下必乱。至今我们不能知道文字创立之时人类对文字敬畏和文字起的重要作用时的情景，但《百年孤独》中的一个情节足可以告诉我们文字的作用。小说中写了叫雷贝卡的不速之客使整个马孔多镇上的人们传染上了一种失眠症和失忆症：

有一次，他需要一个平常用来捶平金属的小铁砧，可是记不起它叫什么了。父亲提醒他："铁砧。"奥雷连诺就把这个名字记在小纸片上，贴在铁砧底儿上。现在，他相信再也不会忘记这个名字了。可他没有想到，这件事儿只是健忘症的第一个表现。过了几天他已觉得，他费了大劲才记起试验室内几乎所有东西的名称。于是，他给每样东西都贴上标签，现在只要一看签条上的字儿，就能确定这是什么东西了。不安的父亲叫苦连天，说他忘了童年时代甚至印象最深的事儿，奥雷连诺就把自己的办法告诉他，于是霍·阿·布恩蒂亚首先在自己家里加以采用，然后在全镇推广。他用小刷子蘸了墨水，给房里的每件东西都写上名称："桌""钟""门""墙""床""锅"。然后到畜栏和田地里去，也给牲畜、家禽和植物标上名字："牛""山羊""猪""鸡""木薯""香蕉"。一头乳牛脖子上挂的牌子，清楚地说明马孔多居民是如何跟健忘症作斗争的："这是一头乳牛。每天早晨挤奶，就可得到牛奶，把牛奶煮沸，掺上咖啡，就可得牛奶咖啡。"

市镇入口的地方挂了一块牌子："马孔多。"中心大街上挂了另一块较大的牌子："上帝存在。"所有的房屋都画上了各种符号，让人记起各种东西。布恩蒂亚决定造出一种记忆机器，此种机器是他以前打算制造出来记住吉卜赛人的一切奇异发明的，机器的作用原理就是每天重复在生活中获得的全部知识。

至今，我们还能看到一些方法在今天的社会里存在。比如，在一些城镇重要的地方要写上城镇的名字，目的是让陌生人知道这里是什么，让本地人也时时记住这个地方的命名。

私人写作是后来的事。司马迁在记述孔子时写得很明确："孔子之时，周室微而礼乐废，诗书缺。"那么，这些知识和学说都到哪里去了呢？在民间。学术下移至民间。所以孔子才诞生，也才有百家争鸣。庄子也感叹："道术将为天下裂。"也就是说，百家争鸣之时，正是私人写作兴起之时。孔子因为知道过去知识和学术都为国家所有，诸侯和个人是不允许写作的，所以说自己"述而不作"，其实，在他晚年还是忍不住写作了《春秋》。文字可以固化学术，没有文字，学术的传播将受到极大的阻碍，甚至消失。

根据这种背景，我以为，老子当是中国文学的第一位原创者。此原创者，指的是文人的创作，一种知识分子的写作。原因有四：

第一，老子的哲学为中国最早的形而上学。一般认为，《易》乃中国哲学之发端，但《易》之深奥，常人难懂。应该是上古学说。所以，真正的古代之哲学应以老子为开端。柳诒徵也说："是则吾国形而上之哲学实自老子开之，亦可曰一元哲学实自老子开之。"① 同时，如果我们认可老子的学说上承《易》、伏羲所创八卦、洪范五行等古之道术，就可以看到一个清晰的事实，即老子所研读之《易》，与被孔子注解过的儒家的《易》是不同的。似乎看不出老子对孔子注解过的《易》的任何评价或学习的痕迹。孔子解读过的《易》可以看成是儒家最早的形而上学著作，但是老子的形而上学更为古老。一个明显的特征是，孔子对《易》的注解多有祭祀之痕迹，表现为明显的时代特征和孔子对时代道德的解释。但是老子的哲学是上接古人的。

在今天我们能读到的人类所有的古代哲学、宗教典籍中，能看到一个清晰的轮廓：人类早期的思想成果不是对人伦道德和政治的创见，而是对自然观察的总结。这也就是弗雷泽等所说的"古代原型"。人类学家发现，人类最早对大地、天空、太阳、黑暗以及四季的轮回都有一种认识和神化，最后演变为宗教。这就形成了人类早期的思维模式。对自然之道的认识与总结也是人类早期的哲学。中

---

① 柳诒徵：《中国文化史》，上海古籍出版社 2001 年版，第 259 页。

国的《易》、八卦思想、洪范五行学说等都是对大自然运行的理解和注释。海德格尔称，人类早期是诗意地栖居于大地之上，为大地和万物命名。那时，人类与大地是浑然一体的。大地是人类的母亲，是人类的家园。所以人类不以自己的意志为意志，而是以大地的意志为意志，所以人类要崇拜山川、河流、大地、太阳。人类的意识是如此之高大，视野是如此之壮阔。但是，随着人类智慧的开发，人类越来越以自己为中心，离开了大地。如此，人类与大地之间的冲突也就产生了。现代社会其实也就是人类与大地之间产生了不可调和的巨大矛盾。人类脱离了生育自己并给予自己诗意和幸福的大地，人类便面临被异化和痛苦的现实。老子的哲学在那个时候其实讲的就是这样一种哲学。他说，人法地，地法天，天法道，道法自然。自然是最根本的。这也是人类最早的道术。所以，从这一意义上来说，老子之学说直接师承上古道术，并开古代形而上哲学之先河。

第二，老子哲学有母系文化的影响。在老庄及诸子之时，人们已经认识到上古之时是一个人们只知其母，不知其父的时代，但对此并不能进一步论述，而是认为天地初开，道就存在，人类及万物正是因循道而存在。老子的哲学在这一方面讲得很透彻。若比较海德格尔和老子的哲学，我们发现，古老的哲学与现代哲学竟然找到了相同的出发点。近年以来兴起的生态哲学热又一次将老庄的哲学推到前台。生态哲学是在人类的生态背景遭遇严重破坏，造成人的生存危机时产生的一种思潮。其实与海德格尔的存在主义哲学如出一辙。生态哲学要求人回到人与大地、万物和谐共存时的状态。这就回到了老庄的哲学。事实上，老庄的哲学比起目前一些生态哲学还要远，还要广大。目前一些生态哲学还是以人为中心的人本主义，但老庄的思想已经脱离了这种狭隘的人本主义观念，而是直接推演到生命平等的哲学状态。

当我们在看《易》对老子和孔子的影响时就会发现，孔子在解释《易》时已经将一套几乎成熟的父权思想渗进了《易》中，而老子并没有。《易》中讲："一阴一阳之谓道。"孔子对此较为赞同。但在老子五千言中，你找不到与此相同的论述。老子讲："道生一，一生二，二生三，三生万物。"后来人对此的解释往往是根据孔子的解释来解释的：道生太极，太极生阴阳两仪，阴阳和合生成冲和之气，然后形成万物。道教也是这样的解释。孔子对此的解释是："易有太极，是生两仪，两仪生四象，四象生八卦，八卦定吉凶，吉凶生大业。"解释是不同的。

事实上，老子之学术上承上古道术，而上古道术自母系文化而来。古人不知道母系文化是什么，今人却能从一些古代母系社会遗留下来的文化痕迹来判断母系文化的特点。从社会学的角度来看，母系社会的最大特点就是女性崇拜，包括女阴崇拜、母亲崇拜等。从纳西族的一些痕迹来看，那时的社会虽也有道德，但与父系时代的道德不同。对女性的性禁锢几乎不存在，也没有什么处女情结，不知处女膜为何物。从文化艺术的角度来看，马家窑的陶瓷直接从视觉上告诉我们：女阴、水、生殖是当时最重要的文化符号。在过渡时期，还有对太阳的崇拜，也就是父权文化的开始。父权文化开始的主要特点是：崇拜太阳、以男人为主。在中国文化中，伏羲时代应该是一个母系文化向父系文化过渡的时期。相传，中国的伦理由伏羲女娲制定，伏羲还创立了八卦。所以在《易》中会有"一阴一阳之谓道"。但我们现在看到的是《周易》，据说是经过周公发挥后的《易》。现在的八卦中，乾卦在前，坤卦在后。但从近年来的发掘看来，最早坤卦在前，乾卦在后，也就是"阴"在前，"阳"在后。也就是说，"一阴一阳之谓道"此句并非是一种简单的语句，而是有深意的。它告诉我们人类文化发展的脉络，也暗示了母系文化时期的一些哲学元素。再从今天的微观学上来看，代表女性的卵子和代表男性的精子的精神特征也是很明显的。在每一次的生命活动中，精子总是成千上亿长途跋涉地去会见卵子，是一种非常活跃的力量，而卵子则在子宫里静静守候，在等待，在挑选。也就是说精子好动，而卵子好静。静态哲学是女性哲学，动态哲学则是男性哲学。所以孔子所代表的就是一种积极进取的男性文化，而老子所代表的则是一种以静守为主的女性哲学。从这一意义上来说，老子的学说比孔子的要更接近上古道术。

第三，老子是私人写作兴起之时最早的写作者。前文已经述及，老子和孔子所处之时，正值学术下移至民间，学术要从民间兴起。在这种文化的复兴刚刚开始之初，恰恰是老子要退隐之时。有学者认为，老子之前，有管子之学。管子之前，有周公。周公之前，有伏羲。然而，周公与管子实际上属于官学。他们的位置大体都差不多，属于相国一职。其所著者自然也是站在国家的立场上来写作，虽然说周公所著《周易》和其他一些篇章以及《管子》中所体现之思想都乃个人之体悟，到底仍然也是个人之立场，但正如前文所述，他们所处之时代并非私人写作之时。从这一点来说，他们只能说是私人写作之萌芽。真正开一代私人写作之风气者，应该是诸子百家，而在百家之中，则首推老子。老子比孔子要早。《史记》中记载孔子访老子是在三十五岁之前。孔子以为看见了龙。孔子承周礼，只是在"述"历史，却不敢有"作"，意思是在那个时期，民间的私人的写作还没有完全开始。只是到了晚年，他不愿意就此让自己的学说与名声从此消亡，于是作《春秋》。很显然，孔子作《春秋》时已经比老子要晚了。再说，老子也并非自己愿意著书。是其弟子关尹子强为之，才留下五千言匆匆西去。

关尹子强行让老子写作这件事，说明几个问题。一是当时私人写作已经出现，是伴随着私人教育开始的。二是老子也间接地参与了私人教育的活动。三是老子应该在当时还有其他功名，或者替官方写作过一些著名的文书，或者是周室贵族重要的教员，只是不立私学而已，或者因为文化上的原因，总之，老子在当时的名气很大。不仅有孔子前去专门拜见，还有自己的弟子迫其写书。四是老子也愿意留下不世之功名，行无言之教。《老子列传》称："居周久之，见周衰，乃遂去。至关，关令尹喜曰：'子将隐矣，强为我著书。'于是老子乃著书上下篇，言道德之意五千余言而去。"据一些学者称，关尹子是老子的学生。历史的悬案在于，老子为什么非要写，难道就因为一个"强"字。按关尹子后来学习老子之学的情况和庄子等的记述，关尹子不会因为老子不写就杀了老子。关尹子大概是真的认为老子之学是真理，所以要求老子传给后世。老子也真的写了，这与他强调的"无为而无不为"似乎也能勉强应对。这里面一个最重要的原因应该是私人写作兴起，更何况在老子看来，这些都是与大道太远的知识与思想，所以也需要正本清源。这是为。但他所宣传的又是大道，是无为之道，所以也是无为。

唯有如此，才能解释老子留下的这一历史悬案。

老子哲学

——母系文化的继承者

　　道德五千言总是给人以前不见古人，后不见来者之空旷和玄妙。前面似乎没有任何学说铺垫，后面也没有任何人能超越。他所创造的一些概念、方法和哲学的高度，都让后来者望尘莫及，总是在顿觉、惊诧之后陷入茫茫玄思之中。人们总是会问：老子的哲学难道是凿空而来？他的前者是什么呢？难道它也像有些宗教学说是"天启"预言？

　　前文中已经述及，老子之哲学来自上古之道术。所谓上古之道术，有在龟背上刻下的洪范五行学说，有从八卦演绎而来的《易经》。前者是四时运行学说，是古人继数百代人的经验总结；后者也是自然的变化之道。然而，老子哲学似乎还是越过了这些，往更为亘古之际推演。也就是说，老子哲学引发了更为终极的问题：洪范五行、《易经》八卦等又是从哪里而来？它们的源头在哪里呢？

　　我们知道，人类诞生之初自然而然地进入母系文化时代，原因有很多，最重要的有两个：一是人类发现生命来自于母亲，二是情感及审美从母亲开始。

　　人类发现生命来自于母亲，或者说是成熟的女人，或者更为确切地说，一切生命来自于阴部。老子称其为"玄牝"。《老子》第六章曰："谷神不死，是谓玄牝。玄牝之门，是谓天地根，绵绵若存，用之不勤。"今人也许觉得它有些肮脏，但在古人来讲，这是最为神圣伟大的地方。因为整个生命体中，只有那儿能诞生生命。而对于原始古人来讲，能够诞生生命便是最大的生产力。所以，在那个时期，女阴崇拜便诞生了。不仅仅是人类如此，几乎所有的生命都是如此。这便是一种抽象。对生命的抽象。这种对生命的认识诞生了原始时代的哲学。现在很多社会学家认为，原始人，也就是母系时代的人没有道德，没有多少智慧，更没有哲学。事实上，我们今天的哲学仍然离不开原始古人的出发点。这便是对生命的认识。在原始古人看来，生命的诞生和延续便是哲学最大的主题。在整个的有文字记载的古代社会，生命的延续、意义便成为哲学最大的主题。而在今天，哲学最根本的问题仍然是生命存在的意义，而且似乎比古人更为艰难。生命到底是什么？它从何而来？又向何而去？生命存在的意义到底是什么？有没有永恒的生命？生死、疾病、生命不可抑制的欲望及力量以及种种不可言说的生命现象，它们到底是什么呢？它对于生命本身又意味着什么？过往的所有知识对于生命是真理还是谬误？等等。无论是古人，还是今人，离开了对生命本身的思考，哲学便无意义了。而在这一切有关生命的思考中，原始古人显然是离生命最近的。他们发现的就是阴部。这在现代人看来是身体快乐的源泉，而在古人来讲则不是。性的快乐对于古人是难以想象的。古人多认为那是一种魔力，对此充满了恐惧。阴部更多的则是生命诞生的源泉。这便是今人和古人认识之不同。在很长一段时间中，人们并没有认识到男人在生命创造中的作用。这也是难以想象的。现在人觉得那是一种本能，其实这是对本能过分夸大了。现在人看动物之交配便知道这是生命创造的形式，但对于古人来讲则不一样。不是一交配就立即诞生生命，所以要经过很长一段时间的观察和认识。人也一样。尽管我们现在拿不出有力的证据来证明人们有过这样一段时间艰难的摸索，但我们可以从他们后来对生命的认识的思维中推演出来。

在人类早期有一种说法是男人才是生命真正的生产者。古希腊剧作家埃斯库罗斯的《奥列斯特》三部曲里讲了这样一个故事：在古希腊，克丽达妮斯特拉为了她的情人亚格斯都士杀死了自己的丈夫阿伽门农，而她和阿伽门农所生的儿子奥列斯特又杀死了自己的母亲，为父报仇。这个案子被告到了神那里，引起了很大的争论。代表母权制的依理逆斯神认为夫妻间没有血缘关系，因此杀夫是可赎之罪；儿子和母亲的血缘关系极其亲密，所以杀母是非判死刑不可的。但是，代表新兴的父权制的阿波罗神和雅典娜神却认为，杀夫是十恶不赦的死罪；而因为母亲杀死了父亲，所以才把母亲杀死，只不过是报了父仇，为神执行了法律而已。在这里，他们强调，奥列斯特杀死的是母亲，却并不是自己的血亲，因为一个人的血缘只同父亲有联系。他们认为自己并不是母亲所生，而是父亲所生，"父亲没有母亲也能生育"。最后，帕拉斯神以仲裁者的身份裁决奥列斯特无罪。依理逆斯的失败标志着古老的女性权威的衰落，而"年轻的神灵"的胜利则意味着新兴的父权制战胜了母权制。正如恩格斯所说："母权制的被推翻，乃是女性具有世界历史意义的失败。"[1] 在

---

① 恩格斯：《家庭、私有制和国家的起源》，人民出版社 1972 年版，第 54 页。

这种失败中，她们不仅仅被贬低，被奴役，而且连生育的天性也被篡改了。新兴的"年轻的神灵"们认为，母亲并没有生育的能力，她只不过是把父亲的种子在自己的身体里存储而已。这种认识的根源和基础是对生命的认识。中国古代有一种叫"产翁"的习俗，即明明是由女子生产，可是男子偏偏装作在生产，躺在床上假扮痛苦。古书上有"伯鲧腹禹"的说法。鲧是禹的父亲，腹内没有子宫，怎么会生出禹来呢？有的学者就据此推测说，鲧是女性。其实，这是一种"产翁"的习俗，同时，它也说明中国古人同样有认为男子能生育的观点。

随着父系文化的高涨，人们对生命诞生的形式——性的认识也随着这种文化的影响而发生了变化。人们发现，没有男人，女人是不能生育的，于是，就有了两种对生命的认识，一种认为男人是生育的中心，女人只不过是把生命的种子在母体里留存一段时间，就如同上面所说的一样。此时伴随着这种认识的是对太阳等阳性的崇拜。在此之前，人们对大地、海洋的崇拜是首位的，还没有认识到太阳对生命的重要性，现在，终于认识到，太阳是生命生成或生长最重要的力量之一。一些学者考察到，萨满教兴起时还是母系社会，女巫师是那时的领导者，但对太阳的认识和崇拜已经开始。另一种则认为生命是由男性和女性共同完成的，如中国的《易经》中"一阴一阳之谓道"的思想，但是这种生成是神秘的，是人难以理解的。相伴随的思想是，人们已经确认，大地和太阳（同时代表天空）是生命诞生、成长、死亡的两种伟大的存在。这些认识连同对自然的认识一同构成了古老的哲学。这也就是八卦中的思想。

当人们认识到性对于生命诞生是一件必不可少的活动时，性交崇拜也就诞生了。所以在古老文明诞生的美索不达米亚平原地区、古希腊地区、埃及、中国、印度一些地方发掘出来的性交图腾崇拜是很多的。同时，最早的艺术活动也就随之诞生了。现在我们看到的最古老的岩画上有很多舞蹈的活动，与性心理相关。事实上，现在还存留的一些非宗教的原始舞蹈还带有强烈的性崇拜色彩，类似于孔雀开屏是为了吸引对方。最早的巫师的活动也有类似的审美特点。拉丁舞、美国乡村音乐以及开放的现代舞，都有强烈的性挑逗意味。当然这是生命的活动。

当人们发现男性对于生命创造是第一推动力时，人们就几乎忘记了女性在生命创造中的母体功能和作用。人们发现，没有男人，任何女人都是无法生育的。正如人们同时发现，没有太阳，万物不能生长。太阳主宰着生命、白昼与黑夜、四季轮回甚至健康与疾病等。在远古时期，人们认为大地是宁静的。现代存在主义哲学家海德格尔还认为大地是诗意的。但古人同时认为，太阳又是活跃的。正是这种一静一动使万物生长。这就是男性崇拜和太阳崇拜诞生的根本原因。男性崇拜渐渐地盖过了女阴崇拜和母亲崇拜。所以现在世界上发掘的大部分性崇拜都是男性生殖器崇拜。

随着这种崇拜的盛行，男人在生命活动中（包括生命生存所必需的食物）的重要性越来越显现。特别是男人的积极性、活跃性远远超过了女性。男人渐渐地统治了人类。在生命活动中，有一种现象至今还存在，那就是当一个女人生不出男孩时似乎与男人无关，完全是女性无能的表现。因为人们相信，男人是了不起的，是播种生命的主体，女人若生不出男孩，那就仿佛大地能力不足而长不出好的庄稼一样。

由于情感及审美是从母亲开始的，自然也就对母亲有一种亲切的崇拜和归属感。元好问曾言："问世间情是何物，直教生死相许。"它直抵生命本我，追问生命的意义。情总是与欲、感、知和审美联系，便有情欲、情色等说法。感觉、欲望、思维、记忆、情感和行为是一个健全的生命所特有的要素。孔子说，虎不食子。不仅仅老虎不吃自己的孩子，而且所有的母亲还有一种天生的要保护自己幼孩的行为。这是生命本身的特点，也可以叫生命的本能。假如我们不相信有神的存在，那么，再终极的问题到本能时就无法再问下去了，就可以停止了。即使是像老子、黑格尔等所谈的无所不在的道和绝对理念，也仍然有这样的生命的本能。可以说，最伟大的生命和最渺小的生命在本能上是一致的。

　　所有的哺乳类动物一出生就能去找妈妈的乳房吃奶，而几乎所有的妈妈又都有一种无法丢失的母性：爱、保护。从这一点来看，其实爱也是高级生命的本能。生命还有一种本能，即审美。根据达尔文的解释，这是性选择的结果。其实，不仅仅是性选择所形成的。每一种生命在自然和群体中，都有对秩序的感觉，还有思维，它们很自然地混同产生了生命的审美意识。这种审美意识与我们人类今天的审美意识有巨大的差异。最早的审美建立在本能之上。如达尔文的性选择的解释就是其一。还有在对自然的思维认识中产生的审美。如最早的对太阳的崇拜，对生殖器的崇拜，等等。

　　所有这些本能的活动，最早都可以集中在母亲身上。这大概就是母系社会女性崇拜的形而上的特征。

　　古往学者很少从母系文化的角度去解释老子的学说的一个重要原因是，人们都不愿意涉足性文化的研究。其实这是社会学的一个常识。历史已经往前推进到史前的母系时代，但对中国传统文化一些领域的研究还停留在父系时代，特别是一些以文献来考证的学者很难跳出古人设定的圈套。假如我们要回答老子的学说从哪里来，就如同疑问周公的《易》、夏代的洪范五行以及更为古老的伏羲的八卦是从哪里来的。还有，女娲到底是一种什么样的文化存在？最后的问题不得不往前推演，这就要踏进茫茫史前时代的母系文化中。

首先要解决的问题是，伏羲的八卦是一种什么样的思想。相传，女娲和伏羲是中国人伦婚姻的开创者，女娲还是中国人的始祖，是她取石补天，斩杀猛兽，治服洪水，拓泥造人，伏羲则是八卦的创始人。有些社会学家认为，伏羲和女娲是兄妹，是他们创造了中国人。很多研究人类学和性文化的专家对此说法非常兴奋，认为找到了中国人兄妹婚的证据。不错，在中国的很多民族中都有这样的传统。但是，若是从文化的脉络来看，女娲的传说应该比伏羲的要早一些。女娲是创世神，也就是说，先有女娲。伏羲则是文化的缔造者，属于人类后期的圣人。有些学者认为，女娲和伏羲并非指单个的个体，而是古时的两个氏族。无论是哪一种说法，都摆脱不了一个逻辑：中国人是从女娲过渡到伏羲的。这也就符合了社会学的一个普遍的逻辑，即中国社会也是从母系文化慢慢过渡到父系文化的。这可以有很多证据来证明。在女娲和伏羲曾经活动的天水及附近地区现在已经发现了多处母系文化的遗迹，最有名的是天水秦安的大地湾遗址和马家窑彩陶。前者说明人类曾经过着非常简朴的原始氏族生活，而后者则呈现了母系文化时代女性所创造的灿烂文化。不仅仅这些美轮美奂的彩陶出自女性之手，而且在这些彩陶上，体现了一个文化演变的脉络：大量的水纹、女阴、鱼纹等代表了辉煌的母系文化，但忽明忽暗地出现的太阳的符号和其他一些神秘符号则代表了母系文化的衰落，而父系文化则开始兴起。

女娲和伏羲的另一些传说，如他们是夫妻关系，也是兄妹关系，则说明他们的确有过一段时间的交融。若是将他们看成是两个氏族的话，问题就更容易理解。两个氏族开始通婚，并且社会向父系时代过渡。八卦的创立应该是在这个过渡时期创立的，但此时的思想，母权文化的影响是极大的。

学者呼运廷在其《〈系辞传〉：与孔子对话》一书中称，《易》的发展有一个过程。现在发现的《易》与《周易》不同的版本有两类：《连山易》和《归藏易》。"《连山易》易道作用时期，以大山与海洋定位……《归藏易》易道作用时期，以大地与天空定位……《归藏易》与《周易》，有着正好相反的性质，乾坤颠倒，天地翻覆。《归藏易》的性质是亲近大地，认为大地与人以及人的命运有着割舍不断的联系，天空过于高远，与人、人的命运，不直接发生关系。《周易》的性质是敬天而远地，认为人是天之子，生老病死，命运祸福，一切为天所赐。商代与周代的历史、信仰观念，已经证明了商代的文化特征属于《归藏易》特征，周代的文化特征属于《周易》特征……我们可以这样理解，《连山易》之后，是人类走下高山，进入平原地带的《归藏易》时期。《周易》时期，是向《连山易》的另一端发展，向比山更高、高于山的天空上延展。"① 虽然这种说法还没有得到学术界的普遍认可，但有其道理所在。大洪水之后，人类从高山上慢慢地下来，往平原上定居，然后有了农耕文明。依照这样

---

① 呼运廷：《〈系辞传〉：与孔子对话》（http://cache.tianya.cn/techforum/content/666/2676.shtml）。

的文化学理念，以大山与海洋定位的《连山易》肯定是最早的。《归藏易》的定位恰恰与后来《周易》中"阴阳"说法的沿袭是一致的，坤卦在前，乾卦在后。事实上，无论是《连山易》，还是《归藏易》，应该都有浓厚的母系文化的特点。根据中国远古神话，女娲氏所经历的时代恰恰也是整个人类共同经历的大洪水时期。这一时期，人类多聚集在高山上，属于母系时代。马家窑彩陶的发掘地就能说明这一问题。那些代表人类最灿烂文明的发现几乎都是在河边的山顶上或半山腰里。伏羲创八卦的卦台山也是被洪水围绕的一座小山。那个时期属于女娲期，大概也是女娲氏与伏羲氏开始融合的时期。八卦正是在那样一种情形下创立的。洪水退去之后，人类开始向大地迁移，也就是向一些河流的拐弯处栖居，这就是我们现在认为的文明的诞生地。在这个时期，《归藏易》诞生。这一时期仍然属于母系文化时期。天水的大地湾是否就是一例证呢？但从时间上来看，大地湾的时间要比马家窑的时期更早。这是值得进一步深究的问题。总之，有一点是不可否认的，那就是在《周易》之前，深藏着母系文化的《易经》就已经产生。但《周易》是整个中国文化向父权文化转型的代表。其乾坤倒转，重新确定了男女伦常。特别是周公和孔子之后，《周易》所代表的《易经》已经是一部道德的形而上的著作，具有浓厚的父系时代的伦理色彩。

这便是《易经》思想的大致脉络。从这一脉络中可以看出，老子所看到的《易经》与孔子所继承的《易经》是不同的。老子更为久远，孔子则上承《周易》。也就是说，老子在一定意义上继承了周朝之前母系文化的哲学思想。这也就是庄子所说的"古之道术，有在于是也，关尹、老聃闻其风而悦之"（《庄子·天下》）。

然后来考察老子哲学中的一些基本概念与母系文化的关系。

　　一是"道"。

　　道到底是什么？老子曰，道可道，非常道。是难以表述的，是不可言说的。这与八卦的主旨是一致的。天地的变化是难测的，虽然可以看出有一定的道理，这就是八卦和六十四卦所表述的内容，但是又不能明确把握。任何一个新的元素的出现，都可以改变事先确定的状态。八卦、《易经》的时代是人类把自身同自然混为一体的时代，也就是天人合一的时代，是巫术盛行、宗教兴起的时代。人类对大自然的敬畏由此可见。

　　虽然我们很难来表述老子所讲的"道"具体是什么，但可以表述其表现和特征。在古往，几乎所有的学者都不知有母系文化的存在，以为文化就是男人开创的，所以创世神几乎都是男性。上帝以自己的形象创造的第一人便是男人亚当，但中国是女娲以自己的形象创造的人，她创造的是男人还是女人？神话中似乎没有说。后来被儒家学者修改，她用黄土捏的人是高贵的，而用树枝溅起来的泥变成的人是卑贱的，有了等级之分。所以，在古人看来，所有的哲学、宗教都是男人创造的，与女人无关。"女子无才便是德。"到了今天，很多学者并不去认真学习历史，还是因袭古人之陋见。所以，对"道"的理解始终还是以儒家的伦理哲学来解释。这多少有些南辕北辙。

　　一些学者认为，母系时代大概是不存在哲学的，这种说法被越来越多的学者所否定。一个清晰的例子是，萨满教是目前人类知道的最早的宗教，或者说是巫术。与后期我们熟悉的宗教不同的是，萨满教是母系文化时代诞生的宗教，而后期的宗教基本都是父权文化，创世者都是男神，且有处女情结。萨满教对太阳的崇拜，对四季轮回的认识，对生死的认识，诞生了很多人类早期的文化心理。用人类学家弗雷泽和心理学家荣格以及文艺理论家弗莱的说法，这些认识构成人类早期生活的心理原形。荣格甚至认为这就是人类集体无意识的内容。它们已经固化在人类的心理本能中，只要类似的情景发生，就会自然地出现一系列共同的反应。如对生死的认识与大地和太阳有关，所以就诞生了对大地和太阳的崇拜，诞生了土葬或其他埋葬尸体的形式。而早期人类对四季轮回的认识和一天的认识，以及对自然山川、河流的观察，产生了早期的哲学。这些都诞生在母系时代。女娲能够斩杀猛兽，治服洪水，并与伏羲共创伦理本身就说明了这一点。各民族在史前生活中的女先知便是母系时代知识分子的象征。她们更多是以预言家的形象出现。她们是最早的思想者，也是人类最早的引领者。她们领着自己的氏族不停行走，寻找温暖的有太阳的大地。这种迁移本身也形成了人类哲学最基本的思维方式：我（们）从哪里来？到哪里去？我（们）是谁？有没有不死的生命？甚至于这些思维方式、对死亡和黑夜的恐惧、对光明与爱的追求等都成为我们生命中的集体无意识。这也就是我们每个人的生命中本身就拥有母系文化的基因，是摆脱不了的。

母系文化哲学与父系文化哲学的区别之一是，母系文化哲学是以静守为主，而父系文化哲学是以运动为主。这也是早期人类认识所形成的不同。如前所述，最早人类对大地是无比崇拜和敬畏的，而大地是宁静的。后期人类对太阳的崇拜使哲学向运动转移。最后转向动静结合。这也就是《易经》中所讲的"一阴一阳之谓道"。这种动与静的特点恰恰也与男女之特性一致。几千年来的宏观文化告诉我们，男人是活跃的，适合在外面活动，而女人是守静的，适宜在家里活动。所以汉字"男"是"田"下面一个"力"字。《说文解字·男部》："男，丈夫也。从田，从力。言男用力于田也。"其实，"力"是"耒"的本字，这从甲骨文中的"力"字字形可以清楚看到，但因为许慎没有见过甲骨文，所以把"力"解释成"筋也，象人筋之形，治功曰力，能圉（御）大灾"。《说文解字·女部》对"女"的解释："女，妇人也，象形。"甲骨文"女"字正像一个屈膝而坐、两手交叉于膝上的样子，意思是在家里。许慎所在时代是一个父权文化时代，男女之解释自然也带有父权文化的色彩，对女性有贬低之意，但从数千年来整个人类的心理来看，女性的居家特性还是很明显的。这种追求与老子的"小国寡民"思想是一致的。另一个证据是从最微观的现代科学来看男女之特性。代表女性的卵子和代表男性的精子在每一次的生命活动中，精子总是成千上亿地长途跋涉去会见卵子，是一种非常活跃的力量，在中途死的死，伤的伤，最后只有一个精子有结果，而卵子则在子宫里静静地守候，在等待，在挑选。也就是说精子好动，而卵子好静。所以静态哲学是女性哲学，动态哲学则是男性哲学。孔子所代表的就是一种积极进取的男性文化，而老子所代表的则是一种以静守为主的女性哲学。老子说："静胜躁，寒胜热。清静为天下正。"（《老子》第四十五章）。又说："静为躁君。"（《老子》第二十六章）

事实上，在目前的文献中，能看到的类似于老子的以阴柔为主的哲学实在罕见，只有印度的佛陀所提倡的文化带有本地母系文化的特点。在佛陀之前，是古印度的婆罗门教。婆罗门教是从中亚高原上下来的代表男权文化的游牧族雅利安人与印度当地的文化产生的宗教，但在婆罗门教之前是多神教，似乎与萨满教仍然有很大的关系。首先其巫师多为女性，对女性的崇拜也比比皆是。大量存在的小型女像证明了这种崇拜。其次是对大地之母萨克斯女神（因为大地是一切农业生产的根本）的崇拜。最后是对太阳的崇拜和大量的男性生殖崇拜，说明这是在向父系文化过渡。雅利安人对多神教非常排斥，开始禁止印度本土的母系文化，最后多种文化混合诞生了以雅利安文化为主的古印度文化，也产生了婆罗门教，进入吠陀时代。但是，雅利安人给印度带来不平等思想，而这正是父权文化最重要的特点。在进入印度之前，雅利安人并没有明显的等级之分，他们的族人根据游牧生活所需，分为三种人：出征打仗的首领和武士，主持宗教事务的僧侣和从事放牧的一般牧民。但是，进入印度之后，雅利安人由游牧生活逐渐过渡到农业定居生活，原来的氏族社会逐步瓦解，开始阶级分化。由于宗教活动盛行，所以从事祭祀和宗教神权的僧侣阶层权势逐渐扩大，上升为第一个等级，成为婆罗门瓦尔那。那些军事首领和武士则形成了武士贵族集团，成为第二等级，即刹帝利瓦尔那。那些从事农业、畜牧业、手工业和商业的一般平民，则变成了第三个等级，即吠舍瓦尔那。而那些被迫沦为奴隶的土著居民，还有一些违反族规被高级瓦尔那开除出来的雅利安人，被迫从事最低贱的职业，这些人构成了第四个等级，即首陀罗瓦尔那。它们后来就成为四个种姓制度。佛陀的出发点有两个：一是推翻这种不平等的种姓制度，二是将文化复古到婆罗门教之前的古印度文化。也如老子一样，这种古老的道术正是母系文化。

　　母系文化与父系文化的另一个区别就是母系文化时代是一个平等的文化时代，而父系文化则代表了不平等思想。我们今天所看到的以周公、孔子所提倡的儒家文化是不平等文化，基督教早期也是不平等宗教，是典型的父权文化的代表，伊斯兰教文化仍然是不平等文化。在世界几大文化中，只有佛教和道家文化还保留着古老的原始社会的平等意识。佛教的众生平等思想和道家齐物思想便是继承了古老的氏族时代的平等意识。道家的齐物思想在老子时还处于启蒙状态，有"贵以贱为本""贵贱不分"的论述，还有"道大，天大，地大，人亦大。域中有四大，而人居其一焉"（《老子》第二十五章）的论述，也是一种平等观。到了庄子时，这种平等观就成了一种重点论述的思想，"夫天下也者万物之所一也"（《庄子·田子方》），所谓"以道观之，物无贵贱"（《庄子·秋水》）。而在父权时代，上帝、真主、天帝代表了至高无上的形而上存在，与人不再平等；君王与臣民也属于主子与奴隶的关系；男人与女人、父亲与儿子都有了等级之别。

母系文化与父系文化的第三个区别在于，母系文化哲学以退守为主要方法，而父系文化哲学则以积极进取为要。老子主张"处众人之所恶，故几于道"（《老子》第八章），他常讲退守、柔顺、不敢为天下先。他还说："为学日益，为道日损。损之又损，以至于无为。无为而无不为。"（《老子》第四十八章）"不欲以静，天下将自定。"（《老子》第三十七章）"天下之牝，牝常以静胜牡，以静为下。"（《老子》第六十一章）而父系文化亦即男性文化的特点是积极进取。孔子曰："天行健，君子当自强不息。"孔子的精神是知其不可为而为之，敢冒天下之大不韪。

母系文化与父系文化的第四个区别在于，母系文化是以灵感、感性为特性的文化，注重生命的本性，一切以生命的天性为前提。在母系文化时期，就已经产生了对灵魂的认识，对生与死的认识。

自然轮回的变化和天道如常的观察，使早期的原始古人明白生命也处于轮回状态。人的生命只是生命转换的一种形式。从根本意义上说，生命是不会终结的，生命只会以一种形式转换为另一种形式。这就是老子的道所真正表达的古道，也是同样具有母系文化特点的印度佛教对生命的认识。《老子》第七章曰："天长地久。天地所以能长且久者，以其不自生，故能长生。"现在的宗教和我们能知道的所有的原始宗教，都是从原始社会发展而来的，更确切地说，是从古老的母系时代诞生的。女性注重感悟，在早期原始古人看来，女性还是通灵的，能预知未来。在今天中国北方还遗留一些萨满教的踪迹，一些女性从重病中醒来后突然有通灵的感觉，于是便成为当地人中的巫师。她们有时能讲出别人的过去，故而当地人崇拜之，有什么不能医治之疾病时便要求助于她们。这些迹象说明古代女性创立哲学或宗教时的一个基本思路：她们以感性或灵感为源泉，崇拜神秘的生命力量，但不改变这种神秘的生命力量。这种思想也被后来的宗教继承了下来。基督教和伊斯兰教以及更为古老的犹太教等虽然已经是父系文化时代的宗教，但都继承了母系时代宗教的原始特征。所不同的是，到了父系文化时代，从宗教或原始巫术等思想中诞生的新的哲学不再重视人的灵感或感性，而是要赋之以逻辑，并且越来越注重人的思维能力。也就是说，母系时代的哲学并非以人为中心，而是以无处不在的自然生命为中心。这也就是老子所讲的道，它无处不在，创育新的生命。而父系时代的文化特点就是以人为中心，处处以人的感受和思维来认识世界和生命。虽然老子的道与母系文化时代的宗教、巫术或哲学有很大的区别，但基本的义理还是有连续性。老子哲学中最常见的是两个词，一个是"道"，一个是"玄"。一个玄字，说明老子的哲学处于对母系文化的感悟和改造中。

二是"玄牝"崇拜。

只有在老子的哲学中，我们还能看到这种形而上的女阴崇拜。老子曰："谷神不死，是谓玄牝。玄牝之门，是谓天地根。绵绵若存，用之不勤。"（《老子》第六章）玄牝：玄，原义是深黑色，在老子看来，有深远、神秘、微妙难测的意味。牝：本义是雌性的兽类动物，也指女阴。玄牝指玄妙的母性。这里指孕育和生养出天地万物的母体。这种意识恰恰就是母系时代对女阴崇拜的形而上意识。这是生命诞生的地方。因此也可说是一种生殖崇拜。女阴崇拜、生殖崇拜都是母系文化重要的元素。在向父系文化的过渡中，有男性生殖器崇拜，真正的父权文化是与私有制社会相伴产生的，有了严格的性禁忌，社会普遍存在处女情结，性崇拜现象被杜绝。所以老子的哲学不属于他所在时代的父权文化范围。

三是"地母"意识。

南京师范大学文学院杜正乾先生在《农业考古》上发表文章对"地母"二字进行阐释，《说文》云："地，元气初分，轻清阳为天，重浊阴为地，万物所陈列也。从土，也声。"段注曰："坤道成女，玄牝之门，为天地根，故其字从也。"东汉经师许慎《说文》据"也"的篆文形象将其释之为女阴，清代学者段玉裁注予以申说："此篆女阴是本义，假为语词，本无可疑者，而浅人委疑之。许（慎）在当时必有所受之，不容以少见多怪之心。"而"母"字，据《广雅·释亲》说："母，本也。"《释名·释亲》则云："母，冒也，含生己也。"《后汉书·隗嚣传》则直接说："地为母。"总之，"地"

从土从也，析言之，土为单形字，象形。地为复合字，会意。土重在自然属性，而地则更多地融入了人文因素：由土与女阴之"也"合体为地，实际上蕴含人类视土地如女性一样具有孕育万物的生殖功能，在古人的这种类推思维模式下，认为生人者称母，生万物之母，则称作"地"。从地与母的文字学意义上，我们可以看出，在原始人类早期的意识思维中，由于土地与女性在生殖方面具有共性，因此才产生了地与母的关联。地母观念的出现，是人类在早期土地有灵意识基础上的人格化，史前时期大量的地母造像正是人类因崇拜土地而创造出的土地神的象征物。①

在人类学家看来，人类最早对大地、海洋产生崇拜（伴随对山川的崇拜）。大地上生活的人类认为大地是万物生长的母体，生于斯，长于斯，最后死于斯。生活在海洋边的人类则认为海洋是万物出没的主要源泉，且大海的力量无法言说。这是母系文化时代哲学的主题。人类早期文明几乎都有这样的崇拜和文化意识。中国人始终认为，大地是人的真正的家园。对女娲与王母的崇拜就是一种"地母"崇拜。在中国，一些考古发掘也能显示出早期中国人对母亲生育的崇拜，且分布广泛，如1979年在辽宁喀左东山嘴红山文化祭祀遗址出土陶塑裸体孕妇像及大型女坐像，1983年在辽宁建平牛河梁红山文化女神庙遗址出土了大型泥塑女神头像及众多的残破孕妇像，1983年至1989年在河北滦平后台子新石器文化遗址下层出土的6件石雕孕妇像，1989年在内蒙古赤峰市西拉木伦河北岸白音长汉新石器时代文化遗址第19号房址内出土的石雕女像，1992年在陕西

---

① 参见杜正乾《论史前时期"地母"观念的形成及其信仰》，《农业考古》2006年第4期。

省扶风案板仰韶文化遗址出土的一件陶塑裸体孕妇像等。这种女性石雕有共同的特点：一是裸体，说明那时性禁忌的宽松和衣不蔽体的物质文明；二是乳房高耸，象征女性的哺育能力；三是肚子硕大，突出地表现了女性作为生育者的形象；四是夸张的女阴，说明对生殖的崇拜。然而这些女性并非性爱女神，而是生殖女神与丰饶女神的象征。她们既掌管人类的繁衍，又主管自然界作物的繁殖。在印度，有对大地之母萨克斯女神的崇拜。在欧洲大陆，20世纪相继发现了许多距今两三万年前的裸体女性雕像，被称作"史前维纳斯"，其特征是隆腹、丰乳、肥臀以及被强化夸张了的女阴部位。在希腊神话中，开始是混沌之神，是老子所讲的道或"一"，然后又诞生了地母盖亚、地狱之神塔耳塔洛斯、黑暗之神俄瑞波斯、黑夜女神尼克斯和爱神厄洛斯，世界由此开始。一切都从大地开始。然后有了天之神。天神的诞生是母系文化后期向父系文化过渡时的一个重要标志。它意味着地母之神开始退居于第二位，而天神跃居首位，成为天地之主宰。基督教的上帝、伊斯兰教的真主、儒家的天和道教（道教与老子的道家有根本不同）的天帝等都是父权文化的象征。可以说，自人类进入文字记载的历史后，基本上就进入父权文化时代，因此，人类目前所接受的文化基本也都是父权文化。但是，这些父权文化是在母权文化的基础上发展而来的，慢慢地父权色彩越来越严重，几乎看不到母权的成分，但细细研究，还是继承了一些母系文化，尤其是弗雷泽等所说的文化原型。

　　在老子的哲学中，"地母"一词虽然没有直接出现，但对"母"的崇拜处处皆有。如"无名天地之始，有名万物之母"（《老子》第一章）。"天下有始，以为天下母。既得其母，以知其子，既知其子，复守其母，没身不殆。"（《老子》第五十二章）"有国之母，可以长久。"（《老子》第五十九章）"有物混成，先天地生。寂兮寥兮，独立而不改，周行而不殆，可以为天下母。吾不知其名，字之曰道，强为之名，曰大。大曰逝，逝曰远，远曰反。故道大，天大，地大，王亦大。域中有四大，而王居其一焉。人法地，地法天，天法道，道法自然。"（《老子》第二十五章）这些论述很明显，是将地母崇拜形而上学了。可以说，"母"就是"道"。所以老子有言："我独异于人，而贵食母。"（《老子》第二十章）

在老子的哲学中，"父"或"天父"的形象是少见的，"父"字只出现一次："人之所教，我亦教之。强梁者不得其死，吾将以为教父。"（《老子》第四十二章）在这里，老子将"教"与"父"联系在一起，这是指在父系文化时代父亲的影响在于教化。

四是"水"哲学。

在马家窑彩陶和其他一些母系文化时代的文物中，可以清晰地看到，人类对水这一意象的表现非常之多。这与人类早期的文明生活有关。在女娲的传说中，女娲与洪水大战。这说明在那个时候，人类生活的区域经常遭受洪水的侵害。但是，人类又不能离开水。最早的文明都是在几条大河边诞生的。这是早期人类对水产生一系列复杂情感与感受的原因之一。一些人类学家和社会学家还认为，人类有可能诞生在水中。如他们认为人身上毛发的脱落很可能就是因为人最早生活在海里。这就是说，人类真正的故乡是大海，是水。在人类的记忆深处，一如今天人类对大地非常眷恋一样，对水也非常眷恋，有着与大地一样的美好情感。这也是集体无意识之一吧。是这些生活的记忆与感受让那个时代的人类有意或无意地对水产生审美。在马家窑的彩陶中，水波纹是最多的意象。水不仅给人类带来审美，而且还使人类产生形而上的哲学思考。老子的哲学中，有两处直接写到水的哲学：

> 上善若水。水善利万物而不争，处众人之所恶，故几于道。居善地，心善渊，与善仁，言善信，正善治，事善能，动善时。夫唯不争，故无尤。(《老子》第八章)

> 天下莫柔弱于水，而攻坚强者莫之能胜，其无以易之。弱之胜强，柔之胜刚，天下莫不知莫能行。是以圣人云："受国之垢，是谓社稷主；受国不祥，是为天下王。"正言若反。(《老子》第七十八章)

老子的水哲学，也可以称之为阴柔的哲学。在整部《老子》中，这样的哲学表述处处皆有。如：

> 人之生也柔弱，其死也坚强。万物草木之生也柔脆，其死也枯槁。故坚强者死之徒，柔弱者生之徒。是以兵强则不胜，木强则折。强大处下，柔弱处上。(《老子》第七十六章)

> 勇于敢则杀，勇于不敢则活，此两者或利或害。天之所恶，孰知其故？是以圣人犹难之。天之道，不争而善胜，不言而善应，不召而自来，繟然而善谋。天网恢恢，疏而不失。(《老子》第七十三章)

> 江海所以能为百谷王者，以其善下之，故能为百谷王。是以欲上民，必以言下之。欲先民，必以身后之。是以圣人处上而民不重，处前而民不害。是以天下乐推而不厌，以其不争，故天下莫能与之争。(《老子》第六十六章)

> 大国者下流，天下之交，天下之牝，牝常以静胜牡，以静
> 为下。故大国以下小国，则取小国；小国以下大国，则取大国。
> 故或下以取，或下而取。大国不过欲兼畜人，小国不过欲人事
> 人。夫两者各得其所欲，大者宜为下。(《老子》第六十一章)

最后来看看老子哲学对后世道教的影响。

老子的哲学被后世继承者主要有二：一是庄子及先秦道家学派，二是汉时的道教。道教将老子尊为元始天尊。其崇高地位自不必说。道教的第一经典也是老子的《道德经》，所以老子对道教的影响是根本的，一如孔子对儒家的影响。老子从上古那儿继承来的母系文化观念虽然仍受到父权文化的巨大影响，但是其道之根本没有变。这就影响了后世的道教。张道陵在《五斗经》中将北斗星奉为众星之母，"北斗"是阴，主水，是女性的象征，在道教中受到普遍的崇拜。道教受道家崇"阴柔"思想影响，以女性的柔弱为贵，要求人们保守雌性特征，"致虚极，守静笃""专气致柔"。当然，道教毕竟是在东汉时期建立的宗教。此时，父权文化已经渗透进文化的所有肌理，道教也不例外。如道教中的神仙虽也有女神（比起儒家是要进步得多），但到底还是男神为主。尽管如此，老子哲学中女性崇拜仍然被神秘继承了下来，成为道教复杂文化体系中的一种隐秘的宗教义理。在道教看来，在"道"的修炼过程中，女性往往较男性更为接近"道"的境界，更能体悟"道"的精神。有学者对元代十五种神仙道化剧进行了分析，发现男女主人公同时被神仙度脱的剧目有七种，但男女主人公在悟道的觉悟和时间上存在极大的差异。其中，男女主人公同时悟道的有一种，女性在男性之后悟道的有一种，而女性在男性之前悟道的作品则有五种之多，不仅占据了这类作品

总量的七成多，而且也是元代十五种神仙道化剧总量的三分之一。在这五种剧作中，面对着神仙的度脱，众多的女性形象表现出了比男性更高的悟性，她们更早地感受到了神仙的召唤，更主动地追随神仙的指引，更积极地进行"仙道"的修炼。① 这种细微的差别并非无中生有，而是道教重女性的观念在起作用。从宋开始至清，是儒家父权礼制变本加厉的时期，宋明理学强调"存天理，灭人欲"。元代虽然比明清时期要稍好一些，但仍然受到儒家理念的巨大影响，而上述神仙剧中的这种差别，恰恰说明道教与儒家的对立，同时也说明老子哲学影响是根本的。

综上所述，老子的哲学有很大一部分继承了母系文化的精髓，后世多以孔子为代表的父权文化来解读，多少有些背道而驰。在父权文化已经完全覆盖母权文化的今天，只能从一些残缺的文物和考古发现来认识人类曾经经历过的文明。在那个时代，没有文字，物质文明也非常低下，文明的传承多是靠语言。但这种口耳相传的文明经过早期父权文化的修改，已经面目全非了。我们只能从一些岩画、彩陶、音乐、舞蹈等方面去认识那个时代灿烂、纯真的文明。有幸的是，老子为我们留下了半部母系文化的哲学。加上 20 世纪初还存在的一些母系社会人群和古老的萨满教的踪迹，我们还能部分地还原母系文化的框架。然而，人们并没有认识到老子哲学与母系文化之间的关系。中国的学人总是称老子的哲学属于阴柔哲学，可是因为学术的一些陈规陋见，不愿意再往前探索一步。于是，老子哲学的出处便无人知晓。这都是学术界的悲哀。老子与孔子一样，都是继往开来的伟大哲学家。他们的哲学都不是凭空猜想，而是在

---

① 参见杨毅《女性崇拜对元代神仙道化剧的影响》，《戏剧文学》2008 年第 6 期。

继承古之道术的基础上发挥所得。孔子继承的是父权文化时代的周礼，而老子恰恰否定的就是父权时代所树立的仁义礼和圣人，他比孔子走得更远，以至于远到了无人知晓的远古。关于这一点，连庄子也望尘莫及，更不要说后来者了。

当然，老子的哲学不完全是母系文化，他所处的时代毕竟已经是一个父权文化时代。即使是母系文化的继承，也已经是被父权文化或多或少地改造了的母系文化。

第二辑

传统经典的精神立场

无用之文学

——在西北师范大学"文学联合会文学讲座"上的演讲（2015年5月4日）

这个讲座已经推了好几次，都不敢面对你们了。其实在所有讲座中唯有你们这些大学生文学爱好者们的讲座是我最看重的，这不是假话，是真真切切的内心感发，因为你们是群真正热爱文学的灵魂。我们这些所谓的文人也只有生活在你们之中才有意义，你们就是我们的过去和未来。同学们让我定个题目，我想了想，现在都是讲新媒体下的文学，我也讲过，但是这个话题我讲得多了就不想谈了。第二个是文学的批评，今天怎么做批评，这是我们学者经常在谈论的话题。也谈得太泛了。第三个是今天的文学创作怎样去做，这也是一个司空见惯的问题。我对再谈自己的创作这个话题早已厌倦。所以我就想了一个题目——"无用之文学"。

无用之文学是来救世的

文学在今天的大学里是个很小的学科，但是我从不这样去看文学。我相信今天在座的一定不全是中文系的学生，如果把文学看成一个学科的话，不是中文系的学生就不能搞文学了吗？但是中文系的人常常把文学据为己有，觉得文学的发言权在他们那里，我看到有些哲学教授给我们讲哲学的时候讲一大堆概念，好像哲学在他那里，真理在握，文学教授也是如此。谈一个概念，文学是什么？文学是语言文字的艺术，现在都是这样说。然而我们真正搞文学的人谁想过它是什么呢？从没有想过它的定义。因为在我们心中有个想象的文学，而这个想象的文学才是我们心中真正的文学。所以我觉得文学是无处不在的，文学根本不是一个学科，文学从人类开始呼吸的那一刻起就有了，我相信到死亡的时候，甚至到人类消亡的那一天也才会消亡。

话又说回来，尽管我是这么说人类会消亡，我们也看到科学宣告了人类会消亡，我们立刻又会想到我们搞文学有什么价值和意义。佛教给我们指了一个出路，说人此一世是人，下一世可能就不是人，也就是说人类会消亡，另外一个新的生命会诞生，那文学这样一种精神仍然会被其他的生命样式所继承。这个说法也只能得到信仰佛教的人的认可，不信仰的同学和唯物主义者是绝对不会认可的。因此，我们会发现，文学还是有隔的，这个隔就是因为我们的认识不同。我刚才也说了，因为可能有些信仰、理念和信念的不同，对文学的认识也不一样。所以我今天想，我们能不能打开文学更大的一个门。

未来的我们不一定从事文学，但是我们就是喜欢，也可能有很多人一开始很喜爱文学，但在搞文学的过程中最初的兴趣已然全无，最后消失殆尽。比如说我们那些年搞文学的人很多，比现在搞文学的人多得多。我上大学的时候正是文学炽热化的时候。那时没有手机，没有电视，没有报纸，没有其他的娱乐项目，杂志也只能到图书馆去看。总是有些调皮捣蛋的学生将图书馆书刊中好的诗文，用刀片切下来，杂志上也空着，大家都司空见惯了，也是没有办法的。今天我们可能会批判它是一种不文明的行为，但是这在搞文学的人那里，好像不是个事。比如说，大家都戏说我们师大最早的一个诗人，他经常第一个冲进图书馆，把杂志上的那些好的诗裁下来据为己有。这就是知识的霸权，他一个人霸占了这些诗，所以后来他就成为师大最好的诗人。当然，现在不需要这样了，在这个电子时代好的诗到处都可以看到。我上大学的时候，倒不敢裁书，我还是比较遵守规矩，但是我每天早上七点钟就在图书馆门口，等待开馆。图书馆三楼有一个阅览室，我和我的同学肖音每天都准时到那里，看了四年的杂志和书。四年以后，终于有一个老师，也就是图书馆的管理员问我们说："你们到底是不是师大的学生呀？"我说："是呀！"他说："你们不上课，天天在这地方耗着，已经好几年了，我就想问问你们。"我说："我们也马上毕业了。"后来我留校工作，他碰见我就笑，他说："哎呀，我就没见过像你们这样的学生，天天在图书馆泡。"可以说逃课和裁图书馆的杂志这是那个时候必做的功课。

刚才主持人张玲说我可能喜欢一个称谓，"著名作家"，著名两个字就不要了，作家，挺好。但是我写过一篇微信，我说我最喜欢的还是诗人，现在不写诗了，但是我喜欢这样一个称谓，可能正是因为不写了，所以觉得它格外的崇高。为什么呢？我觉得现在写首诗特别难。我相信很多诗人后来不写了可能跟我的这种感受是一样的，宁可不写，也不要把诗给糟蹋了。但是小说嘛，等而下之，我就从事了。再下来就是学术，学术更是等而下之。但是学术现在成为主流了，现在学术主要承接了什么？学术开始承担了解释世界、解释人生价值和意义的这样一种使命以后它就变得不一样了，它成了大说者。我所说的那些学术是照抄别人，粘贴、复制的那些学术，和真正的学术还是不一样。真正的学术属于揭示人生真谛的大学问，这种精神就继承了孔子、老子、苏格拉底、柏拉图、亚里士多德、释迦牟尼等的精神。

现在不是一个诗歌和文学的时代了。我记得我们那时候好像每天都要写诗，每天写完以后广播站的同学就立刻来要，要上以后就到广播站开始播送，所以一下课大家就说谁谁谁的诗又开始播了，不像现在有手机，大家可以听自己的。那时候什么都没有，只能听广播，谁要是写诗谁就是"名人"，于是我们就成了"名人"。当然我们那时候也享受了这种待遇，然而现在就没有了。现在谁是诗人谁就是傻瓜，谁就是疯子，我现在到外面去也不敢说自己是诗人，害怕人家把你当傻子或神经病来对待。如果你在成年人跟前说这位是诗人，人家立马说这是个神经病。如果介绍这是位作家，那人家立马会说这是个"无用之人"。这个社会就变成这样一个"异化"的实在的功利社会。你看我的称谓已经很多，我最想被人认可的是诗人，但又不敢让人认可，害怕被称为神经病；第二个才是作家，人家就说这是个没用的人，勉强可以过活；接下来就是个教授，现在大学里的教授，地位仿佛要比作家要高一些，工资拿得高；再接下来是院长，立马对你肃然起敬；当然后来还去复旦大学读了个博士，如果说是复旦大学的博士，他人立马对你另眼相看。所以这个社会已经变得太功利了，我记得 20 世纪 80 年代说谁是诗人，谁是作家，那比所有的一切都崇高。如果说哪个诗人来了，所有人都要围观，就跟今天的明星一样，那时候明星是没有多少光环的，所有的光环都在诗人身上，其次是作家。在老师们中间，谁也不会把院长当回事，但一定是对有才华的老师崇拜，可今天人人都争着当这个所谓的官。所以在我看来，时代是在逆向转，并非我们所说的发展。发展一定是向上的。

再后来就是网络时代。自从有了网络，我们的整个生活感觉变得很糟很乱。事实上，自从有了电视，我们的生活就变了，可以说变得庸俗化了。有了网络后，娱乐、恶搞就将生活彻底庸俗化了。人们喜欢大众化，我不太喜欢这个词。对于我们作家来说，喜欢的一定是个性化的、崇高的，一定与大众化是对抗的。可是，今天的文学似乎成了大众化的奴隶，成了金钱与市场的奴隶。所以今天就是这么一个时代，文学处于无用状态。但是我恰恰觉得，今天的文学可能就是来救世的，因为每到这个阶段文学就会派上大用场。

我们可以想象，孔子的时代是一个礼崩乐坏的时代，孔子出现时，用我今天的话说孔子就是个文学青年，他就是来宣扬自己的理想主张，只不过那个时候文学青年同时做着哲学、历史、科学、学术研究，什么都做。所以我觉得文学就应该把这些东西集于一身。它让我们不要那么太实际，可以理想化一些，可以诗意一些。它只有这个功用，别无他图。我对现在大学的学科思维有些意见。以前搞学科是因为大家都搞文史哲，太宽泛了，就必须高精尖，所以要在某一领域做得精才好，但经过二三十年后就变了，大家都往高精尖方面钻，可那个平的泛的基础的学术支撑消失了，我们脚下的大地在缩小，我们的理想在消失，所以我是有一些反对现在的学科思维的。学科思维造成的结果是，这块地盘是你的，那块地盘是他的，这就变成了学术上的地主、资本家和殖民者。这是很可怕的。

我到传媒学院已经三年了，我没有发表过一篇传播学方面的文章，事实上我写过很多，都在电脑里存着，我只是没有发表。没发表的原因是什么呢？就是因为现在的这种学术藩篱。大家可能会说，你不是搞这个的，你在抢我的地盘。事实上我搞过十多年的新闻工作，虽然工作的报纸很小，但它仍然是报纸。每当我想到写的这些文章可能与当下的新闻理论脱节，或与当下的学术规范不符，我就想，我那些东西很不合时宜。但是，我也常常在想，这正常吗？当然是不正常的。那么，它为什么不正常，就是近些年来这种学科思维造成的。这种风气非常糟糕。它使学术不再成为一个人的修养，而成为一个人可以谋取的利益、权力和地盘。

回头来说，如果文学、历史、哲学这些学术都变成学科，被一些搞研究的人把持，而不再是人的一般教育的话，我想，学术就真的离死不远了。搞先秦文学的只研究先秦文学，不去接触当代的鲜活的文学；搞当代的只能搞"五四"以来的文学，不准去谈孔子；搞唐诗的不能涉足宋词，搞宋词的不能染指明清小说，等等。这是多么可怕的学术现状，但它就是如此。同样，搞历史的人不再去读文学，搞哲学的也不去读诗歌，各自在那些快死的概念中挣扎。在这个时代，文学对那些学者是有用的，反过来对这个世界成了无用的东西。

这是非常荒唐的存在。文学在这些搞研究的人那里快窒息死了，它反而又在那些无功利的阅读者那里复活了。它仍然是无用的。然而，它如果真的死了，那么，我们的呼吸大概也就快停止了。

对于这个世界来说，我们能看到的物质存在是极小的部分，它就是实的，被我们称为有用的存在。剩下的广大的无边世界，是虚的、黑暗的，不知所终的时间和空间，但它正如文学一样，是必须存在的，否则，这世界就不可能存在。我们在一个黑屋子里待得时间太长，我们就想赶紧去吸一些空气，否则马上就会死去。

那些空气，那些救命的看不见的东西，就是文学。

中国历史上最早的三个文学青年

为了那有用的存在，政治家或帝王通过暴力而获得其统治权。这是一般人所羡慕的，也是一般人所奋斗的理想。但也有人毕生不是为那些有用的存在而奋斗，恰恰是为那些无用的东西在努力。这些人在人世间是极少的，所以也就成了圣人。用我的话来说，他们是一些真正的文学青年。在中国历史上，第一个文学青年是孔子，第二个是老子，第三个是庄子。当然，按照他们的年代来说，第一个应当是老子，第二个是孔子，第三个是庄子。但孔子的影响更大，所以首先说孔子。

为什么说孔子是个文学青年呢？就是说他对那个时代的文学充满了热爱，他自己也想写，但是又觉得老祖宗的东西很好，现在没有人编纂了，他要把这个任务接下来。他要继承周公的事业，于是他就开始从鲁国历史来编《春秋》，他要让人们讲礼。他从一千多首诗中选编出三百零五篇，称其为《诗经》。"诗三百首，一言以蔽之，思无邪。"他把这些东西编出来以后，就像我们今天很多写诗的人编诗刊一样，做了个编辑的工作，但是他有他的理想在里面。他要从事教化。通过《诗经》，他要让人们学会言说。"不学诗，无以言"，说的就是这个道理。还有一点，很多人都没有谈过，就是孔子把《诗经》中的诗都配上了音乐，可以唱出来，这就是真正的诗歌。在这里就有了"乐"的教化。所以孔子是非常了不起的，这都是一个怀揣文学梦想的人的独特创造。

有些人也问过我，你说《诗经》有什么价值和意义？它不可能给你带来吃的、喝的、穿的，不会让你考四六级证书等等之类的，它有什么用？我说，它没用。那么，没用为什么要学习呢？其实，我们今天说的用和古人说的用是有大不同的。今天我们所说的用都是实际的功利用途，看得见，摸得着，管得住。与其相对的就是无用的东西。孔子不这样想。他认为，在一个礼崩乐坏的时候，真正有用的东西恰恰是那些看不见、摸不着的礼乐，是人的文明礼仪，是人的善良，是人的爱心。学习《诗经》，这些内容都在里面。古人有一句话说"腹有诗书气自华"，说得很好，就是你学习了诗歌后，你整个的人从里到外就变了，就是一个文明的人，一个自足的人，一个有高贵品格的人，成了君子。这是孔子做的第一件事情。

第二件事情，就是到处宣传自己的主张，所以那个时候的文学就是大用，就是要治理乱象丛生的社会，治理人心的。现在我们把文学说得太小，不是那时候的文学。但事实上我们今天所有人都是要说话的，都想说我们的世界观、人生观、哲学观，都想讲这个东西。但就是因为我们现在的传统太过于狭小，所以我们说出来的话会觉得无力，觉得不恰当。那个时候孔子被迫流浪于列国，有很多学生跟随，结果到处都不受欢迎，所以孔子就像我们今天的很多做文学梦却又搞坏了的人一样，一事无成，他在快七十岁的时候才回到故乡，七十三岁去世，只过了三年多安稳日子。所以孔子也是一个不被社会喜欢的人，现代很多文学青年跟当年的他是一模一样。就是因为我们搞文学的人怀揣着理想，尤其怀揣着救世的理想，结果最后把自己也害了，就变成孔子那样了。所以累累如丧家之犬，到晚年一事无成，只留下了只言片语。

第二个文学青年是老子。孔子去拜见老子，老子给他讲了一番话，讲的是什么，现在众说纷纭。综合司马迁与庄子的说法，大概如下：老子说，你来了，我要给你送点什么呢？当官的给你送官职，有钱的给你送钱，我没什么可送的，我就给你送几句话吧。送的是什么话呢？就是《易经》上的话。老子说，你现在一直在大力提倡仁义礼乐，然而这个社会还有另外一面，就是你只是懂得天底下要有太阳要有光明的白天，但是你不知道人还需要晚上，要休息。你拼命地找别人的毛病以突显自己的聪明，却不知道灾难已经来临。任何事情都有两个甚至多个方面的存在，现在你只看到了一个方面就以为看到了真理，就大声宣传，这都要不得。最大的问题在于，你把自己看得太重要。你要放下自己，作为人臣最好不要有自己，作为人子也一样。到那个时候，你就得道了。老子讲了这个道理，孔子恍然大悟，说，噢，原来我只讲了一面，另外一面我不懂。这一年孔子五十岁。回来以后就开始研究《易经》。所以孔子说五十知天命，是有道理的，他从那一天开始懂得了这世界上不光要有太阳，也还得有月亮。所以人不光要有爱情，还得有友情、亲情，甚至无情世界。没有友情，爱情也苍白无力，但若把爱情看得太高，它就开始妨碍亲情、妨碍友情。什么东西都要给它一个恰如其分的位置，不要把它看得太高了，这就是老子给孔子的启示。中庸之道就从那时开始从他的心里慢慢地生发出来。孔子回来给学生讲，我以前老是听说传说中有龙存在，从来没在这世界上感觉到它的存在，今天见到老子，就仿佛真的见到了传说中的真龙啊。孔子到六十岁时就得道了，他说耳顺了，七十岁时更是如此，对于成功与失败其实也无所谓了，能彻底地把自己放下了，所以，随心所欲而不逾矩。

从这个意义上来讲，老子可以说是文学青年们的老师。但是，他又不愿意做大家的老师，讲究无为而治。他只读书和思考，不写作。有人说他活到了一百六十岁，也有人说他活到了两百岁。道教中说他每隔一段时间就会从天上来到人间，以不同的方式教化人们。不管怎么说，老子就像我们当中那些一直博览群书但又不写作的人。在20世纪80年代，总有一些人滔滔不绝且诗意盎然，但他们就是一个字也不写。我们又总是从他们那里获益并得到鼓励，我们常常会说他们才是真正的诗人。他们就像是老子，我们则像是孔子。其实上，我们都认为，老子、孔子才是真正的文学青年，因为他们的心中有比我们更为神圣的文学精神。

我把老子定义为中国第一个私人写作者。之前的人都没有私人写作意识，或者说被国家学说所左右，至少是没有作为个体意义上的觉醒。但是，他的名气很大。这个后世并没有说清楚。原因是什么呢？自然不是因为他写了一部《道德经》，那时候，他还没写《道德经》呢，那他为什么有那么大的名气呢？肯定是老子有另一种发表自己见解的方式，我想，大概就是虽然不写，但一直在说。说得并不多，但都非常精彩，很有学问。天子这才聘他为国家图书馆馆长。也有人说是史官，反正史官与这个馆长大体是一回事。

后来他觉得周朝快亡了，没意思，做这个图书馆馆长也没劲了，我想大概是退休了，于是就骑了头牛，开始往我们甘肃这边来了，然后在这个时候碰到了谁呢？答曰：关尹喜。关尹喜知道他有学问，便一定要请他写些话给自己。民间说，关尹喜也是做官的，是函谷关的领导，能观察到天地的变化，也懂一些《易经》。他观天象，发现有紫气东来，便知道有圣人将来临。这就是紫气东来的来历。他叫人把关外的四十里路打扫得干干净净，早早地在路边迎候。终于看见了一个骑着青牛的老汉出现了。他知道这就是他等待的那个人。后面还跟着一个随从。

《太平广记》中记载了这个故事，已经成了道教的经文了。自然与我们所想象的有了很大差距。总之，老子在关尹喜那里吃住一段时间，并送给关尹喜一番话。但这一次，老子将这番话写了下来，变成了《道德》五千言。孔子从老子那里只得到了几句话，但关尹喜竟然得到了许多的格言。后来，老子先前的那个随从就走了，关尹喜也辞官跟着老子走了。文学青年就是这么任性。

经关尹喜之强求，人世间便产生了诸子中第一部真正个人意义上的文学著作，这就是《道德经》。这就是那时候的文学，你说那时候什么叫文学？这就是文学。

第三个文学青年是庄子。到现在我们仍然认为庄子是诸子中最伟大的散文作家，没有人能够超越他。超越不了他是因为人家有道。庄子老婆去世，他的好朋友惠施去吊唁，庄子在院子里拿着个盆子正在唱歌："好啊好啊！"惠施气坏了，骂了句粗话："你他妈的，老婆都死了，你还能这么高兴地唱歌吗？"

　　庄子说："这是个好事情，为啥呢？我给你讲这个道理，人本来是没有形状的，后来因为道而有了形状，来到了人间，跟我过了这一辈子。现在呢，她活着的条件消失了，然后就又回到道里面去了，从道中来，回道中去，你说这不是好事情吗？"惠施也没办法，庄子说的有道理。

　　我们现在写的是什么？爱人离开了就不行了，痛苦到了极点，就产生了自杀的冲动。答辩通过不了，就写下五千言，跳楼自杀。没有道，所以危及到了生命。所以庄子是个了不起的文学青年，很少有人超越他。他思考的是大问题，比如，他说这个世界上好像没有主宰，但是万物在作，世界在动，似乎一切都很有秩序地在运行，你说真的没有人在管吗？不像是没有人在管。但是你说有人管吗？是不是有一个上帝主宰着呢？你又找不到。庄子说我们现在谁也回答不了这个问题，也许到一万年以后有个聪明人能回答这个问题。这个问题难道不是我们今天在经常想的问题吗？庄子想的都是终极价值问题，这也是我一直在想一直在谈的问题。如果一个作家、一个诗人，或者说一个学者不谈终极价值，不去思考这些问题，那都是没有意义的。这是第三个文学青年。

　　但实际上在我们中国人看来，这三个文学青年恰恰就是我们中国人最早的，也是最伟大的大师。但这三个人在现实中都是一事无成的人，用今天心理学的话说，都是被文学害了，心理扭曲了。但这就是古代的道与现代学术的区别。但这就是文学，他们就是文学青年。只有在他们那里，文学才与伟大的道相一致，内容和形式才合为一体。在我们今天看来，那是没用的。你要想，为什么我说无用的文学？老子到晚年骑着青牛到甘肃这边来，据说是到临洮了，临洮那地方还有个岳麓山，岳麓山下有李家庄，据说那里是老子飞身之地。是与不是？谁也不清楚，那个地方有很多民间的证据，我去考察过。《史记》里面说涉流沙去西域了，涉流沙指的是什么？经过敦煌，到西域去了。于是后世的佛教里就有一个《老子化胡经》，就是说老子到了西域，最后到了印度，把释迦牟尼给点化了。老子也是一事无成，就做了一个国家图书馆馆长，对他来讲也不是什么大官，因为文人是要治世。你看孔子也是一事无成。至于庄子，楚王要他去做宰相，惠施这个时候就很担心，说："哎呀，他要来做宰相，那我怎么办？"庄子写了篇文章嘲笑他，大概就是说燕雀安知鸿鹄之志哉。最后庄子不为官，结果据说是饿死了。

后世的李白其实也是这么一个人，李白到处想做官，才大，管不住自己的嘴，喝上点酒就胡说，然后把诗写在墙上，成为大诗人了，但是最后也成了一个穷途潦倒的人。文学害了这些人，但是反过来，文学又成就了他们。

刚才说了李白，再下来说杜甫。杜甫的人生更是如此，我们把他命名为现实主义诗人。他写了那么多了不起的诗歌，到处批评社会，是真正的愤青。跟李白一样，都像是今天的"70后"，愤青一代。诗曰："天子呼来不上船。"天子算什么，喝大了酒以后什么都不认，我也不会跟着你去。之前的屈原也是如此。司马迁也受了宫刑，在监狱里面写下了《史记》。试问哪一部作品不是怀着愤怒写下的？文学对他们来讲太大了，这个事业就是整个人类灵魂的事业，所以他们必须去做，既要解答自己的疑惑，同时他们觉得自己身上有一种责任，这个责任根本不是皇帝让你当的，而是自愿承担的。所以文学的使命也是自己选择的，文人也是自己承担使命，没有谁逼迫。中国的文学就是这样一群自愿承担人类精神使命的人写就的，到鲁迅等等之类的文人都是如此。鲁迅本来是学医的，到日本后突然改变主意，自愿承担起拯救中国人灵魂的使命，改为学文。你们这一代人崇拜的诗人海子，也一样。他总是说他是最后一个王，最后一个太阳。最后，他无力实现它时便自杀了。

所以，中国的文学真正梳理一下，不像人们想象的那样辉煌灿烂，其实是一群受难者的灵魂的写照。我的看法是，如果真要让我编一部文学简史，就这么简单，就是一群怀揣梦想、治理世界的文学青年被文学害了，一辈子就在文学这条道上走到底，官也不做，也做不好，像苏东坡等人，然后一根筋就这样下去了，最后一事无成，或者蒙难成灰。这就是文学青年。

东方和西方都是如此。所有的文学史都是一群向死而生的人的灵魂点缀的星空。比如，释迦牟尼也是这么一个人，文学青年。他想要悟道，顿悟天地之大道。他在菩提树下坐了六年，苦坐了六年，得不到道。他本来是不吃不喝，饿得已经几乎没有力气了，快死了，他喝了一点牧羊女给他送来的牛奶，重新去到河里面洗了澡。回来发了一个誓，如果这次再不能得道，那就粉身碎骨，不再起来。也就是说，要自杀了。结果他悟道了，悟道之后就开始传法，一个从前的王子、太子，现在是世界上最底层的以讨饭为生的人！还有比他更低的人吗？没有了。这个文学青年创造了佛教。

苏格拉底，一个石匠的儿子，对古希腊的神话特别感兴趣。他能将荷马史诗倒背如流，这不就是文学青年吗？如果把他还原到现在，会是什么情形呢？他可能一样觉得自己就是文学大师，跟我们今天网络上见到的那些喋喋不休，想教导我们那些人的人没什么两样。于是他觉得获得了真理，到处跟人辩论，大街小巷，不拘一格，结果人家把他抓起来。但他坚守自己的文学理想，最后被处死了，成为西方历史上第一个为了理想信念而献身的人。

西方历史上最著名的文学青年就是耶稣。耶稣看到了《旧约圣经》的这些故事、这些诗歌后，觉得非常了得，他信仰了，同时自愿承担拯救人类的使命。他看到那个时候的罗马社会不是他心中所想象的社会，到处都是同性恋，到处都是乱伦，到处都是不信任的东西，跟我们今天社会有些相似。于是他觉得上帝的声音就应该得到传播，所以他到处去传播。他其实跟我一样，本是个普普通通的老师，疲弱的老师。结果罗马的执政者就不干了，把他抓起来，钉在了十字架上，被处死了。死亡的前夕他大喊了一声："上帝，你为什么这样对待我？"

我为什么要这样讲这些历史上的大圣人呢？因为他们曾经都是人，后来被人们崇拜为神。他们本与你我一样，都是普通人，与我们一样充满了七情六欲和满腔的热情，也与我们一样曾经对人类的精神充满了怀疑，但是，他们终于得到了他们心中所认为的道，并为此而献身了。他们由此也树立了与自身精神一致的信仰，并被后世所敬仰。

他们与我们后世的很多文学青年之不同，在于他们能够舍出一生去实践自己的理想。我说那是文学理想，其实不是，文学一词太小了，是人生理想。之所以说是文学理想，是因为他们后来都以文字立世，以文学的形式来教育人，让人敬仰。但是，如果说他们没有那些伟大的实践，他们会被后人崇敬为神吗？当然不会。

我从他们的身上也看出一个世间最伟大的真理，神是人类创造的结果。这并非是说机械的唯物主义是正确的，恰恰相反，我们要确信，在我们所看到的、感知到的世界之外，包围着我们的是一个无边的黑暗世界。这里所说的黑暗世界，是我们没有去发现和照亮的那个世界，也许那个世界本来比我们的人间还要光明也说不定，但是，在它没有被我们认识和发现之前，对于我们来说是黑暗的、幽冥的。那么，我们也一定要相信，它在我们这个世界之上，甚至我们可能穿行在另一个世界之间，只是我们无法证明。我们的问题在于，我们太相信我们的眼睛和感官，所以我们极端盲目，由此，那些有可能被我们认识到的世界、真理就都被我们拒绝了。反过来，用荷尔德林的话说，就是诸神离去。诸神把他们那扇大门关闭了，我们再也看不到天堂。

这便是我们的悲哀。古人比我们幸运。他们崇拜关羽时，便为他修了庙，结果，关公就真的成了神，可以保护后人。这就是人创造神的过程。但是，它的前提有两个，一是被称为神的人一定是具有可以称为神的神性存在，这个神性不是它的神秘性，恰恰在于这个人在他生活的时代具有超越一般人的精神，比如大义、大仁、大德，甚至大力等。他超越了人，也便成了神。二是要有人的崇拜。为什么希腊神话有几代神族？关公也取代了之前的一些神？就是因为有些神不再被人类认识和崇拜了，人类创造了新神。孔子、老子、释迦牟尼、耶稣、穆罕默德为什么都成了神，也是因为两点：一是他们的精神和伟大实践超越了普通人类，二是他们的精神有学生继承，从而也就有人崇拜。

所有的信仰虽然也有文化中的先天继承，但更多的可能是后天的学习所得。当一种信仰文化灭绝之时，一定是有新的信仰文化取得了人们的普遍信任。同时，这种新的信仰文化也一定会有类似于前述那些圣人一样的文学青年实践并为此牺牲。

文学之"精神信仰"

我们总是说文学要有境界，要有担当，要有情怀，其实，这些境界、担当、情怀说到底还是一种精神信仰。将它深入民间，就是宗教信仰。

说起宗教，我一直认为佛教要比基督教伟大，为什么呢？在基督教里面，有天堂，也有地狱，但是地狱里面那些恶魔永远被压制住。因为上帝有一天要宣判，行过善的人进入天堂，做过恶的人下地狱，可是没有再翻案的机会了。佛教不一样，佛教以慈悲为怀，给你机会，放下屠刀立地成佛，一念之间就会变成一个善人。你看地藏菩萨，他就不是不管地狱里面的众生，尽管这些都是恶人，但是仍然要超度他们，这种胸怀就远大于基督教。如果我们从机械唯物主义的角度来讲这些故事，它不过就是一些故事而已，都觉得它是作家编造的，是诗人们的痴心妄想——那些年轻教师们不好好教书，想做牧师，像耶稣、孔子这样的人。从物质的角度没法解释，你只能把它当作一些故事——但是怀揣文学梦想的人不一样，他相信这些的真实性，他觉得这些事情肯定是发生的，肯定是真理。

其实文学就需要这个"信"，这就叫无用之大用。如果信了，你从此一生无怨无悔，如果你不信，你的一生都将是虚无的。我给大家举个例子。诗人韩东，可能你们现在的大学生都不知道他了，你们去读一读他的诗，有一首诗叫《有关大雁塔》。大雁塔是玄奘大师修的一座佛塔。所有人都认为这座塔代表了一种信仰，20世纪80年代的韩东正好是处于口语化的时代，也是现代性取代所有古典精神的时代。所有的神话都被取消，都认为是不真的东西，韩东就是一个代表。他讲的是普通的人对佛教一无所知，也不信仰佛教，表达的不过是任何信念都没有的人登上大雁塔那种空空如也的感受而已。文学从这个时候起产生了巨大的分歧，所以韩东的这首诗也成为经典诗歌。

如果这样，那些伟大的宣言，那些伟大的故事都不过是假话而已，有什么可信的。但是，一些搞文学的人，心中就是有信。所以我说文学、历史、哲学现在分流之后，就发生了不一样的变化，历史被考古学弄成虚无主义，而哲学又进入概念的形而上学，也是虚无主义，只有文学以天真的方式保留了那份信仰。为什么大家说诗人要比哲学家还要高一级呢？大概说的就是这个意思。诗人凭他的知觉就能和上帝、和神对话。文学是心灵的艺术，所以它必须要有信。可是，在今天这样一个相信知识而不相信知觉的时代，科学、哲学以及靠考古学、考据学为基础的历史学都成为一堆僵硬的知识。它们把人囚禁在知识的高墙内，我们能听见人性的哭泣声，能听见灵魂的哀号声，但那些靠知识、思维而建立起来的逻辑告诉我们，那些声音是假的，是不真实的，是不必去在意的。于是，我们被知识迷惑、囚禁。佛教里面有一种障碍，叫知识障，不打破这个知识障就不能去悟道，其实说的就是今天我们被知识迷惑的境遇。禅宗是干什么的？就是要打破知识障。小和尚一直悟不了道，老和尚在他头上敲一下，醍醐灌顶了。悟道，就是你打破逻辑，再不要用这样一种逻辑去思考信仰的东西。所以大家不要把哲学看得那么高，也不要把历史看得那么神秘，历史上有很多东西也是不足为信的，我们应当牵着被今天称为文学的那只小手，去寻找最初的大文学。在那里，被今天称为文学、哲学、历史、科学的一切都统统称为文学。

　　我把《史记》称为中国人的《圣经》，今天我们搞历史的人都认为《史记》就是真正的历史著作，所以后世学问家都要从《史记》里面找证据。但是我们要知道，《史记》里面对三皇五帝的描述，所有的都是神话，都是假说，都是虚构，都是想象，怎么去信呢？古人是信的，现在很多人不信了。比如，我们中国人原来也信在周之前是商，商之前是夏，夏之前是尧舜，在他们之前是黄帝和其几位世袭者。而在黄帝之前，还有伏羲氏等。但我们只有周代的历史，后来把先人的坟墓挖开，终于找到了甲骨文和青铜器，于是确定了商代的存在。但之前的历史渺无可寻了。据说，西方人是不信我们有五千年的历史，于是，它带来了我们整个民族的焦虑。我常常在想，我们为什么要顺着他们的思路去找那些所谓的证据。西方人对文明的定义完全是根据古希腊文明的标准而确定的世界性法则，这是海洋文明的方式。我们是东方文明，是农耕文明方式，是两种完全不同的文明，为什么非要寻找城市的遗址？为什么非得有铁器的证据？这些物质史真的能代表人类的精神文明，一定比没有它时要更为完美吗？

　　西方人可以去信仰《圣经》，认为那就是他们先人的历史，可是，我们在西方物质文明史的影响下，《史记》完全被祛魅，我们先人所创立的道德世界也在顷刻间成为一个虚无的遗址。《史记》的神圣性被取消了。

自现代以来，我们面临的选择只有两个，要么忘却自己的历史，改信上帝；要么重新创造新的信仰。事实上也如此，自"五四"以来，中国文化的命运就是在这样一种轨迹下运行。文学也如此。我们发现，中国古典文学传统几乎无人继承，自西方继承来的批评、现实主义文学传统和现代派都大行其道。但另一种情况也依然存在，即我们在潜意识里仍然觉得如此扬弃传统是不对的，所以，我们总是会强调自身的传统。这样一种矛盾始终纠缠着每一个中国的知识分子。

另一个问题在于，西方人认为自己的文化信仰是全球性的，而我们中国人似乎没有这样的胆识，总是认为中国文化只是中国的。为什么不将中国文化创造成为全球性的文化呢？这是我们面临的一个大任务。但在这个问题上，我们的知识分子是畏缩的，除了被人们攻击的新儒家和一些道教、佛教人士外，再很少有人站出来说我们的文化是全球性文化。那些自认为站在公共平台发布思想的公共知识分子，大多是被西方文化洗过脑的，想当然已经把中国文化踩在脚下了，还如何称得上公共知识分子？

所谓公共知识分子，应当是那些对强势文化充满了警惕，对弱势文化充满同情，站在人类公共性的视野发出良心之声的知识分子。除此之外，没有什么公共知识分子。那么，今天的欧美文化如此强势，四面掠夺，原有人类文化的多样性几乎消灭殆尽，为什么不对这样一种文化进行反思？同样，对于中国传统文化来说，百年来始终处于被压制的状态，从未再成为中国文化的主流，为什么没有公知对这种文化同情过？相反，我们看到的态度是一边倒的，即与"五四"时期的态度一致。这是毫无良心的处理方式。

因此，我较赞赏后殖民主义的代表人物萨义德对今天知识分子的重新确立。虽然那样一种立场充满了偏执，但是，在今天这样一个全球性的态势下，不失为一种公共的态度。他对欧美中心主义文化不仅仅是警惕，而是充满了批判。我觉得，我们既需要对今天公共生活内的一切文化发表不同意见的知识分子，也需要对今天人类文化生活内的强势文化充满抵抗的知识分子，后者尤为重要，因为没有后者，文化的多样性就被强势文化一夜间消灭了。

正是在这个意义上，我一再地提倡要在中国传统文化的基础上再创中国文化，而这一个文化，就一定是具有全球性的胸怀、视野、气度。但是，你要创立这样的文化，就一定要对目前流行的欧美中心主义文化充满警惕与怀疑，甚至批判。

举个例子，今天我们确认人类早期的文明必须要有三个条件：第一，文字；第二，青铜器；第三，城邦、城市。所以从这三个角度来看，中国的文化、中国的文明、东方的文明就不能纳入世界最先进的文明里面去。我前面已经说过，这三个条件都是从古希腊来的。古希腊人是生活在一个岛上，所以他们必须要建城邦。因为岛屿就那么一点地方，所以它就向大海伸手。钱穆说得很清楚，它是一个充满了掠夺性的文明，它必须向大海掠夺才能够维持生计。而另外两种文明，是游牧文明和农耕文明。游牧文明是逐水草而居，也是充满了侵略性，所以到了成吉思汗的时候，这种侵略的意志就达到了极点，所有到达的地方都是屠城，充满了掠夺性、杀戮性。逐水草而居，它就不会建城邦。农耕文明，我只要有个院子，旁边就是大地，一切都够我吃住了，自给自足，那个时候就有了复制功能，今天我们复制是电子化的内容，那个时候的复制是把农产品复制下来。本来这个地方只长了一棵麦子，好了，我把麦子复制下来成为一大片麦子，然后一大片一大片联系起来，这就是复制的东西，复制在那个时候就有了，只不过那时候不叫复制而已，也不叫粘贴。农耕文明也不需要城市，只在交易的时候才有城市，才有集市，拿着东西去换。所以中国也是到很晚的时候才有集市，比如说我们现在发现的殷墟这个地方，它也不过是皇帝的。我们现在发现的大地湾，也是一个群落，人们在那个地方是为了逃避野兽的侵袭。所以群居，住到一起，但也不是城邦。但是古希腊就不行，它必须要在这个地方交易，它要把海洋上掠夺来的东西互相交换，所以他们的文明天然是一种城邦文明，是一种商品经济。我们不是，草原民族也不是。那么如果不是，我们却要用古希腊的这么一套东西来简单地衡量我们，压制我们的文明，怎么让我们心服口服？我是不服气的。我最近写了一系列的文章批判这个东西，尽管我深受西方哲学的影响，深受尼采、萨特、海德格尔等思想的影响，他们每一个人都深深地影响着我，使我的文风带有尼采式的、萨特式的风格。现在我回过头来想，不能这样简单地看，中国文化、东方文明有它自身的文明特点。如果从这个角度来讲，我就觉得很多问题需要重新去想、去考量。

我一直在想一个问题，如果不是上过大学，我们会把文学、哲学、历史分开吗？我想不会。即使在我们上大学的 20 世纪 80 年代，虽然我们学的是文学，但从来没有觉得哲学与历史与我们无关，恰恰是要弥补的。把这些分开是学科思维，是另立门户，它就小了。

事实上，文学是无所不包的，因为它写的是人，写的是世间，人所有的东西它都要面对，怎么能把哲学、历史以及科学、宗教等分开呢？所以，我总是在反思，大学在一定程度上也是反人类的。它把人类缩小了，把人类技术化了。

比如，在没有大学之前，可能人类的知识也不多，那时候有什么信仰，大概都是靠自己的经验和超验的感知在检验，也很容易相信什么。现在知识太多，尤其是从实验室里、考古学中、田野调查中出来的知识太多，于是，就形成了一种这些经验之上的科学、哲学、历史以及文学。它被完全地"固化"了，经验化了。或者说又走到了另一个可怕的境地，太形而上，概念化。学术要么被捆死，要么就被渴死。

比如，文史哲分开以后，哲学就完全走了一条形而上的道路。它想靠人自身发明的一套逻辑来证明一切，于是，它就形成了自己的障碍。一是它如何能证明自己的这套逻辑是正确的，似乎很难，因为我们确切地说，无知的东西远比已知的要大要广甚至要深，我们陷入了无知的困境。二是思维的结果是要去实践，实践会反过来质问你的思维。比如，西方哲学思维的结果是要证明上帝的有无。这怎么能证明呢？这是证明不了的。所以它需要文学等其他方式去证明。就如陀思妥耶夫斯基在五十岁时陷入了这个困境一样。他想，如果没有一个全知全能的上帝，我们有那么多理性的法则有什么用。它是冰冷的，反人性的。有一天，他在进入绝境时，从窗户往外看去，有一个遥远的教堂，上面突然出现了光辉，他确信那是上帝的光辉，于是他信了。他的思想就是从那一刻开始发生巨变。中国的作家张承志也是如此。他在1984年来了一趟西北，看到了自己的信仰被充分实践的西海固，于是，从那一天开始，他的思想分野，信仰慢慢确立。这就是文学，来自于启示，根本不需要证明。

再比如历史。我们对历史是一种什么态度呢？其实，历史也是教化的历史，是人们按照自身的需要来进行书写的历史。人世间的生活本来是纷繁复杂的，但史家从帝王的角度开始书写，且从政治的路径开始确立路线、视野等，历史就这样形成了。如果历史是从一个名不见经传的小人物开始书写，会怎么样呢？它就成了野史。其实就是我们今天认为的文学。它尽可能地在还原历史的那种复杂性。当然，历史也需要哲学的参与。这种说法仍然是近代以来的思维，古代中国人就不这么想。他们想当然地就把这些内容融为一体来思考的。所以我说，学科思维是很可怕的。它将人变成知识，变成分裂的、片面的人。我们这个时代为什么会出现那么多人格分裂者，也可能与现代以来的这种学术思维有关。

因为文学的这样一种训练，我对历史向来是不完全相信的。我上大学的时候读了《东周列国志》，冯梦龙写的，里头写了几个史官的故事，让我对历史有了新的认识。那些王侯开辟了新天地之后，就要重写历史，于是重写的这个历史一定要按照王侯的想法去写，不能按照史官自己的想法去写。结果是这个史官一定要写王侯是篡夺王位而来的，于是他被杀了。他被杀之后，王侯们又找到他弟弟，他弟弟又是按照真实发生的事情写，又被杀。第三次，找他家老三来，又被杀。于是找别人来充当史官，按照王侯的这种想法写下来，就变成了现在的历史。我们会发现所有的历史都是当代史，所有的历史都是帝王史。所有的历史都是按照统治者的想法来写的，那怎么能相信，但这就是历史。它要描述那些王侯执政的合法性。历史是提供这样一种思想精神的，否则，历史就不会被特别尊重。

　　但是，历史学家们都要维护这种历史的合法性、真实性，或者寻找它的不合法性、不真实性，于是，便又重新塑造历史。这就是历史学家们在做的事。但是有一个问题便存在了。什么是真实？什么是历史的真实？是将看到的事实描绘出来告诉人们真相？那么，它就与今天的新闻相似了。事实上，今天的新闻工作者就像过去的史家一样在记述今天的历史，只不过，他们更注重民间而已。但是，我们总是会问，新闻是真的吗？真相到底在哪里？

　　我现在一直在给我们传媒学院的学生讲，他们觉得镜头拍下来的东西就是真实的，我说怎么可能呢，比如说一个人现在微笑着，是吧，多么灿烂的笑容，但是你只能拍他的笑容，他真实的想法是什么你能拍出来吗？你即使把他的心脏拍出来了，他的想法你能拍出来吗？拍不出来的，真实是存在于我们心中的。

　　所以，所有的真实都不是我们看到的，都不是我们感官所感觉到的东西，而一定是靠我们的思想抵达的。甚至说，对于真实的认识也在随认识的深入和不同在变，这是中国《易经》的道理。《金刚经》中佛陀也说，佛法非佛法，一切法非一切法，都在变。我前一段时间到鸠摩罗什寺去拜访方丈，我以为他既然是鸠摩罗什寺的方丈，对鸠摩罗什就应该非常清楚，他对佛法就应该理解得比我精深。当时我真是觉得他有些话非常好，回过头来一查，再仔细一想，很多东西仍然充满了疑问。比如，他讲为什么武威的寺里埋的是鸠摩罗什的舌头，是因为鸠摩罗什最后发誓说：如果说我所翻译的所有的佛教的经典没有错，那么舌头就不烂。结果确实留下了一个完整的舌头，好多非佛教弟子的人不相信，舌头怎么会不烂。前几年，南怀瑾去世以后，舌头也没有烂。这个东西在佛教里面就是奇迹，这就是佛教的奇迹。在西安也有个鸠摩罗什舍利塔，在鸠摩罗什翻译这些经典的逍遥园的草堂寺里。我就这个问题询问鸠摩罗什寺的方丈，方丈说，鸠摩罗什招的第一个弟子叫僧肇，就在武威招的。僧肇是鸠摩罗什的大弟子，同时也是后来很多佛教宗派的导师，当时就是学术最高超的人了，就类似于我们现在的国学大师季羡林等这样一些大家，人人崇敬。方丈说这个舌头肯定是僧肇带过来的，我相信这个逻辑是对的，可是我回来一查，鸠摩罗什是412年圆寂的，僧肇是414年，比他晚两年，而鸠摩罗什塔最早到450年才建。414年的时候皇帝姚兴还活着呢，还在继承鸠摩罗什的这种遗志，还在翻译佛经。也就是说，这个事肯定不是僧肇做的。

我的意思并不是说方丈完全是错的，而是讲了一个道理。他讲的东西从知识的角度肯定是有问题的，但是，从真相的角度来讲是对的。事实上，他讲的是一个逻辑的道理。从这个逻辑推理，可能是僧肇的弟子按照鸠摩罗什的遗愿去到武威埋下的。按鸠摩罗什的愿望，他肯定是要像阿育王将佛陀的舍利散往全世界一样，将自己的舍利也散往一些地方，至少他在凉州生活了十六七年之久，将舍利放在武威也是合适的。或者说，这一想法鸠摩罗什也未说，而是他的大弟子僧肇如此安排了。那么，西安草堂寺的便是鸠摩罗什的灵骨舍利塔，而武威的是他的舌舍利塔。有关这些论述，我在刚刚完成的《鸠摩罗什》一书中有充分的讨论，在这里就不说了。我说的意思是，大家不必拘泥于具体的知识、事相的表面，而一定要深入事物或事件的骨头里去看，就可能会找到你所要找的真实。这大概就是我们讲的文学的真实性，当然，若要更进一步讲，还可以更深一层，可以抵达真理。

讲了这么多圣人的事情，就是没讲世俗的文学青年的事情，为什么不讲呢？因为我们一旦讲到世俗的文学青年的事情，我们就会把文学这个事看小了，文学就真的变成了文字游戏。而一旦成为文字游戏，文学就失去了神圣性，失去了我们可以把生命搭进去的东西，就是信仰。文学也只有把生命跟它连在一起，才有真实的价值，否则，文学就是可有可无的。当然，这并非是要让我们拿文学作为宗教，恰恰不是。从另一个角度来看，人生最需要的是平常心，文学也有两个面，一个是其神圣的一面，就是前面我讲的那些；另一面是其平常面，也就是其世俗面。如果文学没有世俗面孔，它如何被人认识，又如何成为人的知己。关于这一面，我以后再讲。

今天，表面上给大家要讲了无用之文学，好像很轻松，实际上我们都是拿它当命看。我们总是在拒绝一些东西，尤其是世俗的种种诱惑，如名利，如金钱，但我们也想通过文学适当地有所补偿，这样想的时候，我们发现自己错了。所以，在这样一而再，再而三的实践中，我们确实都拥有了颗平常心，即，既然命运让我们选择与文学在一起，今生也就心安理得地做好这件事吧。这就使我常常想到颜回。颜回是孔子最欣赏的弟子，当然也是最穷困、最单纯、最自由的弟子。大家注意，我这里说了几个词，一是穷困，这是我们大家可能很难去认命的事，一生都会为此而苦恼，这也是很多人为什么选择去做别的事的原因；二是单纯，颜回并不去想那么多的名利，一心想的是闻道、得道，与道同在；三是自由，这是结果，也就是说，当我们放弃了那么多的功名之后，心灵反而变得自由、广大，与天地同在了。这是作家、诗人的最高境界。

无论如何，我还是讲了一个道理，即无用之文学。但凡对文学有真见解者，必须是得了一些天地的真理，也自然是获得了自由的。

文以载道：原典创世的法则之一

——在西北师范大学传媒学院"重返经典"电视大讲堂上的演讲（2015年9月1日）

"小"说与"大"说之辩

现在我们老是在谈小说和电影的诸多问题，小说在这个时代遇到了难题，它往昔的光影被电影掠了去。于是我们总是要重新讨论小说的本质与命运。

小说到底是什么呢？很多学者曾这样解释：小说最早可追溯到诸子百家时小说家的街谈巷语，"小说"就是要往"小"里去"说"，往私人化去说。这是今天小说的一种写作向度。

从林白、陈染等很多的女性作家开始，出现了私人化的写作方式，这种方式逐渐演变到后来的身体写作、欲望化写作，现在似乎出了问题。20世纪末，北京大学和北京师范大学的一些大学生诗歌团体标榜自己是下半身写作，这也许是那个时代的一个符号。我们就会发现越往"小"里"说"，越往"私"里"说"，就会越往身体方面走，那么下半身之后还能往哪里走呢？《易经》里面有句话叫"否极泰来"，所有的事情走到头了，没办法走了就得反过来走。而今天的文学，也必须要反着来，也许会有新的命运。

《汉书·艺文志》言："小说家之流，盖出于稗官，街谈巷语、道听途说者之所造也。"他们"造"了些什么？有人还在谈他们吗？恐怕也只剩一个虚指的概念了。而考据学派总是想考究小说家到底出在哪里，小说的出处在什么地方。鲁迅先生则认为小说家侵入文坛已经是1917年以来的事情了，说的是小说发挥主体作用的时间。但从今天专家们写的文学史来看，小说至少是在《红楼梦》开始，甚至从《金瓶梅》开始就已经相当成熟，就已经在文坛、文学史、文化史上起作用。

在中国电影初创时期，小说是主流，自然要承担文化之使命，拥有教化之功能，所以"小说"可以"大说"，鲁迅等人的小说对整个中国的历史解构、重述，对"人"这一大的主题进行重新定义，如此便开启了新的人文时代。这就是"大说"。讲的都是"一件小事"，写的也是闰土、孔乙己、祥林嫂、阿Q等这样的小人物，但他正是从具体的小人物之上建立新的人之意义。他的深度在于历史之深度，人之深度。

那么电影这个时候在干什么？干的是小事情，是把话剧改编成电影，搬到银幕上供大众娱乐。作为一种奇观来满足大家的好奇心、快乐心，根本不具有教化的功能。鲁迅所说的小说"侵入文坛"是因为小说开始影响大众的生活，尤其是影响大众的价值观、生活观。电影还未有如此之能力。但是，今天的电影已然不同，今天的电影、电视已经开始承担小说家的角色，在解释着人之价值、生活之意义、世界之维度。用鲁迅先生的话说,影视已经"侵入"文坛和生活。电影在崛起,因此,人们便开始思考,电影是否会重任圣教者的角色,电影的功能到底是什么,等等。人们对电影的批判便说明了这一点。

也因为如此,人们对电影的认识越来越不同。从最初的纯娱乐开始赋予意义,然后命令其担当大任,并成为纯艺术的存在。我们会看到奥斯卡奖、金棕榈奖等一些国际性的严肃大奖就带有这样一种倾向。它们成为承载意义的艺术存在。它的娱乐功能变得中庸,而它的工业特性则被视为乌有。它们的评奖准则开始变得跟诺贝尔文学奖、茅盾文学奖一样,重视对人类的教化功能。此处的教化当然是艺术的教化,而非政治意识形态的教化。也就是说,事实上,艺术的准则仍然在坚持某种"大说"。

原典创世的三个法则

我认为,原典创世有三个法则。第一个法则就是要载道。要解释道是什么、天是什么、上帝是什么、造物之主是什么、真主是什么、佛又是什么。然后要解释道在世间的运行,即人伦、人性、人的诸般言行。人道与天道合一。

第二个法则是自由与法。我们每一个人生来都是自由的,在我们与天这样一个广大的、伟大的存在相对应的时候,每个人都是个体与它对应,是非常自由的。我们在大地上奔跑是不受限制的,我们热爱和享受阳光是自由的，但是我们处在社会中间，处在群体中间，处在家庭中间，就不自由了，就有了冲突，所以必须要有一个法。自由是戴着镣铐的，自由是有限度的。这就叫自由与法。

第三个法则是人的统一，讲个体与爱欲。为什么我把它叫爱欲，而不叫灵与肉呢？灵与肉的说法是我们中国人的说法，也是我们在翻译很多西方作品的时候用的词，但情欲和爱欲是不一样的，情欲可能没有爱，但是爱欲一定会有爱。今天是一个爱情至上的时代，人们把爱情说得无比崇高伟大，爱情成了宗教，之前的人类历史不是这样的，爱情是近代关于人的主题，所以，就要重新来考量这个事情。所以原典创世法则就包括了三个方面，第一个方面是人与天和地的事情，第二个是人与人的群体的事情，第三个是人与自我的事情。

我们中国人说原典创世必须有三个方面的兼顾，那就是天、地、人。

伟大作品与形而上载道精神的共生传统

当我们说小说就是往"小"里"说"，说那些小的事情、琐屑的事情、细微的事情、私人化的事情时，小说会怎么样呢？这是我们要讨论的问题。今天人们还常常会讨论为什么中国的作家没有人写出《战争与和平》《约翰·克利斯朵夫》式的伟大作品？如果说这两部作品属于西方文学的话，那么，也常常会有人质问：为什么中国现当代作家没有人写出如《红楼梦》《三国演义》般的伟大作品？这是中国传统小说。顺着这个问题，我们就有必要来谈谈这些被认为伟大的作品到底是什么样的作品。

（一）《战争与和平》《约翰·克利斯朵夫》

《战争与和平》被认为是真正体现了俄罗斯民族伟大性格的作品，是一部称得上是人类文学史上伟大高峰的作品，至今很难有作品与之比肩或是超越。它的伟大之处在于它写出了伟大的精神——俄罗斯民族精神。也许同学们没有办法看完整部《战争与和平》和《约翰·克利斯朵夫》，但是一定要去看一看《约翰·克利斯朵夫》的第一部分，那非常优美的 10 万字。在这 10 万字里面，荡漾着人类精神共同体的一些东西，在那些文字里面，可能会激发你青春的，甚至童年的很多梦想、回忆。它是我们人类共同的童年。傅雷先生认为这部作品是他所看到的、所接触到的真正能够称得上伟大的作品。傅雷先生是伟大的翻译家，他还翻译过丹纳的《艺术哲学》，也是非常好的著作。《约翰·克利斯朵夫》是把欧洲精神高高举起的小说，其伟大在于此。

（二）《三国演义》

为什么我在这里要举《三国演义》，而不举《红楼梦》呢？《三国演义》是体现一个国家民族精神的作品，《红楼梦》是写个人的。所以说从某种意义上来讲，从"大"的角度来看，我宁可赞成《三国演义》。如果往"小"里来说，那当然是《红楼梦》好了，并且那"小"里也有"大"的宇宙精神。《三国演义》里面尽管充满了很多

"吃人"的礼教——我们需要去反抗的东西，但是我们中华民族的精神仍然在字里行间涌动着，激荡着，飘扬着，这就是伟大的作品。如果说在《三国演义》之前还有了不起的，具有家国情怀、民族大义的作品，那只有《史记》了。

我非常反感易中天对《三国演义》的解构，他最经典的一个解构就是"三顾茅庐"不存在。易中天这个人了不起，非常聪明，也敢于说话，但是问题就恰恰出在这里。敢于说话和非常聪明就会自以为是，每个人的优点往往就是自己的短板。他说三顾茅庐为什么不存在呢？第一，《三国志》里面只有一句话，大致是诸葛亮见刘备，凡三次。没有说谁见谁，找不到台词了，在浩瀚的经典里面找不到这些证据了。考据学派的东西仅仅是研究的一个方面，如果完全相信考据学派，那我们怎样才能考证出自己的历史呢？我们心中的历史从来没有说出，说出的那些东西都是可以给人看的，但是我们隐秘的那些东西从来没有显现出来。一个民族的秘史是不会说给人看的，那怎么能用考据学派来概说天下大事呢？易中天用了今天的心理学方式来解说，他说当诸葛亮见刘备的时候，刘备是四十岁左右，诸葛亮是二十岁左右。二十岁的毛头小伙子在这个时候能够提出"隆中对"这样卓越的战略思想吗？易中天说得好，不可能。但是他又想，在这个时候刘备能够去光顾这样一个人吗？不会。第二，关于刘备第二次见诸葛亮。易中天说因为第一次见面时刘备对诸葛亮没有好印象。他说："第一次肯定是诸葛亮去见刘备，被刘备拒绝了。"我们可以想象，这种心理是正常的。第二次见面，是在某一次 Party 上，大概诸葛亮二十七岁，易中天讲得非常形象，一个 Party 上，大家见面了，这个时候诸葛亮已经学有所养、学有所成，于是侃侃而谈，引起了刘备的关注，见了第二面，给刘备留下了好感。第三次见面，时机成熟了，机缘成熟了，才有了"隆中对"。

考据学派的问题就在于它只能着眼于现有的东西，但实际上小说创作是另外一个原则——虚构。鲁迅言，杂取种种人为一个，集于一身，这就有了《阿Q正传》中的阿Q，就有了《狂人日记》里面的狂人。在鲁迅看来，阿Q是中国所有人的性格象征，我们身上的那些缺点都在阿Q身上。

虚构也得有由来，那么，三顾茅庐的这个由来在哪里？我们会发现在历史上有这样一些现象存在，比如，据说是尧让天下于许由，许出不受而跑了。这虽然是道家的故事，但诸葛亮的身上怎能缺少道家的飘逸？比如，商鞅见秦孝公，第一次谈的是王道治国，属于流行的政治见解，自然打动不了孝公；第二次谈的是以礼治国，也属于老生常谈，而且与孝公之雄心相背，仍然打动不了他；第三次时，商鞅终于拿出杀手锏，提出法家治国，举出《治秦九论》，秦孝公视为知己。这是法家的故事。诸葛亮身上难道没有法家的厉害？再比如，周文王拜姜子牙为军师的故事。这已是儒家的经典故事。但最经典的儒家故事是汉武帝与董仲舒的故事。

在汉武帝之前，汉朝是以黄老思想治世。道家治世讲究无为而治，即不过分干预诸侯的发展，让大家各得其所，如此便有了整个国力的发展。但是，当时的现实是中央集权松散，诸侯各国虎视眈眈都想取而代之，北方匈奴时时来犯，国家内忧外患，极其不稳定。在董仲舒之前，执掌朝政的窦太后已经杀了好几个儒生，一时无人再敢提儒家。董仲舒一方面吸取了前者的教训，不愿意以身犯险，另一方面也对之前儒家的学说进行了改革，将百家集于一身。汉武帝继位之后如何治世访问过一次董仲舒，董仲舒惮于窦太后，不愿意说，这就有了"一顾茅庐"。窦太后去世后，这个时候汉武帝再找董仲舒的时候，董仲舒也是在试探汉武帝到底有多大的决心，隐隐约约说了一点，没说透。汉武帝立刻觉得兴奋，终于有了"三顾茅庐"。两人长谈三天三夜，这就有了以"天人感应"为中心的《天人三策》。

将以上道家、法家、儒家故事集于一身，这就有了真正的"三顾茅庐"和"隆中对"。诸葛亮的身上集中体现了许由、姜子牙、周公、孔子、孟子、商鞅、董仲舒等人的精神与形象。我们会发现，到儒释道合一的明代，儒家是倾注了中国百家所有的理想、心血来塑造这样一个人，这是虚构的真实，绝对不能用历史的方式去解构一部小说。

为什么《三国演义》在今天的地位下降了呢？就是源自20世纪80年代以来反对文以载道的思潮。反观四大名著在民间的影响力，最大的还是《三国演义》和《西游记》，《水浒》其次，《红楼梦》恰恰是最小的。我们会看到有人为诸葛亮盖庙，关公也成了财神，孙悟空成为斗战胜佛在一些地方被供着，唐僧有他的真实形象。这就是"文以载道"所致，它能走入人心，它在人心上会立起一块碑石，它的力量在这里，人们会学习它，它也会给人们带来力量，给人们带来信仰。人们给关公上香，觉得关公会保佑他。关公成了中华民族"义"的代表、忠义的象征和化身，后来还取代前代财神赵公明成了第二代财神。

忠和义在《三国演义》中是怎么表现的呢？"桃园三结义"是一个开始，三人见面结拜为兄弟，歃血为盟，不求同日生，但求同日死，互不背叛，永远信任。这里有一个最重要的信念是相信上天的存在，他们的盟约是可以达成的。当曹操用高官厚禄来留关公时，关公不为所动，护着嫂嫂千里走单骑，过五关斩六将，终于跟大哥会合。当关公被杀，刘备不顾诸葛亮等人的劝告，去给关公报仇，火烧连营四十里，大败而归，从的是一个"义"字。

大家会发现刘备什么都不行，打仗不如关公、赵云、张飞，论智慧不如诸葛亮，好像是个傻瓜一样什么都不会，但是他有一样法宝——仁。这就是《三国演义》要塑造的一个内容、一个符号、一种精神。仁者无敌，仁是中华传统文化的核心思想。"天下归仁"就是讲只要你有仁，天下都来归附你。曹操《短歌行》最后一句"天下归心"的"心"是雄心，不是仁道，这就是儒家要反的地方。所以《三国演义》里始终在表现这样一种价值：只有仁道才能让天下归心，而不是雄心。雄心是私人的雄心，而仁道是天地之道。赵子龙在长坂坡之下大战百万雄师，曹操都不忍心杀他，"那个穿着白袍的将军是谁呀？"人们告诉他："那是常山赵子龙也"。曹操就非常喜欢，说一定要活捉这个人，一定要让他归顺。曹操也了不起，见了有才华的人非常喜欢，但是赵子龙就为一个"义"字，也为一个"忠"字，最后白袍变成了血袍，终于到刘备跟前，从他的战袍里面抱出阿斗。刘阿斗还熟睡着，于是刘备就把刘阿斗扔到地上说："险些损失我一员猛将，损失了我一位兄弟。"关羽对刘备说："把嫂嫂送到你这了。"刘备却说："兄弟呀！终于见到你了，何苦呢？如果我把你失去，我就失去了手足，兄弟如手足，妻子如衣服。衣服没了我还可以买，兄弟没了，手足就断了。"当然这段话也被后世称为礼教不平等的东西，确实有不合理之处，但忠义昭然。所以一部《三国演义》就是一部儒家治世的经典之作。

（三）轴心时期的经典与今天的科幻电影、纪录片

第一个真正出现原典的时代是轴心时期，这是德国存在主义哲学家雅斯贝尔斯提出的。他在 1949 年出版的《历史的起源与目标》中说，公元前 800 年至公元前 200 年之间，尤其是公元前 600 年到公元前 300 年间，是人类文明的轴心时代。在北纬 30 度上下，也就是北纬 25 度到 35 度区间，是人类文明精神的重大突破时期，在轴心时代里各个文明都出现了伟大的精神导师。古希腊有苏格拉底、柏拉图、亚里士多德，以色列地区有犹太教的先知们，古印度有释迦牟尼、龙树。中国有孔子、老子、墨子等，他们提出的思想原则塑造了不同的文化传统。

虽然在中国、印度、中东和希腊之间有千山万水的阻隔，但是它们在轴心时代的文化却有很多相通的地方，这是雅斯贝尔斯时代没解决的事情。孔子的《论语》，老子的《道德经》，庄子的《南华经》，柏拉图的《理想国》，《旧约圣经》，龙树的《中论》等，这些作品具有一些共同的特点，首先是就是原典创立，文史哲一体，今天人们仍然信仰它们，以它们为精神的基体。其次，将文字产生之前的传说固化并转变为文学语言艺术。《旧约圣经》没有产生之前就已经有传说，我们中国的文字没有产生之前就已经有三皇五帝的传说，之前是语言传说，后期把它固定了下来。所以我们今天要研究的一个传播的领域，那就是在没有文字产生以前，人类到底是怎么样靠语言来传播的。它里面有一个最重要的思想就是终极关怀，今天我们的很多东西没有终极关怀。

说到终极关怀，就要说到科幻电影和纪录片。

今天的电影存在一个问题，那就是我们始终以娱乐为主，把怎样搞笑、怎样高兴作为我们创作的原则。跟小说长期占领艺术的主角一样，当电影被人们推上主角地位，成为炙手可热的艺术时，文学在不得已地撤退，而电影自然而然就要承担原来文学承担的使命，承担传教者的角色。这不是哪个国家想倡导就能倡导的，根本不是体制的问题，它就是一个知识分子和艺术创作本身的问题，它是文化创作和艺术创作的机制所必然促成的问题。然而当下的电影人并没有这样的意识，他们中的大多数把电影当作一个挣钱的工具、谋生的手段、成名的过程。而电影仍然由票房来统计它的艺术价值，这非常荒唐。事实上，一部经典刚出现的时候并不是所有人都喜欢，往往所有人都喜欢的东西也不是经典，经典只有在以后慢慢被解读的过程中才会被大多数人喜欢，所以经典是一个慢慢孵出的过程。流行的东西当然不完全是不好的，也有好的，但很快会消失。经典是需要慢慢解读，是需要我们用心去读的东西，不能说是喜欢就读，不喜欢就不读。这世上有些书或艺术，是你不喜欢的，但你要成为一个伟大的人或有担当有抱负的人时，就一定会去克服这种不喜欢，最后往往喜欢甚至信仰它们。但是，目前的电影还没到这个程度，这是因为目前的电影还没有达到从前小说所达到的那样一种深度与广度。而之所以未能达到那样的深度与广度，与电影一经产生便成为现代艺术有关。它不再回答地球与人类的起源，也不再去探索人类死亡后的世界。

　　但是，科幻电影和一些纪录片在做这方面的工作，它还未被严肃地评估。首先，科幻电影正在完成人类对整个世界的重新探索，完成我们的世界观。《星球大战》第一次让我们对未来产生担忧。

电影《超体》对时间、生命、智力等方面进行了探索，《地心引力》对人和地球、宇宙的关系做出了探索，《星际穿越》也是这样。被大家热炒的刘慈欣的《三体》是中国人开始对世界、对宇宙进行的科学想象。这些电影在完成科学世界观下对人类的未来的探索。其次，这些电影在完成我们对宇宙观的重新塑造。它们试图通过科学的手段再造太空的方式，呈现宇宙的存在形状。我们最早的原典告诉我们世界就是那样的，后来我们把这个世界打碎了，今天我们必须再造世界观，所以原典也不见得就是我们今天必须要重新回归的地方，但是它是我们可以回去看一次，然后重新出发的地方。再次，电影还在完成对人类的纪录功能。《旧约》《史记》完成了对民族精神宏大的一种叙事，而科幻电影则在完成人类对微观世界的探索。这是纪录片电影在承担的任务。我们会看到今天有很多纪录片以动画或虚拟的方式在解释着科学世界观，即世界在现代物理学理论下是如何诞生的，如何演化的，如何成为今天，又将如何毁灭。生命的方式也通过纪录片得以呈现。但这些在古典时代是不可想象的。

最后，它们还在完成对人性的重新塑造。当下，两性关系在发生深刻变化，婚姻观、情爱观都在发生变化，甚至关于人的观念也在发生深刻变化。比如，在人的大脑里植入芯片的想象，比如未来是一个被芯片统治的世界，等等。科幻电影就在探讨这种种可能。这是今天的严肃小说所不屑一顾的，但其实它们才真正应当被我们重视，因为它们在为我们提供活着的视角。它们在解决我们被现代性斩断的生死问题。这其实就是"大说"。

（四）《圣经》

通常大家在说《圣经》的时候，没有分《旧约》和《新约》。事实上《旧约》是犹太人的《圣经》，而《新约》和《旧约》是基督教徒共同的《圣经》。希伯来人也叫犹太人。我们说西方的文化传统是"两希"传统，就是在说希伯来文化和古希腊文化传统。希伯来人由亚伯拉罕领着从美索不达米亚平原到埃及，最后到耶路撒冷，建立以色列。当他们非常艰辛地走到埃及时，埃及王接纳了他们，但是因为他们发展迅速，所以埃及王就要杀掉他们的后代，在这个时候，出现了一个圣人叫摩西。摩西代表希伯来人和上帝重新进行了约定。因为在摩西跟上帝会面的这段时间，人们不再信仰上帝了，人们把手饰拿出来冶炼成金牛犊崇拜，于是摩西就做了一个非常重大的决定，开始清洗异教徒。在西奈山下的旷野里，摩西杀了3000多异教徒，统一了一神教。摩西在西奈山上与上帝重新约定，得到了一块碑，这块碑上面刻着摩西十诫：不能偷盗，不能杀戮，不能背叛妻子，不能给人做伪证，要孝敬父母，等等。孝敬父母是所有的宗教里头都有的，不能杀戮也是一样的。但是，为了使上帝变成一神教必须要杀戮，所以杀了3000多人。上帝的崇拜也是从这个时候开始扩大的。也许正是因为这样一个原因，伊斯兰教的圣人穆罕默德在创教的时候也就开始有了清除异教徒的想法，这些东西都是从《旧约》里面来的。《新约》和《古兰经》，它们都是从《旧约》那里汲取营养。所以对于《圣经》这部经典，当我真正认识它时，就不会盲目崇拜，也会反过头来认识中国人的经典。

（五）《论语》

中国的《论语》是一本"大"说之作，说的是中国人的伦理问题。这是老生常谈，就不再说它了。我要说的是，从文体上来说，它是散文的典范，它的很多对话都是当时文言里最好的句子、经典语，如"有朋自远方来，不亦乐乎"，"学而不思则罔，思而不学则殆"，"君子周而不比，小人比而不周"，"人而无信，不知其可也"，等等。

同时，我认为它是小说的最远古的雏形，对话体微小说比比皆是。举个例子，孔子见南子的场景在《论语·雍也》里是这样："子见南子，子路不悦，夫子矢之曰：'予所否者，天厌之！天厌之！'"我们现在好多人是这样来翻译，说孔子去见南子，子路为此不悦，孔子指着天发誓说："我做的若有不合理、不合道的，天会厌弃我。"南子干政，在卫国有重要的地位。所以孔子见卫灵公，卫灵公说："你见见南子吧。这是南子要求的。"孔子没办法，就去见。在《孔子世家》中，司马迁这样写道："孔子入门，北面稽首。夫人自帷中再拜，环佩玉声璆然。"孔子见南子的时候中间隔着一个竹帘子，孔子能听见竹帘那边首饰响动的声音，两人隔得很远。这是第一种写法。但是我们看到电影《孔子》中没有竹帘，南子在向孔子调情，这是第二写法。对于这一节南怀瑾这样来解释：哪有老师在学生面前指天发誓的，没有。他说应该是这样：南子干政，在当时是不合礼规的，所以孔子不赞成这样的人，就说，我所否定厌弃的人，上天也会厌弃他。这是第三种写法。

鲁迅先生的作品里面记载了一段公案。这段公案是林语堂根据有关孔丘见卫灵公夫人南子的历史改编的一个话剧。结果被孔子的后人告到教育部了。于是教育部和山东的教育厅发文批判林语堂，最后鲁迅先生也介入了这个事情，并把这个事记载下来，这也是一种写法。

所以我们可以看到这个事情本身是可以作为小说来写，作为电影去演的。它是小说的雏形。这些雏形的特点是载道，即它们都要说明一个伦理，或是道德问题。

（六）《道德经》与《庄子》

老子这个人非常有意思，他主张无为而治，什么都不要做，但是他却写了《道德经》这么一本书。《史记》里讲他是被迫做的这个事情，这是一种解释。但在《太平广记》等道教的经里，老子是从上天下来传道的，从情理上来讲是必须留给人间一些经文的，所以这经便是自愿写的，并非被迫的。这是矛盾之处。我们很难解决这个问题，因为这是从不同的视角来讲的。

既然是无为而治，但仍然是要治的，怎么治？它的知识从哪里来？它的思想又从哪里来？至今是一个谜。但那些文字，既是文学又是哲学。它是文言时期最美的文本。

庄子是中国最伟大的散文写作者、道的展示者。庄子有很多思想是非常有意思的，古今中外没有人能比得上他。比如，"庖丁解牛"讲了这么一个故事：庖丁是个厨师，他杀牛不用非常锋利的刀，就能把牛很快地杀掉，原因是什么呢？他顺着纹理很快把牛杀了，而且刀刃没有卷。一般的人是怎么做的呢？拿个大斧头剁，刀刃就卷了，不好。实际上他讲的是治世、治人心。这样的故事也只有庄子能写出来，且具有真理性。

还有一个故事家喻户晓。庄子老婆死了，他的好朋友惠施去看他，发现庄子在院子里面坐着，敲着盆子唱着歌，高兴得不得了。他的好朋友惠施很生气，说天底下哪有你这样的人？庄子一听，便解释他为何如此的道理。他说，人最早是没有形体的，从道中来有了形体，然后跟你结为夫妻，然后，生命悄悄逝去，生的条件消失了，所以她就又回到道中去了。从道中来再回到道中去，这不是值得高兴的事吗？其实，庄子在解释"我从哪里来"，"我到哪里去"的问题。"我是谁"，我是一个人，是道在运行过程中的一个过程而已。他回答了东西方哲学最关注的三个问题。这就是生命的通达，庄子认为这就是得道了。所以经典能告诉我们怎样解决人生中的难题。

(七)《易经》

孔子五十岁才重视《周易》，为什么在这个时候？因为在此之前他大概不相信。此外还有一个原因，《易经》当时是国家所有，民间是不能有的。但是在五十岁那一年孔子见到了老子，老子是一个图书馆的馆长，管理着《易经》。所以我估计老子给他讲了《易经》的事情，孔子就觉得见了老子就像见到了真龙，因为老子给他讲了人的另外一面。《孔子世家》里是这么描述的，老子说："吾闻富贵者送人以财，仁人者送人以言。吾不能富贵，窃仁人之号，送子以言，曰：'聪明深察而近于死者，好议人者也。博辩广大危其身者，发人之恶者也。为人子者毋以有己，为人臣者毋以有己。'"意思是你对这世界太苛责了，当你批评别人太过的时候，其实灾难也就降临到你的头上了。最好是不要把"我""自己"太当回事，要从道的角度来看待这一切，那么，一切就 OK 了。他的意思其实是说，事物在发生时，不只是一个方面，而是两个方面，甚至多个方面。所以，一定要看清这一点。这就是《易经》的思想。

"易"指的是变化，所有的事情都在变化之中，没有不变的，万事万法都在变，这跟佛陀《金刚经》上说的一模一样。一阴一阳之谓道，万事万物在发生的时候，不只是好的一面，一定是带着某种危险在里面，只不过看它大小与否。所以六十四卦最好的卦中隐藏着危险，最不好的卦中也有可以转危为安的机遇。没有绝对的善，也没有绝对的恶。这种观念与西方的一神教观念是不一样的。

六十四卦里第一卦是乾卦，乾卦是什么呢？全是阳。有一句话叫盛极必衰。所有的事情做到头了就会向相反的方向转化。《东周列国志》里面的历史故事都在表达这个观点。所有的事情都是否极泰来，或者盛极必衰，什么都在变。表面上看，国王被斩草除根了，一方得势了，不久之后会发现受到压迫的人就会起来反抗，把得势的那一方再杀掉。负的东西变成正的，正的到了尽头又变成负的，所有的事物都在这样变。从佛教的思想来看，涅槃是人的生命到终点的时候，但也恰恰是它新生的时候，是另一种生命形态的起点。一天有二十四小时，有白天，有黑夜，不能一直是白天，也不能一直是黑夜，否则生命就无法延续了，因为新陈代谢被阻止了。世界上所有的事物都是如此。这是中国人的哲学观念，应当说是最科学的。西方哲学观念不一样，它追求绝对理念。那么，有没有一个绝对理念呢？

我一直没弄明白古希腊哲学中是否诞生了绝对理念，至少在苏格拉底时是没有的。他一直在反问别人，与我们的庄子一样。但从柏拉图讨论灵魂、善与爱，从亚里士多德讨论知识开始，就追求确定的理念、知识。真正有绝对精神应当是从基督教信仰开始的。信仰追求绝对，具有排他性，所以上帝是绝对的真理。这一点到了康德的时候就非常清楚了。

事实上，一神教就是专制主义的化身，这在欧洲中世纪暴露无遗。但奇怪的是，我们中国的学者总以为专制主义只在中国有，在西方没有，以为西方一直是民主的道路。甚至他们认为基督教也是民主，而非专制。其实问题非常复杂。从歌德的《浮士德》到雨果的《巴黎圣母院》，再到罗曼·罗兰的《约翰·克利斯朵夫》、陀思妥耶夫斯基的《卡拉马佐夫兄弟》、托尔斯泰的《战争与和平》、托马斯·曼的《魔山》等小说，都有一个脉络在里面，即对上帝的怀疑与对话，再到认可其精神，回到其身边。它说明宗教的专制主义一直在盛行，同时，反专制的行动与思想也一直在进行。西欧的宗教改革运动是反抗的结果，达尔文、马克思的思想是反抗的结果。所以，用我们中国的《易经》思想去解读西方文化的脉络，可能更清楚一些。它追求的绝对其实是片刻的静止，而非永恒的真理。从新文化运动以来，我们在思想上对西方文化从来都是采取接受的态度，很少有反省的态度，更缺乏反抗者的有力之声。我们的反抗往往停留在国家意识形态方面，那是政治的，而非文化的。文化的反抗应当在知识分子那里，甚至在民间。但是，这种反省少之又少，更缺乏用中国传统的理论去解释西方文化的行动。

回头再来谈中国的《易经》。大家想过没有，孔子为什么把《易经》，准确地说是《周易》，确定为六经之道？这是解开孔子思想的一把钥匙，可惜千百年来人们总是拿《论语》刻舟求剑、画地为牢解释着孔子，孔子怎能不亡？中国学术怎能不死？今天重新来谈孔子，就要重新解释孔子。这就首先要解释《周易》，而非《论语》。

孔子在解读《易经》的时候，他一直在讲几个关键词：君子、正道、贞德等。其他的先不说了，他为什么要追求正道？这是后世没有解决的问题，尤其是新文化运动之后这个问题少有人问津了。《易经》原来是追究趋利避害的，是人们追求成功、化解危险的一种方法，往神圣一些说，是向神问命运的一种学说。到孔子的时候，他认为，神应当也是追求仁爱道德的，也应当是赞赏礼教的，所以，他在阴阳五行的命运流转中想为人间确立一种不变的命运与道德，即君子之道和中庸之道。但这件事孔子最终未能完成，他只完成了一部分。到底多少，仁者见仁，智者见智。这恰恰也符合《易经》的思想。

所以，我以为研究《周易》是打开孔子思想的大门。然后才是《诗》《书》《礼》《乐》和《论语》。

结　　语

这就是我今天讲的一些经典，古希腊哲学我会在后面讲，佛教经典也会在以后讲，但现在所讲的这些经典都在告诉我们一点：文以载道的原典传统。"载"的这个"道"不是我们一般意义上讲的国家或者某一个统治阶级的意志，而是不论国家元首还是一般老百姓都要遵守的大道。道不是政治，又是最根本的政治，是人类必须信仰的真理。今天要解决的问题对于我们学影视专业的学生来讲，就是如何用道来审视当今的电影艺术。当电影成为艺术主流之后，电影就必须自觉承担起道所赋予它的使命。

自由与法：原典创世法则之二

——在西北师范大学传媒学院"重返经典"电视大讲堂上的演讲（2015年9月7日）

回归经典，从抄写开始

"大学之道，在明明德，在亲民，在止于至善。知止而后有定，定而后能静，静而后能安，安而后能虑，虑而后能得。物有本末，事有终始，知所先后，则近道矣。"

为什么给大家说这几句话呢？这就是我们重返经典的意义。要了解大学之大是什么，梅贻琦先生说大学之大不是在于有大楼，而是在于有大师。大师是什么样的人？就是拥有大学问的人。拥有大学问的人是什么样呢？知道宇宙的规律，知道人生的真谛。知道人生的真谛那就是大师，知道宇宙的规律也是大师，像爱因斯坦等等这样一些大师。那么人生的真谛就是孔子、老子、释迦牟尼、耶稣、苏格拉底等等这样一些圣人，所以这才叫大师。这个时代没有大师，因为没有人掌握那些经典。

最近我提倡大家抄写经典，从我的研究生开始，从我本科班的学生开始，大家都在抄。抄的结果呢，大家都有所得，第一个所得就是心静下来了。第二个所得，那就是终于知道什么叫学问。第三，终于知道怎样做人。所以我现在开始想倡导我们所有的研究生和本科生，每天抄半个小时的经典，无论什么经典，古今中外都可以，没有什么禁忌。当然我是希望我们能把中国古典的经典多抄一些，为什么呢？

因为我们现在对西方的了解远胜于中国。我们是中国人，可是我们对西方了如指掌，对我们中国经典的了解却非常的稀缺。比如说我们知道苏格拉底说了什么，知道柏拉图说了什么话，看过西方的那么多的作品，但是我们谁看过中国的几部古典作品呢？其中有一个原因，很多人觉得很难看懂文言文，而西方的作品翻译过来都是我们可以看得懂的，所以这是我们传播学要解决的问题，我们就要解决怎样去传播经典，如果说我们不去解决这个问题，不给搞文学的、搞哲学的、搞历史的找到一个路径的话，可能我们就又失职了。那么我们在这样一个媒体时代，在这样一个信息时代，在这样一个多媒体控制我们的时代，在这样一个碎片化的时代，我们如何解放自己？如何安顿我们的灵魂？我以为，这就是经典这个法门。它会让我们重新回到我们自身，重新回到安宁，重新回到崇高与自由。

所以，今天，我想跟大家谈谈原典创世的法则之二——自由与法。

2008年的时候，我写过一篇文章，从西方开始，写到东方，写的就是那个轴心时代、经典时代、经典原创时代人们对自由的联想、对自由的认识、对自由的创立。我写了一句话，我说从文字到嘴唇的距离需要七年时间，就是说从写了这篇文章到今天演讲过了七年的时间。那么七年以来我也确实思考了很多问题，但是有些东西是不变的，经典的东西确实难以改变。太阳底下没有新鲜事，太阳底下也没有什么新的道理可讲，只不过我们没有达到那个原点，没有达到那个终点而已。

关于自由的关系书写

我们会发现，从古代到今天，我们始终在这样几个关系中间突围。

第一，个体与群体。孔子教的就是我们如何在群体中生活。再比如说犹太人。上帝和犹太人之间是上帝和一个民族的关系，后来就变成个体和这个民族的关系。又比如说家庭这个概念。中国人是重家庭的，现在孝道消失，所有的伦理被推倒，中国就没有了伦理。我们过去以为，我们中国人批判孝道，就是因为西方人不看重孝道，想当然地以为，西方的经典里面肯定对孝是批判的。后来我发现，《旧约》"摩西十诫"里面其中有一诫，那就是一定要孝敬父母。佛教故事中菩萨大都是因为要拯救自己的母亲或者父亲而舍弃生命成为菩萨的，佛教对孝是非常看重的。孔子说孝能够通神。为什么说孝能通神呢？大家可能不太理解，因为我们今天不太相信有鬼神，而古人相信，说至孝可以通神，你如果至孝，你的行为达到了非常孝顺的地步的时候，神都知道了，神都会保佑你。也就是说，孝在我们所有的道德里面是最大的，但是今天不是这样。所以我今天如果再讲现代文学史的话，那我就要批判鲁迅了。鲁迅从孔子开始，那我就从鲁迅开始重新思考这些问题。如果再让我跟青年人讲读什么书，那我就要跟鲁迅唱反调了，我认为今天我们应该多读一些中国人的书。鲁迅说，在那个时候为了破除旧的文化我们必须那样去做，所以鼓励青年人读外国的书，甚至不看中国人的书。这在那个时候是对的，但是，也是从那个时候起中国的青年对中国的经典就少于理解了，直到今天，我们很少系统地去学习它。

在座的各位从小学到大学，都学过中国文学，这里面都有中国传统的东西，不能说我们没有学习，但是在这里头剔除了很多东西，剔除了很多很多让我们足以去对经典可信的东西，所以我们要重新来思考我们的教育，要来重新思考对我们整个人类，至少对我们中国的文化有影响的人的话，在中国至少鲁迅是一个值得反思的对象。因为我们知道，现代以来，如果有一个思想家的话，那就是鲁迅，不是别人。李泽厚等等这样一些思想大家，他们的出发点也是从鲁迅开始的。因为鲁迅是推倒中国古典文化的第一人，也是毛泽东时代在整个现代文学、文化领域推崇的第一人。最近几年，鲁迅开始退出中国教育的大舞台，成为一个普通的作家。但是这样做就对吗？我认为仍然是不对的，不能因为我们对鲁迅重新开始反思，就把鲁迅的所有东西都剔除了，恰恰不能这样。当然去鲁迅化可能并不是我说的这个原因，而是其他一些媚俗的东西。

所以我给我的老师陈思和先生打了个电话，说希望您到西北师大来，在中国西北角重新讲鲁迅。重新讲鲁迅要干什么呢？重新开始思考中国知识分子的出路问题。他是爱讲鲁迅的人，讲周作人，讲巴金。为什么要请他来？就是请他来谈一谈，从鲁迅开始，新的文化怎样走，鲁迅没有走完的道路我们怎么走下去。老子说过，反者，道之动。就说一种文化如果没有要将它反动的话，这个文化就不能往前推进，这是文化创生的一个机制。

第二，人与人的关系。关于人与人主要是现代以来的话题。因为现代以来国家体系崩溃，上帝和宗教思想坍塌，在大地之上树立了人的形象。所以从海德格尔以来，大家都说哲学主要考虑的主题就是人与自然的关系，人与国家和群体的关系也在谈，但不再是哲学思考的最大命题。这就回到了我们中国传统的道家的哲学里面。从海德格尔开始，为什么中国传统文化，尤其道家的东西开始引起西方人的思考，就是这个原因。但是人与人的关系呢，我们中国的思考远不如西方，所以我们现在为什么说现代文学的鼻祖是卡夫卡，现代思想的开始是海德格尔和尼采，从没有中国人。我们中国一百年来的思想几乎都是从尼采、海德格尔、卡夫卡、马克思开始，电影艺术也仍然是从他们开始。那么经历了一百多年以后，我们该怎么办？这是我们今天所有中国的知识分子必须思考的一个问题，也是处理我们中国文化命运的一个最重要的话题，这才是最真的问题。如果说在中国有什么真命题的话，这就是真命题，而其他我们所研究的那些话题都是一些小的命题，甚至是假命题。

第三，身体与精神的问题。关于身体与精神这个话题也是从现代以来产生的，人们没有神的思想之后，就剩下人的思想，当人开始主宰人，自己成为自己或别人的上帝的时候，人就只有两部分存在：一部分是精神，一部分是身体。但是古人不是这样的，古人怎么样区分这个——身体，一般称为物，或者叫肉，灵与肉的肉；另外一个对应的就是灵，灵魂。因为古代是有神学存在的，所以灵魂是存在的，灵魂不是我们今天所说的精神，灵魂是真实存在。举个例子，我们今天在座的各位如果在古人看来，尤其从佛教来看，那都是前一世在哪个地方修行过的，然后在此一世才坐到这里，可能我们过去都见过面。这是相信灵魂的说法才有这样的认识。如果真的相信这样的说法我们就会彼此珍惜了，因为此一世可能我们就是这样结束了。但是如果在这一世你和谁有什么恩怨的话，在下一世也就会接下去，这是佛教的观点。

我那天看到一则故事，说释迦牟尼有一天去讲法，拿着钵盂正在走，因为他要乞讨，乞讨的一般都是吃的，突然有一个女子抓了一把沙，给他放到钵盂里边，释迦牟尼仍然非常温和地微笑着接受了。这时候他的徒弟就问他，说："老师，这个女子很明显在侮辱你，为什么你会这样去对待她，仍旧笑着接受她的这样一种施舍？"他说："这个女子不得了，你如果现在不接受她的施舍，她将来会成为魔，现在如果接受了她的施舍就跟佛有缘了。在数百年，甚至上千年之后，在东方的震旦国她就会做国王。"那么这个女子后来就变成了谁呢？武则天。所以武则天后来就信佛了，而且在武则天的时代佛教在中国的传播是最广泛的时候。我们现在看敦煌莫高窟里面的记载，武则天时代就是重修的一个时代。我们暂且不去思考这个故事的真假，就只是说这个故事告诉我们佛教的思想，它就是这样的思想，这是神学时代的思想。可是今天我们不相信，今天是人学时代、科学时代，今天我们怎么去看呢？今天我们都是从人的角度来谈，从我们人的感觉出发来谈问题。我们没有了灵魂只剩下了精神，这就是我们跟古代的区别之一。

　　第四，知识与人的关系。身体与精神的关系，古代、现代都有，只是不同而已。但是知识与人的关系是当代的主题，是我们今天诞生的一个新的关系。这个关系实际上早在释迦牟尼的时代就有过一些思考，比如说释迦牟尼认为知识发生了混乱，所以他要重新倡导人们来认识这个世界。他发明了一个方法，怎么来认识世界、认识真理呢？就是禅定。大家知道什么是禅定吗？禅坐者，禅坐下来入定，简单地说就是这样。禅定以后会认识什么呢？你会看到你轮回的世界是什么样子的，当然这个是要得道之后的禅定。我没有接触过这样的高僧，但是从古代的典籍里面可以看到有些高僧如果进入禅定以后，你坐在他对面，他就能知道你的前生后世。真是这样的话，释迦牟尼发明了一种通往过去和古代的道路，他把我们生与死的大门打开了。所以我们今天的人存在一个什么问题呢？那就是我们只知道生，我们没有办法去面对死亡，因为死的时候我们不知道进入哪样一个世界，而且我们所接触的世界、接触的知识在人死之后什么都没有了。这些问题是我在大学时非常痛苦的时候思考的问题，我想今天你们仍然在思考，这个问题一旦解决了，人生就通了，如果没解决，人生就不通。我们现在的问题不光是中国人的问题，整个人类面对的重大问题就是怎样去面对死亡，从这个意义上来说死亡它是自由，也是艺术要表现的另外一个主题。我们人类始终都有追求永恒的一种愿望，为什么会有金字塔？就是因为法老想再生。为什么会有墓葬？就是因为希望有一天能够重生，或者说希望我们的灵魂能够转世。

　　我们会看到黄河边上不但有清真寺，同样也有白塔，有佛教，甚至我们在西关也能看到教堂。在我们兰州，人类的四大宗教（佛、道、基督、伊斯兰）都在那个地方矗立着，还有书院里的儒教，但我们多数人都会漠视，很少有人真正进入那些殿堂，这是今天的时代。我们的知识发生了变化，我们的世界观发生了变化。第四种关系在今天的诞生就是这样子的，所有的一切都发生变化。在 20 世纪 80 年代又面临了一个知识爆炸的时代，最重要的是在 2000 年左右网络改变了世界，知识变成了信息。事实上，这些事情早在波兹曼写《娱乐致死》的那个时代就开始了，知识与人的关系变得格外紧张、复杂。神圣的知识在一点点死亡，而欲望化的知识在很快地扩张。

复制时代，言说的困难

言说不光是我们语言的言说、文字语言的言说，同样也是电影、电视的言说。今天我们为什么认为电视就是大众的，不能称为精英的，认为电视和电影没有希望，原因在于什么呢？因为我们放弃了很多东西，我们天然地放弃了很多东西。我们必须重新认识为什么会造成这样一种放弃，它就是因为言说的困难。

言说的困难有这样一些：

第一，知识解构了人。后现代主义被称为解构主义。福柯这个人非常有意思，写了一本书叫《词与物》。他研究的问题是疯狂与文明的关系、精神病的关系等一系列问题，他创造了很多词汇，改变了我们整个人类的思想方向。特别是他提出一个问题，就是知识解构了人。

我们知道尼采发出了振聋发聩的声音——上帝死了，神死了。然后到福柯的时候人也死了，这就是福柯所说的话，他说是知识解构了人。他在这本书里面考察了三种文化，人类学、考古学、精神分析学，这三种文化恰恰是今天最重要的学术。福柯认为这些知识是危害人类的知识，为什么这样说呢？因为知识太多，最后把人给解构了，就是说知识堆砌起来的人，是一个理性的、知识的人，而不是一个感性的人。大体可以这样来说。从弗洛伊德的角度来讲，这是精神分析学，弗洛伊德是泛性论者，认为一系列性的观念建立起一个人，好像没有性，人就不存在似的。他所讲的这个性跟我们中国人讲的性是不一样的，跟佛教里面的性空也不一样，他讲的是力比多。自从弗洛伊德创立了精神分析学以后，人就变成了这样一种存在——物的存在。所以弗洛伊德在晚年就创立了"超我"的观念，必须要超越它，有"本我"还不行，必须要"超我"。

第二，娱乐解构了人。提出这个看法的是美国学者波兹曼。我们对今天娱乐的认识，没有波兹曼那个时候深刻。我们今天是被娱乐裹胁着，因为我们今天的娱乐太多了，他那个时候可能刚刚开始娱乐，现在我们无时不在娱乐。比如说我现在在讲的时候，有的同学拿着手机可能在娱乐，因手机它变成我们的习惯，我们很难去抑制它。这几天的微信里面突然发了一个帖子，这个标题党说：李泽厚说刘小枫握的不是上帝的手，是猿猴的手。意思就是刘小枫不是真的信上帝，而仍然是一个唯物主义者，他相信人是从猿猴变来的。这个说法李泽厚到底怎么看另当别论，但是让所有人都认为李泽厚在嘲弄刘小枫。所以我发了个微信，我说文人相轻自古以来如此，庄子嘲笑孔子，但是孔子没有嘲笑过庄子，因为孔子年龄大，庄子比孔子至少晚一百多年到两百年。从庄子开启了嘲笑文人、文人相轻的这样一个先河之后，在中国历史上不断有道家嘲笑儒家的东西，包括在《红楼梦》里面大家可以看到。我说可爱，非常可爱。我一个朋友就立刻发了一个微信，他说可爱才是通往真理的必经之路，可敬只能是做一个假人。我是今天早上才看到的，于是我就给他回了一个微信，我说可爱只是人的一面，在历史上只有庄子和杨朱，其他的圣人无不是可敬之人，但同时也是可爱之人。释迦牟尼、耶稣、苏格拉底、孔子、老子，没有一个不是可敬之人，从可爱到可敬有一个质的区别，那就是生命的实践活动。

一个人怎样才能称得上伟大呢？只有他甘于舍弃自我，成就他人，才能称得上伟大。庄子是一个养生的人，他就不会去舍身（当然，我们也可以从冯友兰的天地境界说来说明庄子的伟大，但到天地境界时还在乎死亡吗？）。但是我们知道，苏格拉底愿意死亡，他愿意接受死亡。耶稣是愿意把自己的鲜血拿出来，为人类清洗罪孽的人，被定在十字架上为人类赎罪的人。孔子是一个什么样的人？一事无成，是一个失败之人，但是他用自己一生的实践告诉人们，这些东西是值得的。释迦牟尼更是如此，他在二十八岁的时候把自己的王位舍弃，开始悟道，然后开始传道，走遍世界，他所用的方式是世上人类最低微的方式。所以我那天开玩笑说，如果说真要找丐帮帮主，那就是释迦牟尼了，大家想想是不是这个道理，哪还有什么洪七公、黄蓉的事，丐帮帮主就是释迦牟尼。他为什么要用世界上最低微的方式，就是他要让人们施舍，让人们跟佛有缘。给大家举个例子，净空法师，当他悟道以后，他觉得失去生命之后才能够真正悟道，那一刻他才知道佛教的舍得是什么，释迦牟尼就是这样。那么我们回过头来讲，我们今天娱乐化导致了什么结果呢？我们心中没有尊严，心中没有对天地的敬畏，所有的一切都可以用"呵呵"两个字来把它覆盖掉。这个世界如此下去非常可怕。

"标题党"虽然传播起来确实很迅速，但是它传播的效果、结果变成了娱乐，它变成了解构性的传播。所以我经常说一个问题，传播学没有价值观是今天传播学最大的问题。我看过一篇文章说传播学终结了，就是传播学在今天已经无路可走了。这个原因是什么呢？哲学的终结造成的。后来有人跟我辩论，说传播学就只是研究传播的方法，不研究传播的道，我说那就不能成为传播学，只能成为一个方法论，它就不能成为一个"学说"。在人类最早的时候没有传播学，但是传播活动始终是存在的。如果说今天让我来评价中国历史上第一个传播者是谁呢？我认为就是孔子，他首先是一个编辑，他编书做传播。其次，他是个教育者，人类那个时候最大的传播活动就是教育。最后，他用自己的实践来传播。他游历列国，四处传播他的思想，到处教化那里的知识分子。这三种传播就是人类早期的传播方式，如果说还有传播方式，那就是国家行为、国家的行政手段。还有一个传播手段就是战争，战争是一种无意识的传播，但是也是人类最大的传播。人类历史上的四大战役使东西方开始沟通，第一大战役是亚历山大的希腊化运动，他一直打到了印度，他所到之处都建立起希腊的城堡，他推行了希腊的民主。所以今天我们看到的佛教的很多建筑为什么看起来跟希腊的东西相似呢？就是因为它先在印度这些地方建起来，然后又从印度这些地方传到了中国，我们叫犍陀罗风格。第二大战役是成吉思汗带来的，成吉思汗把中国的东西带到了世界，把中国的四大发明等一系列东西传播到世界，最后导致的是世界地理大发现，导致资产阶级革命、新世界的诞生。再就是第一次世界大战和第二次世界大战，这是整个世界范围内的战争，世界开始融合，今天意义上的全球化开始形成。战争的传播我们今天不知道有没有人研究，但是它确实是非常大的传播。因此我们的娱乐传播要警惕，它平面化地把我们人的东西遮蔽了。

第三，理性束缚了人。这是马尔库塞等法兰克福学派提出的一个观点，说现代人类就是坐在一列无人驾驶的火车之上，这个火车到底什么时候停止谁也不知道，但是人们都被绑在这个列车之上。所以大家可以看到一部电影叫《雪国列车》。这是韩国的电影，反映的就是法兰克福学派马尔库塞他们的这个观点。《雪国列车》说人类最后就被一列列车载向无人知晓的地方，列车的最前面有一个设计师在掌控这个列车，列车上有一个人类的拯救者。如何去拯救人类呢？他必须杀死这个设计者，让列车停下来。这部电影也被称为韩国电影可以与美国、欧洲电影相抗衡的一个典范。韩国电影自从出现《辩护者》和《雪国列车》等几部电影以后，就被认为超越了亚洲电影，可以与欧美电影平起平坐了，这是亚洲电影崛起的非常显耀的符号。

第四，信息复制了人。这是我对今天这个时代的理解。这个时代还没有那么多人去反思它，我们也没有看到振聋发聩的反思作品。很多人都有同感，今天信息太发达了，它完全可以来复制我们，或者说我们被别人复制。信息在网络上，尤其是新媒体时代总是会产生一种马太效应或者叫蝴蝶效应一样。我们过去可能跟欧美世界很少发生联系，但是现在就不一样了。在法国有一个漫画刊物上刊登了关于恶搞穆罕默德的一些画，后来刊物主编等十二人被恐怖分子杀害了。于是，在巴黎、伦敦等地组织了全球性游行，我认为这叫信息暴动，全球参与人数达到 700 万人，中国也有人参与。在法国发生的这样一个事件，居然最后引发了全球性的运动，这个事情虽然是不同的信仰、不同的文化造成的冲突，但是它告诉我们一个道理：这个杂志过分地娱乐了别人的信仰，自由也是有边界的。它让人们思考所谓的东西方文化中存在的一系列问题，但是我们要知道，信息也正在束缚着人类。

三十年前，我们基本上像迎接上帝的福音那样等待信息社会的来临。那时，我们渴望与人交往。我记得那时候我们常常会给陌生人写信，期望远方有回信。现在，网络信息时代这些都不需要了。在 QQ 上、微博上、微信上以及其他各种交流媒体上，你会接触到无数不认识的人，你也可以与过去无法交流的名人们试着交流，他们也可能会回复你。但是，微信的产生使人们开始对这些交流产生反感。手机使人机合一，使信息随时与人相伴，于是，古老的面对面交流方式突然间被冷落，亲人间变得陌生，这给人们带来了不适。人变成了信息本身，而信息可通过互联网迅速复制传播，在这样一个复制传播的过程中，其实，人被信息规训了，被格式化了。个性化的语言、地方方言等有特点的语言都被流行语所冲击、粉碎，直到消灭。电影《终结者 5·创世纪》讲的就是在互联网时代人被信息控制的故事。所有的人都将变成统一格式化的机器人，人原有的一切不同的东西都将被消灭，那么，人类也就被终结了，拯救的道路只有一条，那就是摧毁网络发布的终端服务器。从某种意义上说，就是摧毁现在的网络服务器。

从更终极的意义来说，网络服务器指的就是科学。当科学被魔鬼占有，人类和宇宙便面临被毁灭的可能，那么，我们是否要摧毁科学。科学在这里又代表什么？当然是理性。

一个半世纪前，黑格尔之后的哲学家都对他的理性思维进行反思，发现理性对人类已经产生了严重的副作用，所以，马克思、克尔凯郭尔、尼采等都对理性精神进行了反动。马克思是想从理性思维中解放人的感性，克尔凯郭尔是想从黑格尔的历史理性中解放个体的感性的人，而尼采是从阿波罗神为象征的理性思维中解放人的非理性，所以尽情地赞美酒神精神。此后，还有很多西方的哲学家在这个基础上反对理性。但是，科学这个最大的理性却牢牢地束缚着人类。人类反对神学，树立起来的便是科学，现在，如果反对科学，难道又要回到神学的老路上去吗？似乎也不可能，因为现代学术的根基就是科学思维。然而，我们悲哀地看到，这种思维正在束缚着人类的精神。

表现之一是容易用社会学的统计学方法来规范我们自己的行为，数字开始统治我们的生活。比如说我接受过一个采访，北京师范大学的学生们组织了一个关于大学生性行为调查的研究，在网上发布，全国轰动，说"90后"怎么怎么样，问我的观点。我说这是一场非常非常失败的调查，失败之处就在于：它非常重视身体，没有重视人的精神，忽视了爱的存在，可以说是本末倒置。但是它告诉我们很多数字，比如说"90后"可能有50％或80％的男生愿意发生"一夜情"，女生的比例则少一些。那么这样一些数字会导致什么结果呢？我告诉他，我说这些数字会推动中国人对自身行为的反思，你的这个数字会推动"90后"迅速向"一夜情"靠拢，为什么这样说呢？是有例子可讲的。1959 年前后，在美国搞了一场声势浩大的调查，叫金西调查，也叫金赛调查。美国原来是个非常保守的国家，结果金赛搞了一个调查，他发现 50％到 60％以上的人居然在结婚以后还跟其他异性发生过性行为，全部美国人的伦理道德在一夜之间坍塌，家庭之中没有人信任对方，因为这么大的数字呀，你是不是在这 50％到 60％中间呢？还有一个调查，60％到 70％的人有同性性行为，那就是说 60％到 70％的人都有同性恋倾向，所以美国社会从这一刻就开始发生了混乱。于是在 1960 年前后，美国掀起了性革命，迅速蔓延到欧洲，到 20 世纪 80 年代就开始蔓延到日本，90 年代登陆中国。为什么说 80 年代到日本？大家可以看村上春树的《挪威的森林》等这样一些作品，它就是非常显著的标志。所以，这样一些社会学的调查，它不是解决人的灵魂问题，也不是解决单个人的问题，它是在以所谓的一场数字化运动推动社会的开放，但是这个开放我们到底要不要？这是我们要思考的一个非常重要的问题，这就是说理性、性行为，这些东西开始复制人们的思想，并开始改变人们的行为。

表现之二是将人作为实验品、作为机器来思考。心理学是 20 世纪发展最快的学术，因为它以科学的面目继承了人类在巫术时代的种种功能，同时，也自创着一套人生观。首先，它把人送进实验室，把心灵等同于大脑，把情感等同于神经末梢，因为是从末端来研究人的本质。它多少有些本末倒置。其次，它自创了一套平庸的人就是幸福的、安全的、自适的人生观，而将另一部分人判断为精神或心理有问题的人。它或多或少取代了法官的判断。它不再讨论自由的问题，不再面对精神世界的不可知领域。它终结了人的感性的、灵性的甚至无法判断的那一部分存在，从而终结了人之意义上的人。至少，心理学给非心理学者们的感受是如此。福柯对精神分析学的批判也正在于此。

第五，技术控制了人。手机开始控制人们，人们没有办法离开手机，任何时候都被手机控制，要么娱乐，要么信息。很多人都知道我研究过婚姻、爱情、家庭，所以经常咨询我，说，哎呀，兆寿，我女儿三十多岁了，或者我儿子多大了，就是不谈恋爱，怎么办呀？我说，是呀，现在他（她）只需要两件东西就够了，一个是手机，智能化的手机，一个是养一只宠物。他说，哎呀，你说对了，真是，他（她）有宠物以后就不找对象了。我说他（她）不光要宠物还必须要有手机，大家想想为什么？王朔写过一篇文章，关于苹果，他说得非常有意思，他说第一次苹果是上帝给了谁吃呢？夏娃。夏娃就和亚当发生了性行为，然后诞生了人类，于是人类就被逐出了伊甸园，犯罪了，苹果是一个坏的事情。第二次伴随苹果而来的是牛顿，不知道从哪里来的一个苹果砸到了牛顿的头上，于是砸醒了人类智慧，牛顿开始改变世界，人类不要上帝了。他说第三次苹果出现的时候就被乔布斯咬了一口，所以现在我们看到的苹果是被咬了一口的苹果。这个苹果就是欲望，所有的欲望。我从他这里得到启示，我说如果我们真的是把乔布斯的苹果当作一个手机来思考，大家想一想，现在的苹果我们泛称为手机，它对人类预示着什么？技术开始统治人类。手机可以使我们达到无限，也可以使我们跟世界变得非常有趣，但是同样，它会挖空你，你突然间发现所有的东西尤其是童年的东西没有了。所以现在我们对手机是既怀有恐惧，又没有办法去舍弃，这就是技术。所以结论是，人从未有今天这样的自由，因为我们今天如此自由，不被上帝管，也不被人管，可以不要任务规训。我们几乎存在于一个道德为零的时代，没有道德了，多么自由。过去不行，我们会有很多的道德束缚，今天没有道德束缚，但是，我们也从未像今天这样艰难和不自由，因为我们发现我们身处荒原之上，这就是我们今天的生存状况。

所以雅斯贝尔斯写过一本书《今天人类的精神状况》，写得非常好。我认为人的主题需要重新去解释，既然我们来到了今天，我们需要解释，人到底是什么？我刚说了，李泽厚批评刘小枫的时候，他实际上批判了唯物论。他说刘小枫是握着猴子的手，把猴子认为是上帝的时候，实际上是整个嘲笑了基督教，嘲笑了很多，在这个时候思想界就会发生极大的震动。

文学和电影的使命

今天对人的思考，我们已经进入了微观世界。纪录片是个好东西，它会以各种方式来呈现我们今天的微观世界和宏观世界，我们肉眼看不到的东西都可以通过纪录片来呈现。比如说宇宙诞生是什么样子，我们可以模仿，138亿年前宇宙诞生，40亿到50亿年前地球诞生，然后先有了单细胞，再有了双细胞。先有卵生，然后有了胎生。今天我们克隆人，克隆各种生物，发现不行，不行是因为克隆的就是单细胞生成的。那么我们现在人类，如果说我们复制一个人，最多能活几年呢？最多能活6年时间。所以我们现在一直在想人到底是什么，能不能克隆，如果能够克隆，我们可以无止尽地把自己克隆下去。先在我们年轻的时候存一个细胞，死的时候重新克隆一个自己，就不死了，再到死的时候再克隆一个自己，根本就达不到，做不到。上帝不会让你这样做，最多能活6年时间。后来我们想到，那怎么办呢？现在可以移植器官，好了，我们有了3D打印机，可以打印心脏，可以打印大脑，打印一切。俄罗斯有一个例子，说有一个人的大脑坏死了，但他的身体很好，另外一个人是身体瘫痪，大脑很好，他们双方家庭谈过，最后认同，把那个人的大脑安装到这个人的身体上，这个事情正在研究，我们拭目以待。但是我们要想，最后这个人是谁呀，最后到底是谁，能不能活？所以它会带来一些我们思想上极度恐惧的东西。科学也疯了。

还有，我们说未来很可能会是什么样子的呢？大脑里头会装一个芯片，人类可以不需要学习了，这个观点已经深入人心。但是我们也会想，就像格式化一个硬盘一样。如果到那一天，强权诞生了，如果我做了国王，我就给所有的人安装一个系统，让所有的人都听我的命令。我要是喜欢谁就给他（她）安装一个爱我的软件；我要是不喜欢谁，也可以复制他（她），格式化他（她），重新让他（她）喜欢我。大家想一下，如果这样的话会怎么样？《终结者5·创世纪》不就讲的是这个吗？实际上人类的努力不是要变成这样，恰恰是要让我们每一个人变成个体，人类的未来是这样子的。无论孔子的大同世界，还是另外所有的理想国、乌托邦等等之类，都不是这样子的。各美其美，美美与共，这是我们追求的目标，所以我们现在感到非常的恐惧，就是人到底是什么，这些思维里都纠缠着一个问题，那就是到底人是什么。

第一，人从哪里来，要解决这个问题。为什么我经常谈科幻电影，就是因为科幻电影我觉得拍得有些不好，但是它是在回答人类的这个问题，从哪里来？又到哪里去？其他的电影不过就是娱乐，而这些电影承担了使命，但是恰恰我们从来没有把这些电影当作好电影去看，所以我是呼唤我们中国拥有好的科幻电影。我觉得今天文学和电影的使命就是：首先，必须要呈现和解释人到底是什么。其次，记录人的存在现状，我们现在到底是一个什么样的生存状况。我现在特别渴望有这么一部纪录片，那就是从一个手机出发，我们来记录今天年轻人在手机上到底做了什么，最后变成了一个什么样的人。纪录片一定要有思想，没有思想的纪录片没什么价值。纪录片也是为了表达，纪录片和电影的真实不是镜头的真实，而是思想的真实。传播人活下去的理由，从一系列的关系中解放人，让人自由，最后重新修造诺亚方舟。

　　为什么这样说呢？我认为今天我们信息时代恰恰就是一个洪流时代，大洪水时代。因为我们没有信仰，所以我们必须要重新修造诺亚方舟，把我们重新载到一个纯净的、有信仰的地方去生活。所以，需要书写新的寓言和神话。今天我们存在的现状就跟罗马时代一样，乱象丛生，然后所有的人都是以欲望为主，纵欲主义泛滥，结果诞生了什么？耶稣。耶稣就是来拯救世界的。孔子的时代是个礼崩乐坏的时代，孔子出现了。今天我们也是个礼崩乐坏的时候，所以越是乱世，越是到了我们活不下去的时候，这个时候就一定会有圣人出现，当然这个圣人也可能不是你我，但也可能就是你我，谁能知道呢。

　　今天文学和影视最大的问题是：回避人存在的真正的问题。因为要娱乐，所以我们的电影就不可能出现那么多让我们反思的东西，因为那些电影不能存在，我想这是我们今天经济至上的原因所导致的。我们已没有怀着一生只拍一部电影的这样一种愿望的电影人了，我们所有的电影人都怀揣着一个什么梦想呢？要成为百万富翁的梦想。如果电影人像作家一样，像那些圣人一样，花一辈子时间拍一部电影就足够了，而这一部电影就是反映了他所思考的最深刻的问题，电影就有救了，电影的经典就会出现。可是我们今天所有的电影都是什么呢？我要拍一部电影赚钱，我要成名，我要成为明星，这个东西也未尝不可，但是如此下去就没有好电影了，所以我们电影界就没有像卡夫卡、海子这样的人。卡夫卡到他生命结束的时候也没有成名；也没有像海子这样，如果拍不了电影就会卧轨自杀的人，没有。更没有像曹雪芹这样只写了半部《红楼梦》，没有人拍半部电影就死去的，所有的电影人都太实了，太实际了，这就是今天电影存在的最大问题。

电视剧有大众的，也应该有精英的。如果这样一个分类有了，那么就会有人自愿拍好的电视剧。但是我们没有这样的信念，在我们的信念中电视剧已经死了，已经成为大众的了。在电影界我觉得这样一些批判的声音太少了。在文学界非常多，写不下去就可以开枪自杀，虽然非常残酷，但是它从另外一个角度说，这些人都是充满严肃的态度来进行创作的。

第二，对人的自由的漠视。中国现在大概有七代导演，甚至第八代导演都产生了，我们发现，每一个电影人产生的时候都会让我们或多或少地有些激动，但是很快我们就会把他们视若无存，什么原因呢？最近获奖的那个导演贾樟柯不错，我们总是觉得他有些东西，为什么说他不错？就是因为他在思考今天社会的存在，他有思想。但是我们还会看到韩寒和郭敬明这些"80后"电影导演一出现就是商业大片，就是娱乐，这也许跟我们今天电影的机制有关系，但是它让我们非常的失望。所以电影的发展需要非常非常漫长的道路。

第三，娱乐崇拜。（略）

第四，信息崇拜。（略）

第五，拜物教。今天我们中国最大的问题是拜物教。前面讲了这么多都是引子，为什么要讲这样一个主题呢，就是回眸我们人类的纯真岁月，寻找思想的源泉，重新发现人类出发的原点，探索自由抵达的边疆，这是我要讲自由与法的原因。

自由是谁

开始，人类在大地上行走，是自由的。但自由并不显现。自由是在人类不自由的时候才出现的，就像道德，是人类觉得它重要时才现身。所以，早期人们并不过多地谈论自由，自由也不是那时哲学的主题。然而，事实上，人类一开始就隐性地面对自由的主题，并且谈论其他主题时也不自觉地讲着自由。

加缪在《西西弗斯的神话》中写道：当西西弗斯意识到他每天的工作是在重复搬运石头时，悲剧便诞生了，其意义自显。当太阳升起时，他怀着无比的勇气和力量开始搬运石头，而当太阳落山时，他刚刚搬到山顶上的石头却又因重量顷刻间滚下山去。在史诗中，我们看不出他因此而伤悲、痛哭和颓废。不，他没有。他曾经因为说出阿索玻斯的女儿埃癸娜被朱庇特（宙斯）劫走这一真相而被罚入地狱，也因为要惩罚妻子的不忠而被冥王送回人间。

在人间，在大地之上，他看见和享受了美妙的自由。加缪这样写道："但当他又一次看到这大地的面貌，重新领略流水、阳光的抚爱，重新触摸那火热的石头、宽阔的大海的时候，他就再也不愿回到阴森的地狱中去了。冥王的诏令、气愤和警告都无济于事。他又在地球上生活了多年，面对起伏的山峦、奔腾的大海和大地的微笑他又生活了多年。诸神于是进行干涉。"

在这里，自由就是幸福本身，而这自由与大地、人间血肉相连。自由是大地的呼吸与灵魂。也因为曾经有过这样自由的体验和幸福的生活，当他再次被诸神罚入地狱时，他对那早已给他准备的巨石便产生了蔑视，他确信自己是一个正直的人，他对诸神的惩罚表示蔑视，他相信终有一天，他会重返自由，即使没有这一天，他也因为曾经的自由和幸福而蔑视诸神。

这个荒谬的英雄在对自由与幸福的憧憬中获得了胜利，也获得了生命的意义与价值，加缪赋予了他新的生命。而普罗米修斯是他的同志。他们都反抗同一个权威、专制，也同样被权威和专制加以悲惨的命运。但他们何曾后悔？他们都对人类和大地有着深沉的情感。宙斯和诸神希望人类永远听从于他们，像动物一样愚昧地敬畏他们，做他们的牺牲，以便他们为所欲为。普罗米修斯偏偏让人类有了智慧，认识了宙斯与诸神的本质，这使宙斯和诸神大为恼火，于是便合力制造了美女潘多拉，带着世上一切的不幸和唯一的希望去了人间，她把那所有的不幸释放了出来，而把那唯一的希望永远地关在了盒子里，使人类永远都毫无希望。普罗米修斯代表人类进行反抗，但其命运仍然与西西弗斯的一致，他被绑在高加索山的悬崖上，让秃鹰来啄食他的肝脏，他在荒凉的岁月里和像地狱一样的空间里大声呼救，山川不应，大地深默，没有谁来救他。即使如此，他仍然不肯屈服于命运，因为这命运是诸神的伎俩，他相信宙斯会在"新的婚姻"中覆灭，但就是不肯说出这将要覆灭的秘密。"无论谁，只要他学会承认定数的不可制服的威力，"他说，"就必须承受命中注定的痛苦。"

他胜利了。他终于由赫拉克勒斯救出，但是，半人半马的肯陶洛斯族的喀戎作为替身留在悬崖上。喀戎虽然可以要求永生，但为了解救普罗米修斯，他甘愿献出自己的生命，他成为最后的永远的英雄，喀戎从此失去了自由，而获得的是对自由的回忆。

他们的胜利是在与这个世界的最高权威的斗争中获得的，他们才是人类真正的英雄。到了俄狄浦斯的时候，这种反抗消失了。这多么不幸！然而这是人类的命运。俄狄浦斯的诞生本身就是诸神的一次游戏。阿波罗早已预言俄狄浦斯的父亲将生下一个杀死他自己的儿子，且这儿子将娶生母为妻，最后还要生下罪恶的子女。

当俄狄浦斯知道一切真相时，他内心的愤怒与痛苦是难以想象的，然而他并不屈从于这样的命运，或者说，他在这种对神的屈从中选择了反抗，他没有沉沦。古典和现代的所有宿命论者的不幸在于当他承认了宿命之后便选择无意识地生活，放弃了价值，放弃了作为人探索与追求自由的道路。俄狄浦斯不同，他依然选择了自我放逐。俄狄浦斯与西西弗斯、普罗米修斯的共同点在于，他们认定自己是正直的，并且认定自己的一切努力都将以自由为目的，但俄狄浦斯与西西弗斯、普罗米修斯的不同在于，他对新的伦理和人世间已经形成的美好道德是信仰的，他认为自己的所作所为与神的游戏无关，而是他自己的身世和所作所为的结果，他要与自己做斗争。

因此，俄狄浦斯也是伟大的英雄。他开始了与自我命运的较量，他刺瞎了双眼，自我放逐，他的幸福在于不仅有一位女儿做了他的眼睛，而且他通过这双眼睛看到了大地上美好的一切。现在，他像西西弗斯从地狱重回人间一样，他重新认识大地、山川、河流、太阳，重新倾听大地的喧哗与细语，重新呼吸新鲜、自由的空气，他用这样的勇气和直面命运的精神摆脱了神的惩罚，越过诸神而向命运的腹地走去。他在大地上流浪，在村落与城市间穿行，见到他的每一个人都不因他穿着破烂和双眼失明而歧视他，相反，几乎所有的人都被他身上具有的英雄气概所折服，认为他就是一个君王。他蔑视死亡，早早就等待着死亡。他崇尚正直、幸福，所以他的一切行为都庄严伟大，他就是这样用自我的放逐来获得自由。

普罗米修斯、西西弗斯、俄狄浦斯，这三位英雄，三位在困境中的英雄遇到了自由。没有困境他们就不会遇见自由，所以那些一直自由的人们是永远也不会遇到自由的，除非他拥有了强大的自省力，这也是一般人从未感觉到自由崇拜力的原因。古代希腊人，通过荷马和无数才华卓著的文人告诉我们一个真理，他们要说明的是：最初的时候，人要从神那里获得自由，所以发生了无数战争。人最终自由了，但是后来，人屈服于神，人的自由便要从解放自己开始。这就是三位英雄的道路。

诸神离我们越来越远，大地由我们自己来接管。诸神所制定的法则犹在，然而，与诸神对抗获得智慧与自由的精神永远地流淌在人类的血液里了。人们开始从天上收回目光，从大地开始认识。希腊人从荷马时代进入了诸子百家时代，也就是雅斯贝尔斯所说的轴心时代。

也就是说，当荷马在讲述诸神和英雄的故事时，就已经开始了自由的解读。

当人类处于蛮荒时代时，需要秩序，需要联盟，于是政治便开始了，制度开始了，伦理开始了，道德开始了，社会由此形成。在诸神时代，人类处于最低层，诸神便想完全统治人类，使人类听命于诸神。而诸神也是荒谬的。赫拉、雅典娜、维纳斯为了争夺谁是最美的神，竟将灾难带给特洛伊。诸神还没有基本的理性，但是，他们有最高的权威，由此而形成了家族式的政治制度，这就是以宙斯为代表的家族。普罗米修斯是代表生活在最底层的人类对这一权威和制度的一次反抗，而西西弗斯便是对整个以宙斯为代表的权威与制度的一次蔑视与反抗。正直的西西弗斯认为代表秩序的最高权威是荒谬的，所以他反抗。但俄狄浦斯的时代与他们有根本不同。在俄狄浦斯看来，神的荒谬已失去，代之兴起的是神的神圣性，这是人对自身命运开始觉悟的那一刻。普罗米修斯和西西弗斯生活在真正的古代，而俄狄浦斯就与我们生活在当代，他所面对的问题正是我们面对的问题。但俄狄浦斯接受了神圣的命运，我们不能。我们真的被命运抛弃了。

因此，俄狄浦斯的自由也就是在这种神圣的命运中的自由，大地的智慧、太阳的权威他都一一接受，但他依然生活得高贵、自由。而这也正是生活在轴心时期的希腊人所探讨的自由。索福克勒斯在神与人的悲剧中探索着自由。

为什么选择自由

很多人都认为，自由是近代的主题。反过去也可以说，是近代的人类在面临比古人更大的困境时，才有了对自由的强烈追求。但事实上，自从有了社会，人类就面临双重选择：公共秩序和个人的自由。这是矛盾的，但正是在这种矛盾中产生了自由。从这个意义上说，人类很早就已经面临自由的追求。

从某种意义上说，也是人类与大地对立之后，自由才突然间变得迫切。大地上本来有人类需要的一切，人类与万物和谐相处。大地的精神就是人与万物共同遵守的秩序。那时，人类是快乐的，同样也是幸福的。这种快乐与幸福也许比现代人差不了多少，可能还要好。为什么呢？因为那时人类的欲望并不强烈。人类的欲望随着人类的智慧而膨胀。

因为人类并不是很多，大地足够其享用了。当人类面对广阔的大海、无限的大地、连绵的山川时，人类是自由的，因为这一切都可以说是他的，与他共体。然而人类一天天多起来，智慧使人类有了家庭、社会、伦理、道德、政治，山川被划分，大地被阻隔，海洋被私分，人类与大地不再是共体的，而是分裂的。大地上的一切已不够用，人类开始自立为王，大地的精神已被人类的欲望取代，伟大的自由的秩序已然消失，代之兴起的是人类的秩序。这大概就是孔子所说的家天下吧。

在古希腊，第一个面对自由的人是赫拉克利特。赫拉克利特曾说过："我研究了我自己。"苏格拉底也说："认识你自己。"大概说的是同样的问题，那就是人类面对的不再是人与自然的冲突，而是人与自身的冲突。

　　孔子说得好，古之学问为己，今之学问为人。对于古代的哲学家们来说，也许他们真的是为自己心灵的疑惑而进行学术的。疑惑是学术的开始，没有疑惑，就不可能有真正的学术。所以，古希腊人认为，哲学的产生需要至少三个条件：首先是疑惑，对这个世界和人世间的活动有追问，而且这追问始终缠绕着他，使他夜不能眠，食不知味，因为这些追问与人生有直接的关系，所以才会舍出一生来解答这些问题。当下学者很少有这样的追问，只是因为职业而从事学术，这是学术的悲哀，是这些人伤害了学术的尊严，践踏了学术的价值。其次，对于古希腊哲学家来说，便是有闲暇时光。这对于诗人和一切艺术家同样是重要的。闲暇也是思考者偷懒的一种方式，倒不是他们故意偷懒，实在是他们思考的习惯迫使他们追求闲暇。实际上，这就是第三个条件，即自由。他们有太多的问题需要去思考，对他们来讲，解决那些可能在常人看来无用的问题比赚钱和权位更为重要，而越是追求自由，便越是对政治活动不感兴趣，这也是后来柏拉图和亚里士多德等认为哲学家是比国王还要幸福的人的原因所在。

　　苏格拉底的一生是值得格外关注的。他首先发现了被世俗知识囚禁起来的真理和人类自己，他用助产术让人们发现自我的困境，从而发现自我的荒谬、无知和困境。其次，他发现自由被欲望困扰的存在，所以他努力地降低自己的欲望，从而获得真理与自由。他说："别人为食而生存，我为生存而食。"他在最低的生存线上追求神圣的思想。这一点，与释迦牟尼、耶稣、庄子一样。最后，是他用从容、神圣的死亡证明了与神和信仰在一起的哲学。当别人问他为什么不选择逃跑而要选择死亡时，他说，神让我如此。

他获得了大自由，而这大自由便是对神的信仰。他打破了死亡的界限，将生命通向永恒，这使后世的耶稣也有些望尘莫及。耶稣在死亡之前绝望地喊道："我的主啊！为什么要离弃我？"耶稣没有像苏格拉底那样经历过哲学的探索，而直接进入伦理道德的信仰体系中，这是两种不同的思维和结果。我们无法看到苏格拉底像耶稣那样看到了很多神迹，我们只能相信苏格拉底信神，并且相信灵魂的永恒。这种情况到其学生柏拉图时就显得更为清晰了。柏拉图的灵魂是一个理性的灵魂，与我们平时所认为的灵魂有很大的不同。

苏格拉底的死亡是探索之后的真信，耶稣钉在十字架上的死亡与复活则建立在信与不信之间，缺乏一种深沉的探索。这便是哲学与宗教的区别。

我想，苏格拉底肯定与人还谈论过自由本身，但不幸的是他要为自己的自由而辩护，这是那个时代的悲剧，却是必然的。苏格拉底的死本身说明人的不自由，这不自由便是公共的知识（对神的共同信仰）、秩序（不允许信仰新神或不信神）、利益、民众的忌妒（苏格拉底认为这是他真正的敌人）、得势者的私见（如对苏格拉底进行控告的墨勒图斯等）。这种存在自古就有，现在依然存在。他是那时最有知识的人，却被无知者控诉并处死。从苏格拉底的死可以看出，民众并不都是善的，公共的精神也不一定就是善的。对处他以死刑的结果，苏格拉底似乎并不感到意外，他在最后发言中对那些代表公共精神的陪审官说："我至今不悔我刚才的辩护方式，我宁愿死于这种不利的辩护方式，而不愿为保命而采取其他辩护方式。"
"我将由于你们的判决而被处死，但他们（指墨勒图斯等原告）却因
为邪恶和道德败坏而被真理宣判死刑。"

苏格拉底创造了一个灵魂的实体，并且使其永恒。即使肉体不
存在了，但灵魂仍然是自由的，永恒的。这就是柏拉图自由的理念，
灵魂还一定是善的。柏拉图说："按照自然的规定，灵魂先于物体，
物体是第二位的、后生的；灵魂是统治者，物体是被统治者，这千
真万确是最真实最完善的真理。"他把灵魂分为世界灵魂（最高，是
神的影像和第一个创造物）、人的灵魂（独具理性，追求善与永恒）、
动物灵魂（没有理性，只有欲望和激情）、植物灵魂（最低，只有欲
望）。从柏拉图关于灵魂的划分法，可以看出他基本总结了我们常人
的观察和思维可以触摸到的一个世界。于是，一个伟大的自由意志
便产生了，那便是神。而另一个追求自由的灵魂也产生了，便是人。

从这些永恒的理念出发，柏拉图觉得这个世界稳定了，可以把
握了，而且也可以永恒了。于是，他把这种理念推演为他的理想国，
一个乌托邦世界，一个真正自由的国度。在那个国家里，懂得自由、
理性和善的哲学家做了国家的王，而其余各个阶层各种职业的人都
是知道自己本职工作的人，并且拥有相应的知识。在这样一个恒定
的国度里，人们懂得什么是自由，那就是做好自己，而做好自己的
唯一目标就是向着善。

现在我们终于发现，柏拉图是可爱的，那些崇尚柏拉图的人们
也是可爱的。从来没有一个国度像柏拉图所想象的那样，因为人是
复杂的，人的欲望是无穷的。没有固定的阶层，低层人群永远都在
向高一级的阶层进军，并且不惜任何代价。但同样可爱的事情在孔

子身上也发生了。孔子为人们描绘了一个东方式的理想国。在那里，所有的人都遵循着一种理想的秩序，所有的人都怀着一种高尚的爱生活着，私人的血缘关系不再重要，人与人之间没有了仇恨、嫉妒、杀伐，仿佛有一种看不见的伟大的力量在统治着社会。

柏拉图与孔子都认为，在那样一个社会里，每个人都是自由的，社会也是自由的。个人与社会之间的矛盾得到理性的解决。人们心甘情愿地接受社会的理性，也是在这样一种理性下，个人获得了真正的自由。

自由与契约精神

杨朱，我认为是中国历史上，也是世界历史上第一个生态主义者，那么他的主张是一切要为我，要轻物重生。思想的源头有两个，这一头是身体，或者说叫肉、物；那一头是精神，古代我们把它叫灵，等等。所以我们很多的古人都是从那一头出发，谈人的思想，谈人的精神，谈人的灵魂。但是从这一头出发的人就少之又少，因为什么呢？那一头的人全是批判身体的，全是批判欲望的，而这一头的人是被批判的对象。

可是从古至今，历史上出现了两个人，非常有意思，一个是杨朱，一个是庄子。但这两个人又不一样，这两个人是历史上非常有意思的人，为什么呢？杨朱说，他有这么一个理论：天地之间造了那么多的物，只有人是万物之灵。那么只有人是万物之灵的时候，也就是说万物是来干什么的呢？养育我的。我杀一只兔子，杀一匹马，杀一只羊，是正确的，为什么呢？为了我生活下去。《狼图腾》的哲学不就是这样吗，杀这些东西都是因为我要活下去。天地之间既然造了我这个万物之灵，我必须活下去，而且活得要好，活得长久才是好的。于是，我怎么样活得更好、更健康，这就是我的终极目标。所以，我不能拔一根毛给别人，这就叫不拔一毛而利天下。因为我拔了这根毛以后，上帝给我的这个身体不就缺了一毛嘛，我就对不起上帝了。所以万物要为我服务，而不是我服务于别人。但是大家不要忘记了，他说如果人人都如此，天下不就大治了吗？

但是，我们面对的社会是一个什么社会？就说人越来越多，人吃的不够了，人就开始要吃人。人吃人的时候怎么办？杨朱不讨论这个话题，那庄子就接着开始讨论，既然人吃人不对，我就开始清心寡欲，少吃一些，我用另外一个方式来养生，这个方式就是坐忘、清心、寡欲。都是养生，两种思想。我们会发现，世界上再没有人这样去想问题，因为庄子是从老子那里得到的思想，说清心寡欲，绝圣弃智。但是杨朱呢，据说是要早于老子和庄子，确实也是，所以后来所有人都认为杨朱是纵欲主义的代表，因为他要为了自己而不拔一毛利天下，这就是孟子批判他的。

所以说，他讲了，如果人人不损一毫，人人不利天下，天下正矣。这就是生态主义思想。就是每个人都不要再想天下的事情，你只把自己的事情管好，这世界不就好了吗？这不就是冯友兰的天地境界吗？多么伟大的思想，但是做不到，可是我们不要轻易地否定这种思想，我认为这种思想太了不得了，它也许不会存在，也许被我们千百世地去批评，但是它就是我们思考的一个点，一个原点。

对自由的想象

关于自由的本质我列举了这么几种，如果说我们现在对自由的想象在那个时候就已经存在的话，我们还可以列举出如下几种。

孔子的大同世界：大道之行也，天下为公，选贤与能；讲信修睦；故人不独亲其亲，不独子其子，就是不独把自己的亲人当亲人，不独把自己的儿子当儿子，而是把所有人都当自己的孩子，把所有人都当自己的亲人；使老有所终，壮有所用，幼有所长，矜寡孤独废疾者，皆有所养；男有分，女有归；所有的东西掉在地下的时候，人们厌恶它，但是绝对不会据为己有，这就叫货恶其弃于地也，不必藏于己；人们讨厌的是力不是出于自己的手，力恶其不出于身也，不必为己，就是一定要是自己出力，但是不必为了自己；是故谋闭而不兴，盗窃乱贼而不作，再如果这样的话，故外户而不闭，是谓大同。这就叫大同世界，是孔子描述的。

到了陶渊明的时候，就有了个《桃花源记》。《桃花源记》是对大同世界的另外一个注释，所有的世界都是那么美好，这就是孔子的大同世界。

老子也对自由世界有一种想法，叫小国寡民，鸡犬相闻，老死不相往来。我可以听着你的鸡在叫，但是我就是跟你不来往。人人都活着，但是不去交往，不要想着你去帮助别人，帮助别人就是从那里索取，所以这样的世界老子认为就是自由的。老子还讲怎么样才能够达到自由的状态，一定要处于下游状态，一定要让自己弱，柔弱。

举个例子，黄河从上游开始一直往下，他认为要聚于什么地方才好呢？一定要聚于水不那么湍急的地方，水一定要在平静的地方就好。比如说银川，这个地方水流不是很大，而且水可以到处去浇地。人也一样，比如说你有名的时候，一定要想到这时候会有人来收拾你，所以，木秀于林风必摧之，那你要赶紧藏名，然后悄悄地隐居下来，这样才会安全。所以他教了很多人这种道理，这就是老子，他觉得他就是自由的。

不论是老子，还是孔子，他们讲的自由都是要尊重一定的规律，所以孔子有句话叫"六十耳顺，七十从心所欲而不逾矩"。什么叫耳顺？左耳朵进来右耳朵出去，你说什么我都没听，因为我知道这世界就是这样，反正你说什么都行。其实也不是如此，是说对世界上所有的言论都能听进去了，可以容纳所有的言论了。所以到七十岁的时候，从心所欲而不逾矩，我什么都可以去做，但是我就是不越过规矩，这就叫自由，这就是中国式的自由。不以物喜，不以物忧。柏拉图讲理想国：一个有哲学头脑的人当国王，然后军队就做军队的事情，老师做老师的事情，官员做官员的事情，学生做学生的事情，一定要把你自己做好。大家都遵从规律，什么问题都不会存在，不会发生，就没有矛盾了。无论孔子、老子、柏拉图讲的都是这个道理。

庄子的逍遥世界就是我们今天很多人向往的世界，繁华之后突然间想隐居下来，一叶扁舟徜徉于青山绿水间，所以庄子的东西后来在陶渊明的世界里面也出现了，"悠然见南山，欲辩已忘言"。孔子的东西也在陶渊明的世界里面出现了，这就是源头。那么这就是古代圣贤们关于自由的想象，但是所有的想象里头都有跟世界的和解，也都有一个本位的思考。所以如果说我们不从本位，不从本源的角度出发，我们去想象自由，想象什么都是惘然。

今天我们都说网络有自由，我们可能想象的自由就是完全的自由，想骂谁就骂谁，想表扬谁就表扬谁，可以什么话都说，这是不是真正的自由呢？不是，因为你会侵犯别人就不叫自由。那么，今天我们所说的自由到底是一种什么自由，现在正在磨合，达到什么样的程度才是好的。我们现在总是希望变成西方那样，在一个法律的范畴之内活动，这个可能是我们相对来讲比较认可的一个东西。但是还有一个东西我们没有，就是契约精神。什么样的才是真正的自由，在今天的现代社会必须要有双方契约，双方遵守这一个契约才能达到真正的自由。

我曾转载过一篇老师写的文章，他说在西方老师和学生是有契约的，我们没有。我们老师任性，学生也任性，最后双方都任性没有规矩，老师也不讲规矩，学生也不讲规矩。他说哈佛大学不是这样的，一进这个学校，老师会给你发他的讲义，会告诉你讲些什么，你要做几篇文章，考试怎么考，怎么上课，几次不来自动放弃，每一个学生要签字，然后交给老师，双方契约。老师也不能太超越这些东西，如果你要超越这些内容必须在下面注一条：有些内容视情况而有所改变。那么双方有了这样一个契约以后呢，大家都遵守，三次不来，如果契约上说得很清楚，学生就会自动放弃，就会跟老师说这个课我再重修，他会遵守这样一个契约。这篇文章就说大学里面非常需要契约精神，这些大学生到社会上后再把这些契约精神注入社会中间去，这个社会就会变得更好。我想从教育的角度可以这样去做，中国现在缺乏这个东西。

我们今天是一个传媒社会、信息社会，恰恰是因为这样，所以我们传媒人承担的使命在这个时代是最大的。如果我们都不守着传媒的大门，不守那个正门，而走偏门，我们就有愧于这个时代，我们也有愧于我们的后代。所以我也希望我们从上至下，能够守住一些底线，这样我们也就可以批判一些不良的现象，我们慢慢地就把这个社会建设好了。如果这样，这个社会就真正地达到了自由。这就是我们今天的理想社会，用契约精神来构建的一个新的人文社会。

《红楼梦》：中国古典主体精神的终结者

初中时读《三国演义》，虽然懵懂，但大致意味与后来再读时基本没变。最初的一部分，也就是宦官之争实在无趣，而最后的部分神神道道也没意思。就是中间诸葛亮出世到诸葛亮之死那部分好看。《水浒传》太血性，也太刚，看着看着觉得虚假，搁下了。《西游记》是看了小人书后又看电视连续剧，书是再也不愿意看下去了。所谓"四大名著"中，只有《红楼梦》是在大学时看的。虽然后半部也无聊得很，但前半部的印象实在太深，以至于像毒药一样侵入我的灵魂。后来又读过两遍《红楼梦》，前一次将其全部读完，感觉后四十回的确是断了气。后一次无论如何再不愿意读后四十回。事实上，前几年还想再读一遍，但只是读了前六回就像读完了全书，合上再也不读了。

《三国演义》《水浒传》《西游记》都有一个基本的精神，即宣教性。不是从骨子里愿意接受，总觉得有一种强迫的意味。只有《红楼梦》是退却的、伤感的，丝丝缕缕，在你的灵魂中游走。不是人物之命运，也不是宝黛之爱情的失落，更不是什么封建大家族的崩溃（它与我们个人似乎无大关系），而是其中的世界观和人生观的悲观。它与我们世俗世界的主体价值观完全背离，但却暗合了生命的另一极：对生死的无奈，对人情世故的无奈，对整个生命的无奈。这无奈却也是我们生命的底色，平常被世俗的欲望和主体价值所覆盖，现在被一部《红楼梦》一下子全部揭走了，只留下这生命无奈的灰色。这大概是我大学时读《红楼梦》的感受。后来的十几年间再读《红楼梦》，是有意的，是想弄清楚《红楼梦》真的像世人所讲的那样好吗？它的主体精神是什么？最后得出一个结论：它是中国古典主体精神的终结者。

自孔子删减《诗经》并且开创了儒家文史观后，中国文学乃至文化的主体精神已然创立。屈原的文学精神便是这种儒家精神的实践。到汉时董仲舒"罢黜百家、独尊儒术"后，儒家文化精神在中国文化乃至世俗生活的方方面面都成为不可更改的主体精神。随后《史记》的出现便是这种主体精神的高扬。《史记》第一次将神话、民间传说和正史浑然一体地凝结，形成了如同《圣经》一样的史诗巨著，使中国文化精神第一次有了大河般的连续性，而这种连续性恰恰是周公、孔子等倡导的由圣人、英雄开创的仁义精神。从此，这种精神便成为中国文化的正统。

陶渊明、李白、王维等的文学是对儒家正统的几次反动，陶渊明的出世归隐、李白的放任旷达皆来自儒家精神之外的道家精神，而王维介于儒道之间，出则道，进则儒。老子曰：反者道之动。正是这几次的反动带来了文学上的新气象。文学至唐时，又发生一些变化。这便是佛教的影响。佛教的传入在汉，但真正在艺术上的影响似乎推至北魏隋唐时代。敦煌艺术、书法艺术都是在那时达到巅峰。文学上还没有出现大家。佛教是调和儒道两家的融和剂，这种调和一直到宋时完成了与中国儒道两家的合并，这就是儒释道合一的宋明理学。文学至宋时，出现了传播上的革命。一是造纸印刷术的发明，使文学有了复制的可能，传播也就有了翅膀。知识下移到民间。文学的创造也下移至民间。二是宋时的经济发达，社会消费水平大大提高，市民阶层成为社会的中坚力量，大众文化与消费开始兴起。从唐传奇开始的小说与说唱艺术结合，形成了早期的章回体小说。这些章回体小说通过酒肆中的说唱在市民中流传。宋时文学的另一重革新便是宋词的兴起，成为更加方便文人表达自己的感受，同时也是向中下层民众传播思想、艺术、知识的一种新的方式。古老的五言和格律诗只合适知识分子群体来表达、玩味，却与老百姓绝缘。宋词前进了一步。这种文学的变革从宋开始变得快起来。到元时有元曲，通过舞台和一些故事的形式走向民间。到了明清之际，通向民间的这种文学意识越来越强烈，以至于在明清之际竟然没有出现过大的诗人和词人。文学的受众发生了变化。在先秦文学的发端时期，以教化和哲学的创立为重，受众只是高级知识分子和贵族，所以，老庄孔孟之文都成为当时文学的雏形。所以，老庄孔孟受到这些受众的拥戴和树立。在格律诗歌盛行的时代，受众其实是很小的，也仍然是小众的知识分子，是这些小众的知识分子捧红了诗人。到了明清之际，受众群体已成为社会中层，诗人、作家必须在这些群体中有影响才能得到传播，而对于这一阶层的人来说，形而上的哲学与玄学的诗歌不是他们喜欢的文学，他们喜爱的是与俗世生活和性情相一致的文学。这就是世情文学的兴起。《金瓶梅》由此诞生，今天我们认为的四大名著也从此诞生。这些文学的传播和写作较以前都发生了巨大的变革。一是以大众能接受的故事为前提，在唐传奇和说唱艺术的基础上创立了小说的形式；二是在酒肆中广泛流传；三是写作方法上抛弃了规矩，以白话文的形式进行创作；四是既写人们喜欢的大英雄，如《三国演义》《水浒传》等，又写传奇，如《西游记》《镜花缘》等，还写与他们一致的小人物，如《金瓶梅》《红楼梦》等。

但是，在所有这些文学中，《金瓶梅》与《红楼梦》最具革命性。此革命性不仅仅是开创了写市井世情生活和白话小说的先河，而且是中国人精神生活的革命。

中国人的精神生活自周公之后再经孔子的下移民间，就基本上是儒家的天下了。虽然自汉魏、南北朝到唐时有道佛两家的融和，但儒家的地位非但没有下降，反而提高了。同是，儒家也不是简单的线性发展，而是将佛道两家的基本理念，特别是形而上之道进行了借鉴，终于在宋时发展为理学。当然，文化是互相影响的，中国的佛道也借鉴了儒家的很多内容，甚至反过来常常解释儒家。其主要原因在于，佛道两家是出世的哲学与宗教，与世俗生活的关系不大，而儒家却是入世的，是世俗生活的道德与法则。儒释道的合一恰恰使这种形而上的出世哲学、宗教与世俗的儒家道德混合成一了，它们共同完成了中国人所需要的现世的生活道德、来世的承诺。由于有来世的承诺，所以现世的生活道德便是稳定的，不可置疑的。反过来说，也就是现世的善行与恶行，在来世仍然有结果。这就使得整个世界是稳定的，是可以由人来决定和控制的，人的命运也可以由人来掌握。

虽然总体上来说是儒释道合一，但现实生活毕竟是实在的生活，这部分生活恰恰是由儒家来管理和掌控的。从国家到家庭，从祖父到子孙，从丈夫到妻子，儒家确立了严格的制度，这是社会的管控。同时，一个人的一生也被儒家格式化了。"学而优则仕"，要求人们学习圣人之言，长大后赶考进士；"女子无才便是德"，女子不应该学习，更不应该有诗才，没有才华便会有德；"男主外，女主内"，"男女授受不亲"，男人和女人有严格的交往界限，女人不能干政，不能参与政治。最后，儒家对人的精神生活和欲望生活给予了严格的规定："存天理，灭人欲。"这并非早期儒家的观念，而是后期儒者学习佛道而得来的理念。将这种出世的去欲理念强加在世俗生活中，是儒家没落的开始。最具讽刺意味的是，提倡这种理念的朱熹自己却有很大的欲望，晚年还不断地纳妾，好色之心强于好德之心。

所以，中国人的精神生活到宋明理学起作用时，也就到了没落之途。其对人性禁锢之状斑斑可考，历历可数。中国人都有些变态了。对女人的喜欢居然从整个身体转移到了一双三寸金莲上，而这双小脚也反过来告诉我们，女人不但成了男人的玩偶，而且彻底地被囚禁了起来。囚禁的不但是她们的身体，还有精神生活。皇帝要求人们要忠君，丈夫要求妻子要对其忠诚，如果皇帝和丈夫死了，那么，臣子和女人都要成为烈士或烈女。在这种状况下来看《三国演义》《水浒传》，它们都是整个顺应了宋明理学，是宋明理学的宣传品。虽然《三国演义》是儒家的经典，但是里面处处皆有忠君思想。每个城池的主子死了，做臣子的都要死，都成了烈士。曹操非但不批评，反而给予嘉赏。再看不到几个像春秋战国时的"世界公民形象"，再也没有孔子、墨子一类的为整个人类而奋斗的知识分子。而整个《三国演义》中，知识分子都有自己的圈子，都画地为牢。诸葛亮也不像孔子一样怀有世界公民之心，而只是某个利益团体的一员。还有一个可能会成为世界公民的人庞统最终也归顺了刘备。《水浒传》就更不必去说了，整部作品里充满了狭隘的忠义思想。

只有《金瓶梅》和《红楼梦》是反理学的。宋明理学高扬"存天理，灭人欲"，《金瓶梅》偏偏就是写人欲，描世情。在以往的所有正统文学中，作品中的主人公肯定都是英雄人物，具有教化意味，但《金瓶梅》所写主人公恰恰是一个集所有俗念和欲望为一身，是一个正统文学所批判的形象。这是一反。在这个人物身上，他也有善念，但欲望和私心一直左右着他，使他对社会所有的伦理都视而不见，为所欲为。在中国文学史甚至世界文学史上，大概这是第一次以这样反人类伦理的方式塑造一个表面成功，内心则坏到极点的男人。历来人们多抓住《金瓶梅》中性描写不放，认为那是恶之最大，其实性的描写在今天算得了什么？西门庆骨子里的恶才是最大的恶。

《红楼梦》则不然。今天我们总是讲，没有《金瓶梅》就没有《红楼梦》。从描写市井生活、下层人士和家族兴衰以及女性的角度来讲，《金瓶梅》真是功莫大焉。《红楼梦》得益于它的真是太多了。然而，缘何人们对《红楼梦》的评价比《金瓶梅》要高，原因皆出于《金瓶梅》可以说是反人类追求的，而《红楼梦》则有人类的大关怀。

首先，《红楼梦》是中国文学中少有的具有终极追问的文本。现当代以来，一些学者在研究西方名著和诺贝尔奖获奖作品时发现，大部分作品都具有终极关怀，而且很大一部分作家具有宗教信仰，如托尔斯泰、陀思妥耶夫斯基、罗曼·罗兰、泰戈尔、黑塞等。自存在主义哲学兴起和尼采之哲学诞生之后，很多作家又把笔触深入揭示人类存在之荒谬中，如加缪、萨特、卡夫卡、贝克特、艾略特、大江健三郎、马尔克斯等。也就是说，几乎一流的作家都在关心人类存在之处境，对人类存在的荒诞和合理都给予高度的重视，因此，这些作家同时也是哲学家。他们的文学作品也同样具有形而上之思考。但在中国，这并不是文学的传统。中国文学，自先秦诸子草创之后，具有终极追问的作家和作品非常之少。屈原写《天问》，应该是第一个，宋时的苏东坡应该是半个，曹雪芹是第三个，王国维是第四个，当代诗人海子是第五个。凡是追问终极价值的作家或学者几乎都有着共同的心理和命运，即他们对当下之绝望已经到了直接影响其生死的程度。屈原、王国维、海子都先后因为信仰的原因自杀了。剩下半个苏东坡和曹雪芹则被他们所信奉的宗教所拯救。

在《红楼梦》中，最具灵魂性的文字当属那首《好了歌》。

世人都晓神仙好，惟有功名忘不了！

古今将相在何方？荒冢一堆草没了。

世人都晓神仙好，只有金银忘不了！

终朝只恨聚无多，及到多时眼闭了。

世人都晓神仙好，只有娇妻忘不了！

君生日日说恩情，君死又随人去了。

世人都晓神仙好，只有儿孙忘不了！

痴心父母古来多，孝顺儿孙谁见了？

其出现在《红楼梦》第一回中。甄士隐家业破败后回到乡下田庄生活，谁知赶上"水旱不收，鼠盗蜂起"，只好变卖田产，投奔岳父家。然而让其想不到的是，其岳父是个卑鄙贪财的人，把他仅剩的一点银子也弄去了，他贫病交加，走投无路。一天，他拄着拐杖走到街上，突然见一个跛足道人叨念出这首歌来，只听出"好"和"了"，便跟着道人走了。人们都说这是一首消极主义的歌，虚无之极。但是，谁又能说它假了呢？在《好了歌》中，人生日常的意义被完全取消了。或者说，人生日常的意义被完全质疑。

一是对传统人生观和人类英雄观的否定。在没有文字之前，我们不知道原始古人对于功名是如何认识的，但有一点是很清楚的，即人还保留有动物的一些基本的本性。在除人之外的所有生命界，生命对于功名是不贪恋的。虽也有自私心，但不会像人类一样为万世而奋斗。它们只图能够吃饱，然后就不再有更多的贪恋了。但是，人类不一样。人类不仅仅要能够吃饱穿暖，还要让自己的子孙如此，一种"永恒的自私"观就产生了。我们可以看到，自从有了文字以后，人类的精神就被固化了，于是，对于死亡的认识也就有了不同。在此之前，我们可以从一些人类学家的描述和一些早期巫史时期的宗教中看到，人类对死亡的认识是重生。人的生命的结束只是另一个生命的开始。所有的生命都是平等的，只不过与人的生命的形式不同而已。也许正是这种生命的平等意识使早期原始人类没有太多的功业念想。但从父系时代开始，人类已经完全从动物界中脱胎换骨，已经将自己确立为万物之主宰，男人开始统治世界，一种英雄的观念诞生了。可以看到，早期史诗都是歌颂英雄时代的，而这个时代恰恰是刚从母系时代脱出不久。英雄意味着力量，也意味着功业。随着文字、城市等形式对文明的固化，人类的梦想就开始变得"永恒"了。宗教、巫术又使这些观念变得有可信度。于是，秦始皇想使自己的帝国流传万世，文人也相信人类是永恒的。"人生自古谁无死，留取丹心照汗青。"可以说，这是中国人的人生观。然而，一首《好了歌》将此人生观彻底终结了。"世人都晓神仙好，惟有功名忘不了！古今将相在何方？荒冢一堆草没了。"在这里面，并非单纯的消极主义或虚无主义的框框就能将曹雪芹否定。在这里，我们看到的是一种比人生更为辽阔的宇宙观念。在所有的帝王建功立业的正统价值观下，这种质疑无疑是残酷的。曹雪芹所肯定的是"神仙"，是与整个的宇宙混同为一，它消除了人类的文明。事实上，人类今天的文明已经成为整个地球的疾病。人类所到之处，灾难就接踵而至，人类成了这个地球生命界的癌细胞。生态被彻底破坏，人类主宰生命界的结果便是生灵被奴役或灭绝，只有人类在大量繁殖。这使人类常常回首生态荒芜、生命灭绝的恐龙时期。因此，站在当代生态哲学和文明在异化的人类价值观上来看待《红楼梦》中的《好了歌》，它便不是简单的消极主义和虚无主义，而是一种更为超越的宇宙主义和生态主义观念。

二是对私有观念的否定。在曹雪芹的时代，还没有今天的人类学、社会学和马克思的政治经济学，人们普遍认为人类生来如此，但是，用今天的一些学说来解释人类私有制的诞生和政治经济方面的一些制度、心理时，就会有新的解释。按照马克思和其他一些西方马克思主义学者的观点，人类早期有过一段原始公有制时期。在那时，由于物质的匮乏和人类生存的艰难，剩余价值还没有产生。但随着人类数量的增加和生存能力的提高，以及人类智慧的发展，人类不仅可以占有大量的自然资源，同时还可以自己来种植，于是，就有了一些剩余的食物和其他一些物质。私有观念从此诞生。再后来，一些私有制度慢慢兴起，最后便形成了私有制。在此基础上，政治经济制度诞生，帝国形成。这种私有的观念不仅成为国家观念，而且成为人类生存的基本观念。从国家到个人，一个"私"字可以概括其全貌。国家是个人的，家庭也被一个虚拟的种姓所左右。同时，这种私有观念也进一步异化人类，使人类不仅常常结党营私，而且不断地积聚财富和政治资本。曹雪芹也许没有意识到这是人类文明对人性的异化，但他已经意识到人类因此而不堪重负。所以，他在《好了歌》中写道："世人都晓神仙好，只有金银忘不了！终朝只恨聚无多，及到多时眼闭了。"曹雪芹所持的是道教和佛教观念，他并没有也不能用今天我们人类普遍认识到的人类被异化的观念来解释这些，但他的否定是终极性的。

三是对家庭伦理的否定。自父系文化建立以来，人类就建立了一系列的以父权制为中心的家庭伦理制度。在世界上绝大多数民族中，流行的都是父权制伦理观念。在中国，则是宗法制和"三纲五常"的伦理观念。宗法制不仅确立了以男人为中心、男子中以嫡长子为中心的不平等的伦理观念，而且也确立了"孝""忠""仁""慈""义"等道德观念。整个家庭要忠诚于家长，家长对下要有仁义；妻子要忠诚于丈夫，丈夫对妻子要有恩情；儿孙要对长辈有孝道，长辈对儿孙要有慈爱，等等。在宋明理学中，对一些伦理观念的规定更为苛刻。如子女对父母尤其是父亲要无条件孝顺，即使错了，也不能反对；妻子对丈夫也要终身忠诚，即使丈夫死了，也要守节。但是，这样一些伦理观念是与人类的平等追求相矛盾的，所以它必然被否定。而对此彻底否定的是曹雪芹。在《好了歌》中，他写道："世人都晓神仙好，只有娇妻忘不了！君生日日说恩情，君死又随人去了。世人都晓神仙好，只有儿孙忘不了！痴心父母古来多，孝顺儿孙谁见了？"在这里，前两句写的就是夫妻之间的伦理观念。宋明理学要求妻子守节，但现实生活中，人们往往并不如此。当然，否定的并不是简单的夫妻之间的伦理纲常，还有人类执着理念的情迷。在佛道两家看来，人类是被"情""欲"等迷惑了，常常执着于此，所以会有无情的痛苦降临，倘若觉悟，将此舍去，人类就不会再有痛苦。在后两句中，是对孝道的否定。在儒家的宗法制中，孝道被视为第一道德。百善孝为先。"只有儿孙忘不了"一方面是人类固有之情感所致，另一方面则是私有观念教化的结果。若是像孔子所提倡的那种超我的公有情感，那么，人就会"不独亲子亲"，就会以天下所有的子女为子女，不会简单地只爱自己的子女，而是爱天下所有的子女，那样的话，人就不会有《好了歌》中所写的大失落了。"痴心父母古来多，孝顺儿孙谁见了"则道出孝道的荒谬性。"痴心父母"是因为图子女的回报，如不图回报，也便不会痴心，又哪里来的孝道？总之，是家庭的伦理观念使人类变得自私、贪婪、无情、无义。反过来说，这些孝、忠、爱都是因为人类的自私性而诞生的。所以，曹雪芹要否定这自私。

其次，《红楼梦》是宋明理学的掘墓者，是佛道精神的高扬者。自先秦以来，儒家就以日常伦理和价值的代言者出现，而道家则以形而上的宇宙精神来观照人、自然、天地、万物。儒家以人为中心，关注的范围主要是人类社会。道家虽也以人为中心，但关注的范围要大得多，是整个的宇宙。儒家积极入世，道家最后发展为道教后则完全出世，受佛教思想影响严重。特别是在儒家被确立为帝国主体精神之后，佛道思想便成为边缘的思想。所谓的宋明理学时期的儒释道合一，在曹雪芹这里，变成了佛道思想对儒家思想的终极批判。

一是对男权的否定和对女性的尊重。在儒家的父权制思想那里，男权是绝对的权威。女性既不得从事政治活动，也不需要学习知识，不可有才，这在《三国演义》《水浒》《东周列国志》等小说中可以看出，但在《红楼梦》中则是另一番情景。在《红楼梦》中，作者借冷子兴与贾雨村在谈到贾宝玉出世时对男女有这样一番议论：

> 那年周岁时，政老爹便要试他将来的志向，便将那世上所有之物摆了无数，与他抓取。谁知他一概不取，伸手只把些脂粉钗环抓来。政老爹便大怒了，说："将来酒色之徒耳！"因此便大不喜悦。独那史老太君还是命根一样。说来又奇，如今长了七八岁，虽然淘气异常，但其聪明乖觉处，百个不及他一个。说起孩子话来也奇怪，他说："女儿是水作的骨肉，男人是泥作的骨肉。我见了女儿，我便清爽，见了男子，便觉浊臭逼人。"你道好笑不好笑？将来色鬼无疑了！雨村罕然厉色忙止道："非也！可惜你们不知道这人来历。大约政老前辈也错以淫魔色鬼看待了。若非多读书识事，加以致知格物之功，悟道参玄之力，不能知也。"

贾雨村同时又借钦差金陵省体仁院总裁甄家之子之口道：

> 这女儿两个字，极尊贵，极清净的，比那阿弥陀佛，元始天尊的这两个宝号还更尊荣无对的呢！你们这浊口臭舌，万不可唐突了这两个字，要紧。但凡要说时，必须先用清水香茶漱了口才可，设若失错，便要凿牙穿腮等事。

毛泽东说，《三国演义》《金瓶梅》等不尊重女性，只有《红楼梦》尊重女性。这是准确的。中国文学发展到《红楼梦》时，女性不但成为小说的主角，而且还得到了应有的尊重。过去也有《孔雀东南飞》《木兰辞》等一类以女性为主角的文学，但都比不上《红楼梦》如此众多女性的大观园。《孔雀东南飞》是怨妇诗，已经有对男权的质疑和反抗。《木兰辞》却是以男性的视角塑造女性的，仍然有强烈的男权色彩，欲将女性男性化。这两首诗都是汉乐府诗，是从民间采集而来，从一个侧面说明文人写作几乎都是以男权思想为中心，只有一些受男权思想影响不深的民间或少数民族地区才有这样别开生面的诗词。到了《红楼梦》时，女性的形象不但多起来，成为文学的主角，而且女性形象变得丰富多彩。《红楼梦》作者曾申明：创作此书的目的，是为了"闺阁昭传"。书中第五回以梦幻的形式暗示了金陵十二钗之命运，此后整部《红楼梦》便是为解读这《红楼梦》十二曲而设。其实，不仅金陵十二钗形象生动，清秀可人，其他的女性也是活灵活现，跃然纸上。就是主人公贾宝玉虽是男儿身，却有一副女儿性情。这些女子不仅清纯可爱，而且擅长诗词歌赋，常作词对答，尤其是林黛玉之诗品性高贵，实为难得。就是以品德而著称的薛宝钗也是极有诗才，谁说"女子无才便是德"？但书中男性形象，则不是呆板无趣（贾政），就是庸俗之辈（贾琏、贾蓉、贾瑞、薛蟠等）。

这种对女性的尊重来自于道家的传统。本书中《老子哲学——母系文化的继承者》一文已经充分论述了老子的哲学来自对母系文化的继承，对女性有一种崇拜。这种理念被后世的道教继承了下来。《红楼梦》成功地塑造了贾母这样一个人物。这不仅是儒家孝道的体现，其实更重要的是母系氏族留下来的"老祖母"的象征。因为在真正的儒家那里，夫在，夫为大，无夫，长子为大。就像陈忠实的《白鹿原》中所写白嘉轩和她母亲的关系一样。白嘉轩的父亲在时，父亲是家长，而当父亲去世后，他就是家长，母亲退居其后。这才是中国古代父权社会下真正的男权。

二是对男女爱情的肯定。虽然此书前后以佛道思想对"痴情""怨女""春恨""秋悲"以及"好色""淫欲"等给予无情批判，终以"好了"或"空"来否定其价值，但是，整部作品又以极其伤悲的情怀，以非常细腻的笔触描述了贾宝玉与林黛玉、薛宝钗以及众多女子之间的世俗情缘，作者称其为"意淫"之故事。在这些故事中，宝黛之间的爱情是最值得肯定的。在与《红楼梦》同时代的其他小说中，我们看到的要么是完全蔑视女性（如《三国演义》《水浒传》），要么女性就成为男人的玩偶（如《金瓶梅》），男女之间没有平等的爱情观，但是，在《红楼梦》中，我们能读到宝黛之间那种心灵相通、平等相爱的爱情。虽然作者将其定性为古老的木石之盟，两者下凡就是来历劫情缘，最后磨得光明，修成觉圆，但是，从现代爱情观的角度来看，则是用那个时代的宗教观发现和肯定了男女之间的爱情。在那个时代，男人娶妻的第一要则是生子。所谓"百善孝为先，无后为大"便是。其次才是佛道所否定的"色""淫"。在那个时代，还没有"婚姻以爱情为基础"这样的男女爱情婚姻观念，而是要遵守父母的定夺。《红楼梦》中虽然贾宝玉和林黛玉最终没有成婚，但他们心灵相通。在贾宝玉婚后的生活中可以看到他从此情缘已了的变化，这说明他与林黛玉之间的爱情是可贵的、真切的。而他最终以出家的方式确定了林黛玉死后他生活的无价值，从而也进一步肯定了他与林黛玉之间的爱情。需要说明的是，用儒家和佛、道三家的理念来判断宝黛之间的爱情，三家都是否定的。一方面，儒家赞成的贾薛两家的联姻；另一方面，从孔子所讲的中庸之道和董仲舒等所讲的性之三品来看，他们都不属于上品，而属于下品，即被情所困者。佛道两家更不必说，情欲恨都是孽缘，要一刀两断。只有用现代爱情观来品宝黛之间的爱情，才是有价值的爱情。

三是对儒家价值体系的否定。这主要体现在贾宝玉的身上。儒家提倡教育，道家则提倡绝圣弃智。在《红楼梦》中，贾宝玉不是一个读书人，他对读什么圣贤书没有任何兴趣。这便是对儒家树立的圣贤的否定。贾雨村对贾宝玉的出世有一个说法：是天地之正邪两气冲撞后秉于人，正好生于公侯富贵之家，遂为情痴情种。其非仁人君子。"如前代之许由，陶潜，阮籍，嵇康，刘伶，王谢二族，顾虎头，陈后主，唐明皇，宋徽宗，刘庭芝，温飞卿，米南宫，石曼卿，柳耆卿，秦少游，近日之倪云林，唐伯虎，祝枝山，再如李龟年，黄幡绰，敬新磨，卓文君，红拂，薛涛，崔莺，朝云之流，此皆易地则同之人也。"这些人"其聪俊灵秀之气，则在万万人之上，其乖僻邪谬不近人情之态，又在万万人之下"。曹雪芹正是用这种正邪不分之气来消解儒家的正统理念的。因为贾宝玉是一个没有功名心的人，对儒家那一套伦理纲常也不放在心上。他爱林黛玉，但糊里糊涂地娶了薛宝钗，他伤心至极，最终，在考取功名后出家逃出了红尘。此举可以说是对当时整个以儒家为主体的价值体系的终极否定。儒家所提倡的一切都是空的，唯有太虚幻境是真实的、永恒的，其他皆为虚无。与贾宝玉始终伴随着的茫茫大士、渺渺真人以及空空道人这三位可以说是一种终极象征。这也就是以佛道的立场否定了儒家的价值观。

最后，《红楼梦》字里行间透射出的哀伤的审美意味简直就是人类存在之终极叹息。

在整部《红楼梦》中，让所有读者难以自拔的是小说有一种无法言传的哀伤的审美意蕴，这种哀伤自始至终贯穿全篇，使读者情不自禁地对自己的人生也有一种哀悼。这就是《红楼梦》之巨大的魅力所在。它是有生命的，也是有呼吸的。它不知不觉就钻进了读者的呼吸、血液、灵魂里，跟书中的主人公同呼吸、共命运，随着黛玉伤心、悼春，随着宝玉痛苦、出家，一同去了那茫茫太虚。有人说："少不读红楼，老不读三国。"若正当青春时读《红楼梦》，宝黛之伤感定会引发读者之伤感。在《红楼梦》的前后，主要是对人生的伤悼。人生如梦，这是对整个世界观、人生观和价值观的否定。从第六回开始，故事进入具体的细节之中。随着宝黛爱情的深入，其爱恨情伤也生出，使人对人之本性爱、情、欲都产生终极追问，因此产生伤悲之情。不仅如此，黛玉之敏感还生出对青春易逝、物是人非的伤悼。一曲《葬花吟》令无数青春爱人伤心至极。这是一种诗意的终极追问。它不再局限于人伦道德的责问与探寻，而是对整个生命的追问。

然而，当我们再进一步深入细究，就会发现，这种对生命的追问仍然与儒家的伦理观念有关。假如没有男尊女卑的男权意识，没有父母指婚的父权观念，而是平等的爱情观念，那么，黛玉的伤心便会轻些，因为她的命运就会完全掌握在自己的手里，也不会有"质本洁来还洁去"的决绝悲痛。这种贞洁观并非女子生来就有的，而是父系文化导致的"处女情结"。在母系时代,一个女人的天职就是繁衍子嗣,而繁衍能力强的女人就会被崇拜。女人的贞洁观念在那时是不存在的。只有进入父系时代,男人为了限制女人,才有了对女性的一系列禁锢。"处女情结"正是在这种文化心态下产生的。所以,黛玉之哀伤,归根结底,有一部分因素甚至大部分仍然来自于父系文化,是一种文化心理。

　　总之,一部《红楼梦》终结了自周公、孔子以来确立的儒家文化精神,它将读者带入茫茫无际、空空如也的境地,将文明时代所确立的一系列价值全部格式化,让人重新进入世界观、人生观、价值观的确立。它打破的主要是宗法制的父权观念,呼吁一种新的平等的观念。当然,其所依靠的佛、道宗教在今天也很难立得住脚。人类对生命的认识和有关世界的认识已经超越了古典时代。虽然人类对生命与世界的本质仍然一无所知,但是,对史前史的研究,对生命微观世界的发现,对天文和地理的探索以及对过往人类迷惑的一系列终极疑问的解答,使人类早已踏上新的诺亚方舟。尤其是自近现代以来,人类社会已经确立了男女两性平等的价值观,尽管现在这种价值观还受到巨大的阻挠,但是,这种平等的意识已经深入人心,伸向未来。人类正在试图抛弃或改造旧的不平等的伦理价值观,从而创造一种新的以平等为基础的生命观、人生观和价值观,而这些都是建立在新的知识之上。站在这样一种背景下来审视《红楼梦》在整个中国文学和文化中的价值,便对《红楼梦》有一种新的肯定,同样,也会对《红楼梦》所依赖的古典时代遗留下来的旧的文化观念予以抛弃。

《金瓶梅》真的比《红楼梦》要好吗？

　　我在朋友那儿看到田晓菲著的一本《秋水堂论〈金瓶梅〉》，因为正好也在研究《金瓶梅》，也因为田晓菲是我上中学和师范时非常熟悉的少年天才，便看了起来。在其前言中，晓菲说，当她数次读一本书时都有不同的感受，而当她近期读《金瓶梅》时，竟觉得比《红楼梦》要好。她还说，她读的是宗教本的《金瓶梅》。

　　这使我愕然，也有些犹豫。

　　我读的显然不是宗教本的，宗教本的《金瓶梅》究竟是一本什么样的书呢？

　　再往下读，想读出个宗教味来。晓菲评《金瓶梅》，犹如易中天品三国，是读了进去，且是每章都评，将全书评了个遍，像是导读。而在这种导读中，我真的没有看出这个宗教本比我看的台湾出的一个版本多了什么。我读的台湾版本里面也是有宗教味的，只是这宗教味相比全书里面的欲望来，实在是悬殊。从晓菲的评论来看，实际上差不多。

　　当然，有机会真的想看看她说的宗教本的《金瓶梅》。而我要说的是，类似于晓菲这样的言说，实际上比比皆是，只不过晓菲讲了个宗教出来。

《金瓶梅》比《红楼梦》到底好在哪里?

晓菲讲,它们是互文关系,即《金瓶梅》写欲望,《红楼梦》写与欲望对立的情、思,《金瓶梅》里的主要人物与《红楼梦》里的主要人物实际上也是一种互文关系,贾宝玉与西门庆究竟差别有多大,林黛玉与潘金莲是否就是一个人?《金瓶梅》在先,《红楼梦》在后,两者结合,才是完整的。没有《金瓶梅》,便没有《红楼梦》。它们实在是一块硬币的两面。我们都是《金瓶梅》的同谋。等等。这些观点,我都有共鸣。但是,晓菲又讲,为何更喜《金瓶梅》,是因为我们都是有欲望的凡夫俗子,而《红楼梦》将我们带入了一个与欲望对立的世界,是不真实的。

这个观点未免太俗。对于硬币来讲,也有正面与反面,不可能是等同的,也不可能是反面大于正面。笔者在最近发表的《论伟大文学的标准》一文里正好有一段论述与此相关,特摘录如下:

> 当下正在网络上被热议的《金瓶梅》,很多人都认为它是奇书,也认为已经是名著,又觉得它与《红楼梦》《三国演义》等不能等同,总觉得有些问题,但问题的症结在哪里,又一时说不清楚。古人将其定为"淫书",鲁迅讲它是"世情小说","尽其情伪",郑振铎形容其是"伟大的写实小说"。淫与不淫牵涉到价值判断,而鲁迅的评论只是小说类别的判断,并非是价值判断,郑振铎则是从写作手法来形容,但称其为"伟大",不免过分。其实,所有对此书进行研究和判断的人最终进行价值判断时都以其中的"性爱描写"为重点,若仅仅以此进行判断,以现代人的观念来看,它一点也不淫。既然性爱内容不淫,又

为何仍然是禁书，为何人们还是莫衷一是？其实，判断一本书淫与不淫，或正与邪，并非以其中的性爱描写为要义，而应该以其中的伦理关系为要义。因为从现代人的观念来看，性爱是美好的，性爱的快乐功能是正常的，无须指责。《金瓶梅》正是描写了这种欢乐的性爱场面，何罪之有？判断淫与不淫的主要尺度不是性爱，而是伦理。若伦理混乱，便为乱伦，是为淫，若伦理未乱，其性爱越是快乐越是能够体现当代人对爱的需要。《金瓶梅》的问题恰恰在于伦理的混乱。西门庆与数个女人的关系，这些女人与自己丈夫的关系，以及西门庆与这些女人的丈夫之间的关系，构成了《金瓶梅》的结构，也同时构成了《金瓶梅》混乱至极的伦理关系。同时，从《金瓶梅》全书来看，尽管如鲁迅所说的"尽其情伪"，但呈现在读者面前的除了欲望，便是利与害，是悲凉的人生。整部小说中几乎很难见几个正面的价值形象，即使是武松，在《金瓶梅》中仍然也以负面价值形象出现。少有的几个清官也总是见利忘义。一种向下的、向着负面价值行进的叙事向度的确是"尽情"地暴露了冷色、悲凉、虚无的人生，人性深处"恶"的形象赫然站立，撕人心魄。相反，人性深处善的一面荡然无存，正面价值漂泊无依，哪里还有佛的善的确立？说《金瓶梅》是宗教小说，真的很难让人信服。这就是《金瓶梅》只能是一部奇书，却不能成为"伟大的小说"的重要原因。

1949 年，福克纳在获奖演说中说：一个作家，"充塞他的创作空间的，应当仅只是人类心灵深处从远古以来就存有的真实情感，这古老而至今遍在的心灵的真理就是：爱、荣誉、同情、尊严、怜悯之心和牺牲精神。如若没有了这些永恒的真实与真理，任何故事都将无非朝露，瞬息即逝"。他还说："人是不朽的，这并不是说在生物界唯有他才能留下不绝如缕的声音，而是因为人有灵魂——那使人类能够怜悯、能够牺牲、能够耐劳的灵魂。诗人和作家的责任就在于写出这些，这些人类独有的真理性、真感情、真精神。"刘再复在《百年诺贝尔文学奖和中国作家的缺席》中说："瑞典文学院选择了福克纳，而福克纳的这席话又充分地体现瑞典文学院所把握的诺贝尔的'理想主义'和评价准则。一百年来，诺贝尔文学奖获得者确实共同展示了一种'心灵的真理'，宇宙的理性，这就是爱、荣誉、同情、尊严、怜悯之心和牺牲精神。反此真理的另一极，即仇恨、暴力、堕落、冷漠、自私等等，瑞典文学院则给予断然拒绝，不管他们拥有多大的才能。"

人有善恶两端，其实恶的本性常常在决定我们的行动与情思，善的本性往往在艰难地行进。人与人的区别也正在善的多少。如果其善的本性得到张扬，其恶的欲望得到适当抑制，人的本质便升华了，对世界也就有了希望。相反，恶的一端不断地膨胀，善的一端逐渐消极，人生便冷了，世界就虚无了，宗教的力量再强，也不过是敲敲边鼓而已了。正如《金瓶梅》里的宗教味一样。

若把人的善的一面称为正面价值的话，那么，恶的一端便是负面价值。这个世界正是一直朝负面价值在行进。进化论已经告诉了我们这个真相，但是人类的真理是什么？这也就是人究竟是要以恶为本还是以善为本。显然，虚弱的善的力量正是我们需要的，它使我们在窘困中还能看到人生光明与永恒的希望，若是少了这希望，人生便无望了。这就是人类文明在欲望丛生和恶的乱石岗中建立的一点点真理。

这真理不是太多，而是太少。也正是因为这样，人类极端恐惧恶的出现。而《金瓶梅》显然便是这种恶的力量的闪现。如果只是从肯定了人有恶的一端的视角来正视《金瓶梅》，倒是未尝不可，但要对这种恶的力量进行赞美便是我无法答应的了。这也是一个读书人尚存的一点点善念吧。

而《红楼梦》呢？显然也有很多问题值得我们讨论，比如矫情，比如虚无，但它至少还没有到赞美恶的程度。

假如远在美国的田晓菲女士能看到此文，算是我们的第一次讨论。

《三国演义》的精神与病态

　　一位高二的名叫"心系天涯"的博友搞了个课题组，讨论《三国演义》中的人物，叫我说几句。我正好想谈谈与易中天不同的一些观点。

　　不可否认，易中天的解构三国至少有两个方面的意义：一是让中国人对久违了的中国名著产生了兴趣，这对中国传统文化的回归是有推动作用的；二是对一直处于虚拟状态中的儒家正统思想进行了解构，这对我们重新认识儒家是有积极意义的。

　　但实际上，第二个意义是我赋予的。在我看了易中天教授对《隆中对》的解读后，便对他大失所望了。听说他还是位美学家，怎么连基本的文学常识与基本的中国传统文化精神都不懂。是他根本不懂，还是假装不懂？后来，我专门还看过他写的一些美学著作，其中写李泽厚的一篇写得尤好，有些地方让人拍案叫绝。可他为什么在对《隆中对》这样一个著名的文学细节进行如此解读呢？《三国演义》显然是虚构的历史。易中天似乎想还读者一个真实的历史。真实的历史在哪里呢？我听出一个词：人性。基本的人性。人性所拥有的常态。他想从常态的人性出发，来理解这部被夸大了的文学名著。但结果呢？他把经典解构了，却并不树立。他用的方法是常态的方法：能搜求到的历史文本、心理学、经验、灵感。他说，作为一个二十岁刚出头的诸葛亮要被刘备看重，并以"仁"心来顾请，是不切实际的。他于是猜想。猜想——仍然是猜想，他虚构了另一个刘备和诸葛亮，并且告诉我们，这才是真正的刘备和诸葛亮。他到底要做什么呢？听完他的讲座之后，你只有无尽的失望，并没有得到其他的东西。

难道这就是他的目的？再一次以普通的人性来解构传统？

自孔子以后，儒家的历史观便成为中国人的精神观，儒家所撰写的历史也成为中国人的精神史。孔子的《春秋》应该是开始，可是留下来的是其他的《春秋》。《春秋》的观念便是为天地立正心，有所取舍，有所褒贬。《史记》是这种历史观的第一座高峰，其褒扬的态度直露无遗。《史记》还成为文学。此后虽有另外一些被文学家和史学家称为了不起的史学兼文学类作品，但其影响都没有后来的《三国演义》大。事实上，《三国演义》已不是历史，与《史记》已泾渭分明。它是一部真正的儒家经典文学，在此之前，还没有一部文学作品如此浓厚地反映儒家的精神。在此之后，也没有哪部作品的视域或精神广度能超过它。它因此被视为儒家经典文学。因为是文学，显然是虚构，但在几百年来一直成为中国人精神资源的一部分。易先生在讲《三国》时根本没有（或是不愿意）涉及小说的中心意旨，只是简单地用所谓的历史观（更确切地说是虚无史观）来解构中国传统经典。倒并不是说经典不能解构，而是此解构导致的是虚无主义的盛行。

面对对中国传统并不十分熟悉的观众，易中天的演讲显然是成功的，但对于熟悉中国传统精神的读者或观众来讲，显然是荒诞的。对于那些始终将《三国演义》当作文学而没有完全将其当历史来看的文学家们，这种解构显然离题万里。谁都可以说，《百年孤独》是部以拉丁美洲的历史为素材的小说，有研究者甚至称《百年孤独》中的所有故事都是真实的历史，甚至马尔克斯自己也说它几乎全是真实的历史，没有多少虚构，但是，如果有哪个学者将其真正当历史来研究，便会将此部作品肢解得支离破碎，体无完肤。《三国演义》也一样，人们如果将它当历史，那也只是一部文学家的历史，是人们心中幻想的历史，并非客观的历史。与易中天同时上讲台的刘心武也一样，将《红楼梦》当成一部可以考证的历史，其荒唐程度更是无以复加。《三国演义》导演的是儒家的精神史，《红楼梦》演绎的是佛、道的精神。这是小说的主旨。它绝非人们现在意义上的历史。

小说为何贬曹拥刘？有没有真正的诸葛亮？为何要像易中天教授所说的那样曲解历史而设置种种理想的情节，如三顾茅庐，如《隆中对》，如《出师表》，如千里走单骑，如桃园三结义等？凡此种种，都是儒家理念在起作用的结果。

先说说大家都熟知的为何贬曹拥刘。这是因为刘备代表了正统，而曹操是挟天子以令诸侯，代表了不忠。刘备在三国帝王中还代表了"仁"的精神，他对关张二兄弟的义气，对知识分子（诸葛亮为代表）的尊重，也就是对道的尊重，说到底，他是一位真正的仁义帝王。而曹操对待属下的狐疑和残暴，代表了"奸"和不义。

为何有诸葛亮。也许历史上的诸葛亮比起小说中的不知要逊色多少，再加上易教授的解构，诸葛亮的形象便轰然坍塌。在儒家理念中，特别是在孟子开始，"内圣外王"和民重帝轻的观念已经深入知识分子灵魂。我们发现，在诸葛亮的身上，其实代表了如下一些儒家理念：智（自然是第一位的）、忠、礼、信等。诸葛亮不仅通古今历史地理军事文化知识，还通天地，能借来东风，能知自己生死。这是为什么呢？从汉开始，董仲舒等儒家诸子就开始把先秦百家的长处汇于儒家一身，阴阳五行之术也成为儒家的知识结构，"天"成为儒家的宗教。也是从孟子开始，知识分子就有了一种轻王的思想，在内在思想中，道是真正永恒的统治者，所以《三国演义》的作者罗贯中特意设置了诸葛亮轻慢刘备的场景，让刘备三顾茅庐于他。而道的持有者究竟是谁呢？本义上应该是帝王，所谓内圣外王就是这个意思，但是，知识分子的自负使知识分子觉得自己才是道的发挥者和持有者。所以，在刘备与诸葛亮之间，真正的灵魂似乎是诸葛亮，特别是在刘备死后更能说明这个问题。作者似乎在诸葛亮这个人物的身上用墨太多，用情太专，正如易中天分析的那样，将他自己的理想都化在这个小说人物身上了。但是，实际上呢，我们再进一步地分析就会发现，真正的王是"仁义"，即前期的刘备和后期的诸葛亮。当刘备死后，诸葛亮便继承了刘备的一些道德，代表了刘备。从小说中也可以看出，前期的诸葛亮自信风流、才华横溢，但后期的诸葛亮要沉重得多，这是道德的沉重。刘备死的时候，把后事托给了诸葛亮，诸葛亮完全可以像司马家那样废帝而自立，但是，小说并没有这样来安排，诸葛亮鞠躬尽瘁，六出岐山，死而后已。这就是"信"与"忠"。唯其如此，他才成为后世知识分子的楷模，也成为儒家最高形象。小说中还写了与诸葛亮相反或相应的不同人物，如庞统、周瑜、司马懿等很多形象，这些人物都从另一个侧面衬托了诸葛亮的了不起。

为何有关羽这样一个英雄形象？是因为儒家的义与忠的需要，所以关羽也就是忠义的化身，成为中国人道德的楷模。关羽的形象在《三国演义》中要比张飞等丰满得多，他能辞却曹操的高官厚禄，而千里走单骑，护送两位嫂嫂，寻找哥哥，所有这些情结都是作家精心布置的，就是要把"忠义"二字演义出来。

小说中这三个人物是整部《三国演义》的灵魂，他们活生生地把儒家的仁、义、礼、智、信等道德理念演绎了出来。所以说，《三国演义》演义的不是孙、刘、曹三国的历史，而是中国传统道德。这就是易中天把《三国》品歪了的原因。他把《三国演义》硬是当成了历史来嚼，却没有嚼出什么香甜来，更没有嚼出什么骨头来，反而嚼出虚无和失望。

我想，这是每一个真正有些中国文化修养的学者都能知道的常识。但易中天难道不知道这些？显然是知道的，但他对这些有些不以为然。

为何解构《隆中对》？鲁迅说，诸葛亮近于妖。对于一般的读者来讲，则近于神。易中天就是想将其还原为人，一个可能遭受过众多打击、经受过理想与现实冲突并且内心长期煎熬的知识分子。这也许是他的终意。然而，在这种解构中，我们看到的更多的是随意的猜想、戏说，有些喜剧性，听的人也听得高兴。没有悲剧。便失败了。

鲁迅是中国传统文化真正的解构大师，所以写的全是悲剧。他不知道中国人应该怎样走自己的路，但人们从那悲剧中产生了一种自觉的寻找。这也许就是鲁迅的意义。易中天缺乏这种真正想要解构的勇气，所以成了戏说。

但《三国演义》终要被解构的，它是变态了的中国儒家精神。

有中国文化史学者认为，宋明理学是中国儒学发展的高峰。我则认为，这是中国儒家发展的病态高峰。之所以说它是病态的，一是它直接导致了一个病态的社会。从宋明以来，中国社会有两个明显的特征，一是专制化越来越严重，二是对女性的压迫越来越变态，致使整个中国社会的伦理道德趋于病态。烈女、贞女、裹脚、西门庆等都是那个时代的一些符号。但这是从现在来看的，而在那个时代，知识分子并不自觉。虽然也出现了李贽等一些反理学的人物，但到底太少了，不足以构成反对的力量。所以，在那个时代虽然出现了中国小说史上的四大名著，加上《金瓶梅》《老残游记》《儒林外史》等，可以说是一个小说的大观园，但大多数都是反映那个病态社会的。

《三国演义》的病态一是在于对儒家的过分崇拜。诸葛亮就是一个过了头的儒家代表，是作家心目中的一个理想人物。在早期，他具有道家风骨，隐居山林，与道同在。隆中对之后，他成为一个儒家知识分子的象征，但已不是先秦时期孔子、孟子、墨子等一类的知识分子。先秦时期的知识分子是不得志的，他们东奔西走，各有主张，但他们都是以天下为己任，是一个世界公民。《三国演义》中也有这样一些人物，如庞统等，但诸葛亮不一样。孔子 73 岁时痛呼自己不得志的命运在这里被实现了。儒家的知识分子终于遇到了有道明君。与先秦时的儒家知识分子不同的还有，自儒术独尊以来，诸子学说渐渐被儒家知识分子继承，而诸葛亮就是这样一个集百家之长的人物，兵家、纵横家（舌战群儒）、阴阳家（借东风）等都被他裹于一身。这是一个学术的集大成者，然而，我们没有看到他在学术上的成就。诸葛亮还是一个礼教的典范。小说中的诸葛亮是一个风流儒雅的男人，但他娶的老婆很丑，他始终也很满足。从常理来看，即使提倡"存天理，灭人欲"的宋明理学的代表人物朱熹也很难做到这一点，朱先生在一直不断地寻找美色，其欲难灭。诸葛亮的此种反差显然是一种病态。当然，作者写此丑女大概主要是想说明诸葛亮对礼的尊重，因为此丑女是老师的女儿，外表虽丑，内心却奇秀无比。这种尊礼的情结最后浓重地表现在他一直扶持着一个根本不是有道明君的阿斗。试问，他为什么要如此病态地扶持这样一位君王？难道就是为了报答刘备的知遇之恩？以一己之私恩而舍天下于不顾，算什么呢？按孟子的思想，一个君王在无道或不适合做君王的时候，臣子们就应该考虑选择新的君王。但是，在《三国演义》中，这种愚忠处处皆是。曹操到处都能碰到那些愚忠的文人。

所以，《三国演义》的后半部很沉重。诸葛亮很沉重，沉重得有些病态。人们都骂曹操，却没有人骂诸葛亮，大概是有这种情义在。但这恰恰是个人的情义，不是大义。从这种意义上来看，曹操与诸葛亮到底如何呢？

《三国演义》的另一病态就是"吃人"。一是对女性的压迫，二是男人情谊的病态。《三国演义》第十九回中，刘备逃难到猎户刘安家，刘安一听是刘豫州到此，想找些野味给刘备吃，但一时找不到，便杀妻以食之。刘备问这是什么肉。刘安说是狼肉。第二天早上在后院取马，刘备忽见一妇人被杀于厨下，臂上肉都已割去，不胜伤感，洒泪上马。我想，鲁迅所说的中国的历史书里写的"吃人"二字，可能就是在这里看到的罢。此处虽然是要渲染刘备在人们心目中的地位，但杀人以吃之便显得太残酷。在这里，显示出作者对女性的极端蔑视。这种蔑视在这部名著里还有几处。一处就是小说中写女人的地方极少，即使写了，漂亮的女人便都是妖孽，如貂蝉，丑的女人便好，如诸葛视的老婆，最好的女人便是像男人的女人，如孙权的妹妹。这种思想与《水浒传》无二。另一处便是刘备对待自己的妻子和兄弟时说的一段话："兄弟如手足，妻子如衣服。衣服破尚可补，手足断安可续？"这种男人之情义在《水浒传》中也异常浓烈。

这些我想是应该全部要解构的，应该有一些新的观念。假如今天我们还是将《三国演义》奉为经典，将其中的一些病态思想仍然宣扬，就是大害了。用周作人等的观点来讲，这些地方都不是人的文学。

第三辑

中国传统文化批评与重构

中国古代文化的特征

　　这是研究和讲授中国文化史必须要解决的一个问题。梁漱溟是早期站在世界文化视角对中国文化进行研究总结的文化学者的代表，他从中国文化中概括出十四种特征；台湾学者韦政通认为中国文化有十大特征（独创性、悠久性、涵摄性、统一性、保守性、崇尚和平、乡士情谊、有情的宇宙观、家族本位、重德精神）；类似的说法还有一些。我的看法稍有不同。

自给自足的农耕文化

　　我以为，早期的钱穆先生和当下的余秋雨，都强调地理环境的重要性，把中国文化与西洋、东洋文化进行比较，将中国文化定义为农耕文化，将西洋文化和东洋文化定义为海洋文化，而将这两者之外的文化归为游牧文化，是有一定道理的。地理环境不仅会造就人的世界观，还会对人的性情有巨大的影响。比如，北方大漠的粗砺、四季分明的气候及艰难的环境使北方人性情爽朗、豪迈、野性，其信仰较南方人也单纯、坚定，而南方的秀丽、温暖使南方人较温和、含蓄，其信仰也多世俗化。因此，要讨论一群人的文化，大概首先要看看他们恒久以来生活的地理环境。

中国位于亚洲大陆的东南部，背靠大陆，面向太平洋，属海岸型半封闭式的地理环境，四周有天然的阻隔。西北是难于逾越的、高寒干旱的帕米尔高原；西南是世界上最高的喜马拉雅山山脉；东南是横断山脉和湍急的江河以及热带丛林瘴疬之区；北部是浩瀚无垠的戈壁和大漠；东部自黑龙江直至北部湾，面对的是无边无际的太平洋。这样一种独特的地理环境，限制了中国人的思维发展，形成了中国以自我为中心的独立文化。同时，适宜农业的陆地又形成了独特的农耕文化。中国的陆疆长达两万多公里，陆地面积占世界的 1/15，相当于整个欧洲，是世界上领土面积最大的几个国家之一，仅次于俄罗斯、加拿大。大部分区域属温带，其次为亚热带，南北各有一小部分地区分别伸入热带和亚寒带。"辽阔的土地、复杂的地形、多样的气候使中国的自然资源极为丰富。平原地区盛产小麦、水稻、玉米、高粱、粟等粮食作物和棉、麻、油料、糖料等经济作物，山区除生产粮食外，还出产茶叶、桐油和药材。大面积的草原，畜养着大量牛羊。"[①] 由于温带气温适中，为这里生存的人类提供了较好的生产、生活条件，从而成为文化的发祥地，而且拥有了独特的性格和文化特征。钱穆先生将人类的文化分为三种类型：游牧文化、农耕文化和商品文化。我以为这种划分是抓住了地理对人类文化产生重要影响这一特征，但商品文化与游牧和农耕文化不是同一

---

① 蔡宗德编著：《中国历史文化》，中国旅游出版社 1998 年版，第 26 页。

类别，不是地理概念。我以为应该将其划定为海洋文化。也就是说，人类的文化，按地理因素应该划分为游牧文化、农耕文化和海洋文化。中国的文化，其中心是农耕文化。中国版图不断向西与北的扩张，主要是在对抗与同化游牧文化。几次被游牧文化打败，但很快，农耕文化又将游牧文化化于无形，最后，仍然是农耕文化一统中华。到清时，游牧文化基本上臣服于农耕文化。但自 1840 年起，中国受到来自海洋文化的冲击与侵略后，其文化的对抗对象便成为东南沿海而来的海洋文化。

这就为我们提出一个问题：为什么游牧文化会被农耕文化同化？海洋文化对农耕文化的侵略是会与游牧文化同命运，还是会占胜农耕文化？也就是说，在未来的中国和世界，究竟哪一种文化更加适合于人类？

在对比中我们就会发现，农耕文化与其他两类文化的不同在于，农耕文化有自给自足的特点。由于有了农业，人类可以在大地上定居下来，种粮食，养生畜，摆脱了人类对天然食品的过分依赖。这也符合人类的欲望要求和追求自由、自在（从另一个角度说，也是懒惰的天性）的特性。也就是说，农耕经济的自给自足使农耕文化自然地拥有了追求和平、保守、中庸和乐天好土的特点。但是，游牧文化与海洋文化不同，他们所依赖的是游牧经济与海洋性的商品经济。游牧人所依赖的是水草，一个地方缺少了水源与草地，他们就会丢弃，去寻找新的水源与草地。这也是北方少数民族之所以侵略中原的主要原因。追求和平、稳定、自足是人类的理想。所以，无论是最早的秦戎、北魏，还是后来的蒙古族与满族，在入住中原后很快就会追求稳定。这样，游牧经济也很快就变成农耕经济。这就是中国两千年社会虽然多次被北方少数民族统治，但在文化上和经济上始终为农耕的原因。中国的农耕，有着悠久的历史，在距今六千年的新石器时代就已出现。到了商代，由于青铜农具的发明，使种植业达到新的水平。战国时期，由于铁制农具的推广与使用，粮食产量增加，农业成为人们食物的基本来源。自秦以后，发展农业成为封建国家的基本国策，农耕区扩展到黄河流域、长江流域、珠江流域、云贵高原及长城内外。

　　钱穆先生把海洋文化称为商品文化，其意思是海洋文明主要是在商品经济基础上发展起来的，但是商品经济不能等同于海洋经济。在海边以渔猎为生的人跟以游牧为生的人有共同之处，因为内中不足，他们要不断地向外索取，才能获得生存与发展。所以他们向远海进发，在发现美洲大陆后，他们将其据为己有。在发现亚洲最繁荣的中国大陆后，他们也想将其瓜分。从地理自然环境和生存心理来看，游牧文化和海洋文化存在先天性的侵略性，而农耕文化则表现出恒久的和平性。人类的终极价值乃和平。无论是宗教，还是哲学与艺术，人类最终追求的是和平、稳定、幸福，而非侵略性的战争。无论是东方的文化，还是西方的文化，其终极目的仍然是和平。这也就是说，从文化的终极价值来看，海洋文化和游牧文化都不是人类的终极追求，只有农耕文化才符合人类的共同愿望。也许正是在这个意义上，钱穆先生认为，中国文化是人类所有文化中最优秀的文化，是人类的希望所在。

宗法制的男权文化

中国大概是世界上最早进入父系文化的地区，而且也是父系特点最极端的文化地区。在世界的其他地区，特别是古文明发祥地，都能看到大量的母系文化的遗迹，尤其是女阴崇拜，可是，在中国很少，尤其是在中原地区极为罕见。这使得中国人从古代开始就具有强烈的男尊女卑的思想，认为这是天定的，是自古以来就不能改变的天理。

由于这一原因，所以中国人的伦理中就带有强烈的父系文化特点，而这种父系文化又是以宗法制为其结构的。儒家的"三纲五常"是大到国家、小至家庭和个人的伦理法则，而中国人的道德生活也由此开始。

由于浓烈的父系文化特点，使中国人的文化从很早开始就有了节欲甚至禁欲的思想，到宋明发展为"存天理，灭人欲"的非人思想。中国人的哲学多出自《易经》，《易经》强调"一阴一阳之谓道"，但《诗·大雅·生民》描述了周人的祖先后稷的诞生。其母有一天外出发现有巨人的脚印，然后就想用自己的脚去踩那巨大的脚印，量一下大小。然后就有一股力量振动了她的身体，怀了孕，生了后稷。这是中国古人对祖先的一种神圣的猜想，这种"圣人无父"的思想后来还有很多例子。如华胥踏巨人迹而生伏羲，安登感神龙而生神农，女枢感虹光而生颛顼，附宝见大电绕北斗而生黄帝，女节接大星而生少昊，庆都遇赤龙而生尧，握登见大虹而生舜，修已吞神珠薏苡而生大禹，扶都见白气贯月而生汤，女修吞玄鸟卵而生大业，哀年夷沙壶触沉木而生龙子，等等。这种思想与父系时代禁欲思想中的"处女情结"有关。大概这种思想应该上溯到母系氏族时期。那时，人类尚处于乱伦时期（实际上把那个时期称为乱伦时期是不合适的，乱伦是我们后人的形容），人不知其父。这是孔子说的。人不知其父，于是三代之前的圣人都是无父的。人只记住了自己的母亲，却不知道自己的父亲，这种传说经由人类口耳相传和宗教的浸染后，便成了"圣人无父，感天而生"。后人一再地歪曲，连孔子也成为耶稣一样的神人。

不仅如此，中国的神话故事和民间传说也一样"纯洁"，如神仙们都几乎没有欲望。这与西方神话的乱伦和纵欲是截然对立的。如众神之王宙斯不仅与自己的母亲生过孩子，还和自己的妹妹甚至自己的女儿都生过孩子。这反映了人类早期有过一段乱伦的生活经历。

类宗教的道德文化

在先秦时期和之前，中国不仅处于众多民族相互融合的时期，也处于原始宗教时期，但始终没有一个统一的宗教。到了汉时，董仲舒在"罢黜百家，独尊儒术"后，欲将儒家思想宗教化，提出"天人感应"观念，但从那时起，"天"在民间仍然具有宗教般的神圣。"生死由命，福贵在天"，"你知，我知，天知"，人在绝望之时，也往往会不自主地喊"天哪",如同基督徒们喊的"上帝啊"一样。在知识分子那里,虽然没有明确的信"天"的宗教虔诚,但是,对宗教仍然是非常敬畏的。此外,自道家开始,对"天道"的认识也开始影响中国人的生活。自汉开始,儒家与道家合而为一,知识分子对中国的道德文化进行了界定,在尊重天道的前提下,确立人道,这便是儒家倡导的道德,即仁、义、礼、智、信、孝等。这一基本特征是在中国特殊历史地理环境和经济、社会、政治条件下形成的。这种以仁为价值、以孝为核心、以礼为形式的道德伦理体系影响了中国传统意识形态的各个领域及各时代人们的心理和行为规范,在中国传统的哲学思想以及教育、文艺、制度、宗教、风俗中无不体现着孝亲、尊祖、忠君、敬天等伦理性观念,这是其他文化形态所没有的。梁漱溟在其《中国文化要义》一书中通过对中西文化的对比研究得出中国文化的十四个特征,其中的两个特征"宗教被非宗教的周孔之教所代替""道德气氛充塞社会"说的就是这种文化特征。

此外,这种类宗教的道德文化也体现在中国文化从汉开始便形成以儒家为核心,以释、道为补充的儒、释、道逐渐融和的文化。中国知识分子"达则兼济天下,穷则独善其身"与"有道则显,无道则隐"的处世风格就是这种儒、释、道合一的结果。当他们能够影响时局时,往往是以儒家的仁、义、礼、智、信、忠、孝等来治世,而当他们时运不济时则往往隐居山林,与自然为朋,修身养性,与道同在,并非自暴自弃。这种通脱的处世哲学使中国知识分子往往能够超越自我。

追求和平、和谐的价值文化

前面已经述及，中国因其农耕文化的特点，与游牧文化和海洋文化相比，自给自足的特点使其自然地拥有了追求和平、稳定的心理特征。与这种终极目标相适应，"和"便成了中国文化最重要的本质特点之一。除了元朝的蒙古族（其本身就不是中国文化）外，中国自古以来几乎没有主动发起过进攻外族和外国的战争。

秦的祖先是游牧民族，从某种意义上讲，正是这种游牧文化中的侵略性和野蛮性一直在壮大着秦国，也成为其统一六国的内在力量，但秦统一六国后，即刻成为一个以农耕文化为中心的中国，再也不是秦国了。此时的秦始皇首先想到的便是和平、稳定、流传万世，于是，他大造长城，想把北方的游牧民族挡在长城之外。这一巨大的工程自建造以来都被文人们指责为不该修建的世界上最残酷的工程之一，如同金字塔一样。但是，很少有人想过这其中的文化原因。秦始皇统一中国后，不但开始大修长城，而且开始寻访长生不老药。他想到的其实是和平。1909 年 10 月 2 日，中国第一条铁路——京张铁路刚刚通车，孙中山参加完典礼登上八达岭长城，他看了后感慨道："长城是中国的一大发明，功劳甚至超过大禹治水……"20 世纪 80 年代末，大学校园里一度在探讨长城对于中国文化的意义，多数人认为这是保守的文化象征。其实，和平与保守的确常常互为连理。要追求和平就不得不采取保守的态度，以求稳定。

从汉开始至唐代，中国的版图不断地在扩张，也并非说明中国的侵略性。只要好好读读历史，就会发现，以农耕文化为特征的中国虽然有了长城，但仍然不断受到北方和西方游牧民族的侵扰，于是，为了求得永久的和平，政府不得不发兵平定北方和西方。可以说，中国版图的扩张是以和平为主旨的。

从宋开始，中国不断被北方游牧民族侵扰，后蒙古族入主中国。这个游牧民族虽然把汉人定为最低层阶级，但是，他们入主中国后，生产经济立即从原来的畜牧业改变为农耕经济，这就使他们不得不以中国的古老文化来统治基业。所以说，农耕文化在根本上起了作用。蒙古族的不断外侵与农耕文化追求和平的主旨相背，而其将中国人分为四等的做法和实行苛政的做法又违背了中国人追求和平的社会理想，所以，蒙古族也仅仅在中国统治了 97 年。

后来的满族看清了蒙古人灭亡的原因，所以一进中原后便开始实行亲汉政策，尤其是在文化上完全采取中原的文化，这就使得清朝一步步站稳了脚跟。清朝统治中国以后，便也失去了往日的雄姿。这块富庶的土地使他们又一次想到了和平、永恒。

从历史来看，追求和平是中国农耕文化的本质特点，但也是这个特点使中国文化趋于保守，所以历来都是游牧民族和海岛国家来侵犯中国。

和谐主要指的是中国虽是多民族的国家，但文化上始终有一种兼容并蓄的包容性，所以各民族之间能够和谐相处。这仍然与农耕文化追求和平和宗教的道德文化相关。追求和平使不同信仰之间的民族能够互相忍让，互相理解。类宗教的道德文化特征又使中国的文化始终追求一种人性的、世俗化的价值观，这使中国的文化既能尊重外来文化的信仰，如对佛教的尊重，又能使外来文化与中国的世俗文化互相融合。

总之，追求和平与和谐是一切文化中的正价值，是人类的终极目标。无论是佛教文化、基督教文化，还是伊斯兰文化，其终极价值与此相同。这也是中国文化能够绵延数千年而没有衰亡的原因之一。

中国文化如何成为世界文化的
重要组成部分

季羡林先生曾经说过，21 世纪是东方文化的世纪。后来有人干脆说，21 世纪是中国文化的世纪。余秋雨不同意，写过一篇文章，说 21 世纪不可能是中国文化的世纪。其实，不管是哪种说法都是有问题的。无论说儒家文化是未来人类文化的主流，还是说不可能是主流，都是不切实际的。21 世纪是一个文化大交融的世纪，准确地说，是一个文化再造的世纪。哪一种文化都不可能成为唯一的文化，而只能成为文化的一部分。至于是否是重要组成部分，就要看中国文化是否能为人类提供时代所需要的营养价值，当然，还要看命运。在历史上，有些文化是很有价值的，但时机不成熟，人们便不会选择。文化的选择也是一件水到渠成的事，是自然而然的选择。

人类的文化从其哲学、体制、影响范围等综合因素来划分，大概有四个类型：被称为西方文化的基督教文化（其实也来自东方）、以中东文化为中心的伊斯兰文化、中国文化和印度文化。后三种都是东方文化，但不是文化的主流。在以前盲目的西方人眼里（现在也是），欧洲文化便代表了世界文化，所以到黑格尔为止，中国的文化乃至其他文化都始终没有进入西方哲学家的眼里。黑格尔对孔子的嘲讽便是一例。

但是，可悲的是目前中国人说起世界文化，也只是说西方，中国好像可以被忽略。这一特点在我们中国人的文化、教科书以及日常生活中，是习惯了的。

比如，当我们要讨论一个概念时，即使这个概念是中国文化固有的，但仍然首先要去探讨希腊文、英语的原意。这一西方哲学家和学者惯用的思维模式已经覆盖了中国学者和思想家乃至文学评论者的头脑。很多评论家，特别是文学评论家动辄开头与结尾都要缀上一个西方学者的名字与一段话，一则表示他学识的渊博，二则表示他师出有因，三则表示他的话也是权威，即有中心话语的支持。在我看来，他们可能是不屑于引用中国人的话语，但也很有可能是他们根本不懂得中国古典话语，何来引用？在历史学和人类学那儿，更是如此，人类的历史往往是欧洲人的先祖史，与亚洲人似乎无关，更与中国人无关。这是多么可笑的事实！中国人的历史与文明是世界公认的，但在话语权上，却没有任何资本。

这种失语的习惯其实更多地来自于教科书，特别是大学教科书。由于要阅读世界性的经典，所以必须要学习英语。而英语世界对中国暂时还没有接纳。也就是说，在英语世界包括德语等世界里，中国文化还没有成为世界文化的重要组成部分。只有极少数的哲学家（雅斯贝尔斯、海德格尔等）曾将视野投注到中国古老的哲学和思想上，绝大多数西方文化界对中国仍然是极为陌生的。中国的文化还不能得到世界（欧洲的世界）的认同。

在习惯上，近二十年来，中国人在生活中动不动就会用这样的语句："人家西方人怎么怎么地。"不管我们知不知道西方，中国人都会用这样的思维模式去思考和判断中国的一切。唯西方主义已经成为一种不争的事实。另一方面，一些只顾强调中国文化的人，又动不动以一种无知的态度批判外国。很多在欧洲的留学生曾经与我交流过，他们都是被中国的一些主流杂志灌输坏了，对西方已经有一个先入为主的概念，但真的到了欧洲，才发现根本不是国人的杂志和报纸上说的那样。

　　《大哲学家》是德国哲学大师雅斯贝尔斯晚期所构想的三卷巨著中仅完成的一卷，于 1957 年在德国出版。当时正值中国拒绝传统文化，极度强调德国马克思主义和国际社会主义思潮之时，这位远在欧洲的哲学家却开始关注中国的孔子与老子。他把孔子与耶稣、苏格拉底、佛陀并列为人类思想范式四大创建者之一，而把老子列为八大形而上学的哲学家之一。德国波恩大学汉学系主任顾彬在《大哲学家》中文版序中说："一位德国大思想家违背时代的精神，在他的一部主要著作中对中国做了介绍。"可见，雅斯贝尔斯对中国文化的重视在当时的欧洲是一个异端。顾彬说："那时孔子不论是在中国的理论家还是德国的汉学家那里都遭到了唾弃。人们不一定要喜爱孔子，但是应该严肃地对待他。雅斯贝尔斯这样做了。"在 20 世纪中期和前期，还很少有人给予孔子如此崇高的地位。

　　顾彬批评道："中国在其革命的进程中常常淡忘了对自己固有传统应有的重视，取而代之的却是对所有所谓新生事物的偏爱。"是的，我们正是世界所看到的那样，我们在近百年来不断抛弃我们的传统，直到她被踩在脚下，再也发不出一点声音时，我们以为她彻底消失了（消失了对我们是多么好的一件事啊，因为我们终于可以自断血脉，寻找到新的幸福，我们可以成为别人的子孙，这根本不要紧，要紧的是幸福本身），可是我们哪里知道，她竟然不声不响地、凄凉地做了我们的影子。当世界对中国人说：你们，这帮东亚人，哪有什么文化？没有文化，你们算是哪里人？是文明人还是野蛮人？直到这时，我们才被骂醒了。但是骂醒的是那些在世界各地的中国人。请问今天谁重视中国传统文化？谁在四处伸长脖子喊着拯救中国传统文化？中国的传统今天在哪里？

在海外，在海外的中国人那里。这是为什么？想想吧，国人。是他们首先与世界相遇。那是一群多么无畏的人，他们的孤单与悲苦是国内人无法感受到的。

世界正在注视中国，而中国无视自己的传统。请到今天中国大学的校园去看看，有几个人传承了中华的美德？请到新一代人那里去听听，他们满口的污言秽语，有几个是礼仪之邦的儿子？去问他们孔子、老子，有几个不大骂这些老不死的，而他们又知道孔子和老子多少呢？

如果说，"五四"时期那些文化健将们是为了革新中国的文化命运，才提出要打倒中国传统文化，是可以理解的，因为他们身上承载了沉重的传统文化的基因，他们急于想把中国带向世界，可是，今天不同了，今天有几个人进过私塾？有几个人通读过《论语》《道德经》《易经》？更不要说背诵了。

我们对自己一无所知。我们听别人说孔子很糟糕，也就跟着说孔子很糟糕；我们听别人说老子是无用的，也真认为他的哲学是无用的哲学；我们听有些人说《易经》是迷信，就彻底地将其打倒。

我们听说，科学是真正的宗教，我们就一切唯科学是从，而科学却成了我们的迷信。

有几个对中国传统文化真的了解呢？没有了解怎么能轻易地否定呢？这等于是别人说你的爷爷是贼，而你根本就没去查查他真的是不是贼却相信了你爷爷是贼，然后你一直背负着这种耻辱而屈辱地生活着。假如你有一天去查了查，竟发现你爷爷根本就不是别人所说的贼，而是价值观不同、生活观不同，你发现你爷爷原来是一个非常值得你尊敬的人，是一个真诚的人，你就再也不会屈辱地生活下去了。到了那个时候，别人还会认为你是贼的后代吗？

在《大哲学家》这本书里，雅斯贝尔斯似乎给我们做出了典范。他跳出了自己以欧洲为中心的存在主义哲学框架，从哲学文化上来考察世界文化，而不是以政治、经济、军事中心主义的观点去考察世界文化，他认为，分散在世界各地的大思想家都创立了伟大的形而上哲学、思想范式和道德伦理。在这一点上，孔子不亚于苏格拉底和耶稣，老子不亚于巴门尼德和赫拉克利特。他认为，从这一点上，东方和西方的人们在今天有必要为了世界的共同体建立一个新的"轴心时代"，在这样的一个时期中，是由人而非民族决定人类的命运。

他还创立他的几个重要哲学概念，这些词汇都是以世界（world）一词开头的：世界方向，世界哲学，世界市民，世界意识，世界历史。

可以这样认为，从他开始，哲学已经成为世界的了，再也不是某个民族和地区的了。欧洲也只是世界的一部分。那么，我们是否可以这样来看我们的传统：她是世界传统的一部分，她创造了世界文化的辉煌，我们认识她、理解她并创造她，是为了世界文化的前进而这样做的，并非只是为了中国文化。这是一层含义，另一层含义是：今天我们来认识世界，既不能太夸大中国传统文化在今天的作用，也不必去贬低她，而应该平和地看待这个问题。她是世界的，也是个体的。即这一文化会为谁带来幸福，那么，谁就将拥有这一文化，那么，她就再也不只是中国人的文化了，而成为人类的文化了。

但问题是，人类（欧洲人为中心的人类社会）还不了解这一文化，又何谈文化的平等呢？所以，我们有必要争取文化的平等价值。也许，到那时候，我们就再也无须如此强调中国的传统文化了。那时，文化成为一种真正的共同体，成为人类的，而不再是中国的。

这也许需要一段漫长的时间。

如果"五四"以来的近百年属于救亡主义者的思维模式的话，那么，今天，我们就不应该还以一种救亡的姿态出现，应该是自强自立的姿态。它需要我们反省近百年来的文化与历程，需要我们来批评。如果对这段历史还一味地去赞赏，而不去批评的话，那么，我们这个民族就没有了自省的能力，也就不可能真正地进步了，与世界也会越来越远。

过去，我们学习西方，是被迫的，势也，并非价值所在。而今天我们学习西方，虽然仍有被势所迫的意味，但价值判断应该占有很大比重了。也就是说，除了学习那些不分国界与文化界限的技术外，对于西方人的幸福论、哲学观和人生态度，应该从价值的角度来接受与消化，而不应该一味地接受。这是一百年后的不同。

过去，如果我们把西方当成世界主义的话，那么，今天我们应该将自己加进去。我们自己本身就是世界的一部分，世界不能没有我们中国的文化。但是，当我们自己都不去传承自己的文化，如同已经衰落了的埃及文化和基本消失了的古巴比伦文化那样也悄悄地沉寂了的话，有一天，我们就成为历史的一部分。从历史虚无主义的角度来看，这根本无须哀叹，因为所有的存在都将成为历史。三十年河东，三十年河西，文明的中心轮流坐庄。但那也是未来世界主义者的感叹，对于我们目前的中国人来说，则意义非凡。

她并非来自于异国他乡的游子们的期盼，而是来自于他们的情怀。那就是文化的根。我们中华文化与欧洲文化是有大不同的，我们对生命的态度与他们不一样。无论我们到了哪里，如果我们是在中国长大，潜移默化地接受中国式的教育，那么，我们越是老去，就越是感到有一种生命的根本的意义在左右着我们，那就是中华文化式的生命精神。我们可以不去提倡国家，但我们不能不提倡文化。这不是政治家们的事，而是有关我们个体幸福的大事。也许国家不存在了，但只要这种文化存在，我们的幸福就与她有关。

中华文化提供给人类的是一种和谐的幸福生活观，这是欧洲文化乃至世界发展极为需要的一种文化，她能使世界文化生出一种新的文化。同样，欧洲文化和世界文化也一样是我们中华文化极为需要的文化，这些外来的文化与我们固有文化在碰撞后会发生基因突变，会产生一种更为积极的文化。

当然，对于今天的中国人来说，已经不是你要不要世界文化的问题了，而是一件被迫的事实。这一点，对于欧洲人却不一样。他们对中国的接受完全是一种自愿，是一种好奇，是一种皮相的认识。要真正认识中国的文化，恐怕还要看中国文化的传播与中国政治、经济的强大。

为什么要学习西方文化

——在《西方文化概论》讲授前的演讲

新儒家提出一个命题，要将马克思主义和中国传统文化结合起来，重新塑造一种新的文化。这实际上正是目前中国的国情。从国家主流意识方面来看，当然是马克思主义。但自从这几年中国传统文化热兴起之后，中国人对自己的母文化的认同感越来越强烈，中国传统文化在暗中与人们的生活、习性、审美等各方面开始接壤。同时，对于西方的学习也自觉起来。20世纪80年代的完全西化和之前的完全反对西化都有些不合时宜了。中国经济的强盛使中国人有了文化自信，能够理性地认识西方的文化了。因此，在今天来谈学习中国传统文化时，与过去已经全然不同，它意味着要在全球化、西方文化和马克思主义的大背景下有对比地学习，也就是有批判地学习。也就是说，学习中国传统文化与学习西方文化要同步进行。

"西方文化"这一概念在我们中国的文化中，意味着强势、侵略、欧洲、世界文化的中心等，总之与我们中国文化是一种既要融合又始终有着对立情绪的存在。我们讲的西方也常常指古希腊文化和基督教文化所教化的地区，于是它就多指欧洲与美洲的部分地区。

事实上，这种西方文化也早已浸入现当代中国人的文化生活中，并发生着深刻的影响。对于这一点，中国学人有不同的看法。

这些看法大致可以分为几个阶段。第一阶段：认识阶段。从明末清初开始，中国人开始接触西方文化，这时主要是通过利玛窦、汤若望、南怀仁几个传教士对基督教和科学的传播认识。此时的西方科学技术开始迅速发展，而中国这时科学技术的发展都非常缓慢，大大落后于同时期的欧洲，但中国人不自知。给中国人带来西方科学技术的第一人是利玛窦。利玛窦在中国的传教意味深长。于 1552 年出生于意大利马尔凯州（Marche）马切拉塔（Macerata）的利玛窦，家里经营利氏药房，非常富有，他的父亲一直担心利玛窦加入耶稣会，但有趣的是，19 岁的利玛窦在圣母升天节那天加入了耶稣会，20 岁学习哲学、神学、天算，以及拉丁文、希腊语、葡萄牙语和西班牙语。25 岁时，利玛窦获准赴远东传教。先到印度，在那里传教四年，得到了耶稣教会总部的赏识。此时的中国明朝正值闭关锁国，之前的传教士都未能进入中国内地，只能停留在澳门。此时，教会中人想到了在印度的利玛窦。1582 年（万历十年），也就是利玛窦 30 岁的时候，他被召往中国传教，8 月 7 日到达澳门。聪明、好奇的利玛窦对中国感兴趣的第一件事便是完全与拼音文字不同的汉字。为此，他后来还学习了中国的"四书"，并用"四书"来解释基督教教义。这是后来的事，当时他面临的最困难的事是如何进入中国内地。由于在印度传教的经验，利玛窦注意到中国人对佛教的尊重，于是，他们对中国官员自称来自"天竺"，致使中国人以为他们是佛教徒。他们穿着佛教僧侣的服饰，于 1584 年获准入居广东肇庆，8 月在肇庆建立了"仙花寺"，开始传教工作。他们从西方带来了许多用品，比如圣母像、地图、星盘和三棱镜等。其中还有欧几里得的《几何原本》。利玛窦带来的各种西方的新事物，吸引了众多好奇的中国人。特别是他带来的地图，令中国人眼界大开。让中国人接受他的另一原因是利玛窦对中国文明的称赞。利玛窦说，除了还没有沐浴"我们神圣的天主教信仰"之外，"中国的伟大乃是举世无双的"，"中国不仅是一个王国，中国其实就是一个世界"。他感叹"柏拉图在《共和国》中作为理论叙述的理想，在中国已被付诸实践"。而且他还发现中国人非常博学，"医学、自然科学、数学、天文学都十分精通"。但是他也发现"在中国人之间科学不大成为研究对象"，而这也恰恰成为他与中国人沟通的最大的法宝。1584 年利玛窦制作并印行《山海舆地全图》，这是中国人首次接触到近代地理学知识。在利玛窦解释各种西方事物的同时，他还介绍了他们的天主教信仰，被蒙在鼓里的中国人在读了中文写成的《天主实录》时，还把它当作佛教流派。他们的行动非常谨慎。后来他们发现穿僧侣服装还是不能进入中国的上流社会，于是，他们便留起了胡子，穿起了儒服。最后，他历经种种困难终于到达北京，见到了中国皇帝，进呈自鸣钟、《圣经》、《万国图志》、大西洋琴等方物，得明神宗的信任，并获准永驻北京。但中国的朝廷仍然没有注意到，利玛窦长住北京的目的是为了传播基督教。到了 1605 年，北京已有 200 人信奉天主教，当中有数名更是公卿大臣。这当中最著名的，也是后来影响最大的是进士出身的翰林徐光启。在徐光启的影响下，欧几里得的《几何原本》等书被陆续翻译，这些著作不仅带给中国许多先进的科学知识和哲学思想，而且许多中文词汇，如点、线、面、平面、曲线、曲面、直角、钝角、锐角、垂线、平行线、对角线、三角形、四边形、多边形、圆、圆心、外切、几何、星期等，以及汉字"欧"等就是由他们创造并沿用至今。利玛窦被《四库全书》编纂者称为"西学传入中国之始"。他是天主教在中国传教的开拓者之一，也是第一位阅读中国文学并对中国典籍进行钻研的西方学者。此后，汤若望、南怀仁在向中国皇帝和知识分子带来科学的同时，全力传教。他们不仅把火炮、天文、地理方面的知识传播到中国，还建成了北京城内的第一座大教堂（南堂），把西方的基督教文化慢慢地扎根到中土。在这一阶段，中国人还沉浸在"天朝大国"的美梦中，对外来文化一方面轻视，另一方面采取闭关自守的对策。这使中国人在欧洲文艺复兴时期失去了一次世界性的机会。

　　第二阶段：接受阶段。中国人从最初的排斥，到"五四"时期逐渐接受西学甚至要求"全盘西化"。"西学东渐"使西方文化大量传入中国，对于中国的思想、政治和社会经济的发展产生了重大影响。民国时期，出于对政治的不满导致部分知识分子提出"全盘西化"的主张，并造成巨大社会影响，可以说这一波的"西学东渐"潮流，一直持续到当代而未停止。这一时期对西方文化的探讨可以说是渐入深刻。如果说明末清初中国人对基督教不甚了了的话，现在则有了进一步的了解。但是此时，中国人所接受的并非基督教精神，而是西方的科学技术，这便是"西学中用"。洋务运动即此。慢慢地，中国知识分子到外面去求学，接受了近代西方哲学，回国后也开始传授西方的哲学思想。最有影响的便是严复的《天演论》。在《天演论》中，他以不同于中国儒家思想的"物竞天择""适者生存"的生物进化理论阐发其救亡图存的观点，对中国保守的文化思想界颇具冲击力。到了"五四"前后，一大批西学归来的知识分子纷纷倡导西学，如鲁迅、李大钊、胡适、蔡元培等。他们不但砸倒孔家店，全盘否定中国传统文化，还从西方寻求救国的思想。终于，西方的马克思主义思想被中国共产党引为拯救中国和全人类的思想法宝。随着马克思主义在中国的确立，进化论思想和更多的西方科技与哲学也进入中国的文化圈。这一阶段，中国人被西洋人的枪炮声吓住了，恐惧、自卑、图存与自强心理充满了中国知识分子的内心。无论他们怎样对待中国的传统文化和西方文化，其救国图强的诚心昭彰。

第三阶段：重估和融合阶段。奇怪的是，中国的知识分子在接受了西方的马克思主义后，却又对"西方"一词充满了反抗。这种反抗不仅仅是政治家的反对资产阶级化，而且是知识分子对完全西方化的反对。只有在中国的国门真正向西方（和世界）开放后，中国的知识分子才有理由心平气和地重新评估西方文化，而重估西方文化也就是有取舍地接受西方文化，也就是中国文化与西方文化真正融合的时期。在这一阶段，先是 20 世纪 80 年代的全盘接受西方文化。值得说明的是，虽然一些人对"西化"一词深恶痛绝，觉得中国就应该走一条中国式的道路，但因为中国所持的思想武器是马克思主义，从本质上来讲，仍然属于西方化，只不过是以西方的马克思主义对抗西方的"资产阶级思想"而已。直到市场经济开始，中国的经济慢慢地在世界上崛起之后，中国的知识分子才真正开始面对中国的传统文化，也才有了真正的对话、重估与融合。20 世纪 90 年代中后期提倡"德治与法治相结合"的思想实际上就是中国的传统开始觉醒的时期，到了 21 世纪之后在世界各国建立"孔子学院"和中国本土的国学热的兴起，说明中国人对全盘西化已经不满意了，而对自身的传统重视了。从早期的文化自卑到现在文化自觉，中国人才真正地踏上走向世界文化的道路。在这个时候，一些 20 世纪三四十年代在中国内地宣传儒学和后来在港台地区发展新儒学的知识分子又被重新认识。钱穆、唐君毅以及活跃在港台及海外的一些儒家学者的学术被人们重新认识，并且渐渐形成一种共识：在当今世界文化、经济渐渐一体化的态势下，中国的知识分子一方面应该在中国文化方面承先启后，另一方面要广泛地吸收西方思想，为人类的发展贡献力量。

在这里，特别介绍钱穆和唐君毅两位先生的观点。

钱穆认为，世界文化可以分为游牧文明、农耕文明和商品文明（海洋文明），其中，游牧文明和商品文明都是极具侵略性之文明，天性恶，只有农耕文明崇尚和平，天性善。从人类追求的终极价值来看，农耕文明所孕育的和平思想必然是人类的归宿，相反，另外两种文明将慢慢成为人类要放弃的文明。这种见解在今天有一部分学者比较支持，认为只有儒学才能拯救人类。

唐君毅在考察了中国学人对西方的态度和西方的文化后认为：自明末清初以来，"中国三百多年来的学术文化精神，从反理学运动开始，即斩断了宋明理学家那种以顶天立地的精神来贯通的发展民族生命、文化生命的气概"。到清朝末年，学术文化界则"以才情逞幻想，局面虽较开展，不免趋于浪漫，开始鄙弃过往文化"。唐君毅认为，康有为、梁启超、谭嗣同、章太炎等人，也讲中国历史文化，但是都不肯接上中国儒家传统。梁启超喜讲墨子；谭嗣同《仁学》乃佛家与墨学精神结合；康有为虽讲孔学，而以长素为名大于孔子自命，其《大同书》不仅共产且共妻，男女同居不得过一年，人死以骨头作肥料，是一部彻底的充满浪漫幻想的功利主义著作；章太炎先生反今文而讲古文，处处与康有为相反，著《五无论》，归于无部落、无政府、无国家、无人类、无世界的"无政府主义"。"诸老先生在清末民初所对思想界之影响，一是浪漫幻想之精神，一是开始消极的批判中国文化传统之精神。他们只有横的一切个体平等之社会意识，与企慕将来之社会意识，而不重积极发扬充实民族之生命力、精神力，及凝翕分散之个人之普遍原则之建立，亦无对于民族生命、文化生命之客观存在积极加以肯定，承前启后以建立一顶天立地之国家之意识。"

唐君毅对新文化运动的态度是："新文化运动轻贱中国文化、理学与孔子，以至拿人类与动物、石头齐观，与后来顾颉刚先生之要把中国所崇拜之大禹王化为一虫，并求缩短中国历史之年限等；最初皆可能是出于要打破民族之夸大狂，顽固者迂执之见的一种善意。然而他们不了解，西方科学与民主，虽在效果上说是实用的，然其本源所自之精神，则是超实用的。科学之根源正是相信宇宙处处皆有理，民主之根源，是人格之尊严之肯定。理性主义与理想主义之思想，至少是其一基础。提倡科学与民主，正不须如此反对理学与儒家之理性主义与理想主义。他们亦未了解，人在轻贱他自己，而无对人性尊贵之自觉时，人在对自己之民族已往之生命，其历史文化之生命，无爱敬之意时，人的生命精神，便成无厚之平面，而靡所依止，真将下同于动物与臭石头，而不惜。古往今来之圣哲，费尽心力，讲人禽之辨，义利之辨，讲如何维持延续民族生命、文化生命的道理。此等道理，清儒虽认识不清，然决不敢反对，到新文化运动，则百年讲之而不足者，一旦毁之而有余。自此点而言，新文化运动之精神，较清末诸老又降低一层了。""由此以观，则中国近百年之接受西方文化，固可谓极其虚心。然因始终不免主要由功利之动机出发，而未能真正直接肯定西方科学、民主、自由、宗教之本身之价值，正面承担西方科学、民主、自由，或宗教之精神。"

那么，怎样来接受西方文化呢？又接受什么呢？唐君毅认为："吾人真欲接受西方文化中之科学、民主、自由之精神，亦须自整个西方文化所表现向上精神上着眼。故吾人今日必须一反此数十年以卑屈羡慕心与功利动机鼓吹西方科学与民主自由之态度，而直下返至中国文化精神本原上，立定脚跟，然后反省今日中国文化根本缺点在何处，西方文化之精神异于中国者，毕竟有何本身之价值，而自一超功利之观点，对其价值加以肯定尊重，最后再看，中国文化精神自身之发展，是否能自补其不足，而兼具西方文化精神之长。而吾人亦将唯由此道，可以言真自动的接受西方文化之一切向上的科学、民主、自由等精神于中国文化精神未来之发展中也。""中国今日之知识分子之修养身心，一定首先要堂堂正正的站起来下手。"

但怎么才能堂堂正正？唐君毅在系统地讨论中国人文主义思想的发展和重建时讲道："更详细而明确地提出，我们接受西方文化思想必须扩大和超越一般流俗的眼光，从横的方面说，必须英美以经验主义现实主义为传统的思想和德法以理性主义理想主义为传统的欧洲大陆思想并重；从纵的方面，我们不能蔽于现代化这一名号而只注意西方近代文化中的科学精神、工业精神等，而必须同时重视西方文化中由中古传来的宗教精神，以及由希腊传承下来的审美精神和哲学精神。""我们如真以广大心说，我们当说，世界人类将来之理想文化，乃基督教、儒教、回教、印度教，及一切人类文化精神中有价值者之互相承认，互相了解，互相贯通，以见宇宙人性之所一。而此宇宙与人性之所一之逐渐被自觉，才是人类和平天下一统之真实基础。而各文化系统之所异，则是各发展其所长，使世界文化有好的一，又有好的多之基础。"

与唐君毅相同，目前的中国知识分子中，已经有一大批人形成这样的共识：在整个人类的文化背景下审视中国传统文化，挖掘和发扬中国传统文化，使中国传统文化成为人类发展所需要的精神之一。至于中国传统文化是否能拯救人类则未必，因为人类未来的文化是一个多文化的混合体，中国文化在这个混和体中究竟能发挥什么作用是值得我们深思的。

在这一阶段，中国人从自卑的阴影中慢慢地向外走，但仍然没有融入整个世界的格局中。文化的对立还存在。中国文化也没有完全成为世界文化所必需的营养之一。中国的知识分子还被一种国家意识所束缚，还没有中国过去那种强盛时期的"天下意识"和自信心。还需时日，中国知识分子才可能真正强大起来。然而，此种强大，其基础便是客观地评价中国文化和西方文化乃至世界上的一切文化，在整个人类的文化背景下考察各种文化的优劣，取长补短，同时还要增强中国文化的自信心。只有在这样一种基础和背景下，中国的知识分子才能走出完全西化的阴影，以自由的心态和广阔的视域来对待自身文化和整个人类的文化，中国文化也才有可能真正地彰显出来。

这是我们学习西方文化的第一要因。

现在的世界，已经不是近现代时期欧洲国家疯狂地侵占别国领土，奴役其他民族的时候。在那个时候，整个世界才刚刚开始互相了解，科学主义兴起，文化冲突激烈，民族主义空前旺盛。西方的文化开始大规模地入侵东方。现在的世界，也不是第二次世界大战后的冷战时期。在那个时期，思想运动空前活跃，整个世界分为两极：资本主义和共产主义。这两种都从西方兴起的学说互相对峙，影响着世界的格局。总之，对抗是以往东方与西方的主题。而现在，和平、和谐、和解是整个世界的主题。于是，军事虽然还耗费巨大，但经济和文化慢慢地成为整个世界交流的主要通道。经济一体化，文化大融合越来越成为世界的主流。再加上交通、网络和各种科学技术的产生，使地球变成越来越小，人类也越来越成为一个村落。在这种背景下，人类相互之间的交流和了解成为必要。对古老的美索不达米亚文明、埃及文明、爱琴海文明、玛雅文明、中国文明和印度文明的人类学探索，对人类历史的不断更替，使人类对自我越来越迷茫。是谁创造了世界？是犹太人的上帝吗？是玛雅人的太阳神吗？是两河流域的多神吗？是中国的女娲吗？神话不仅仅是神话，随着特洛伊城的发掘，荷马史诗再也不是无稽之谈，而是希腊历史的文学化描述。《旧约圣经》也不再神秘，而是众多拉比的著作，而且成为古代犹太民族的文学化历史。这些早期的口传历史文学化的现象曾使人类的早期生活神圣化，而在现在又变成实在。人类信仰的体系在不断崩溃，人类的任何一种文明都无法拯救正在坍塌的精神世界，人类需要合力来探索宇宙的历史和生命的本质。交流势在必行。

　　这是我们学习西方文化乃至整个人类文化的第二要因。

什么是真正的历史

一

《东周列国志》上有个故事是写史官的。齐国大臣崔杼弑其君庄公，奉公子杵臼为景公，自立为右相。命太史伯以疟疾书庄公之死，太史伯不从，而是写道："夏五月乙亥，崔杼弑其君光。"崔杼大怒，杀之。太史有弟三人：仲、叔、季。仲复书如前，被杀；叔也同样被杀；季又书，崔杼说："汝三兄汝独不爱性命乎？若更其语，当免汝。"季答道："据事直书，史氏之职也。失职而生，不如死！"崔杼掷简而还，但终以愧太史之笔，诿罪于别人。

史家若都能这样直书不讳，捍卫历史尊严，历史便不会有误。只可惜，能不避当事人而这样做史家的恐怕不多。不要说是权倾一时的显贵，就是一般人怕也不愿意。当代纪实文学和报告文学所引起的众多案例就已经说明了问题。今天为这句话的真实，明天为那件事的虚假。谁知道哪是真实的呢？

即使是真实地记录，但不辨历史的本质，便会出现大谬。《东周列国志》上还有个故事也是写史官的。晋国大臣赵盾与赵穿私下达成协议，自己不出面，而让赵穿弑其君晋灵公，再立公子黑臀为成公，总以为能盖其丑。一日到史馆，向太史董狐索简观之，只见上写着："秋七月乙丑，赵盾弑其君夷皋于桃园。"赵盾大惊，要求更改，董狐道明真相，并说："是是非非，号为信史。吾头可断，此简不可改也！"赵盾无奈，但此后事王之心更加谨慎了。若是董狐照人们看到的事实记载，则赵盾之罪就在历史上抹掉了。董狐之不畏权贵，笔触直抵事件之本质的勇气，怕是后来的史家少有。那么，这样看来，历史还是真实的吗？

所以很多历史都是后来者重新修编的，但修编者又强加了自己统治者的意见，历史又一次被改变了。孔子修订《春秋》，有着明显的意图，制礼是其中重要的一个方面。这便是教化的历史。但这样做是否也意味着改变了其他的历史？真正的历史不复存在。

从表面上的历史到真实的历史，是一种进步；从真实的历史到教化的历史，仿佛又是一个进步。但真的是进步吗？

《左传》《史记》中的记载有着明显的倾向和文学的修饰，史料中的人物也从官方下到民间，好恶和爱憎是突出的，能发人深省，教化后世。这是否意味着又是一个进步呢？

从《春秋》《左传》《史记》来看，历史显然是不一样的，原因自然是记述者有别。那么，什么才是真正的历史？是圣人孔子眼里的历史吗？是兼有文学家气质的左丘明、司马迁眼里的历史吗？孔子的眼里是礼、仁、义、信等，左丘明、司马迁的眼里还有阴阳、小说等三教九流。

教化的历史便意味着强调，强调就意味着偏颇，偏颇就意味着遗漏，遗漏的历史是不真实的。文学的历史意味着修饰，修饰便意味着夸张和删减，夸张和删减便意味着增加和减少，增加和减少的历史能真实吗？

老子是史官，我们却很少有他治史的史料，只有他的五千言《道德经》。而《道德经》足以说明他不愿强调任何一方，不愿遗漏任何一滴，追求混沌合一的历史感，他追求大道。但《道德经》显然不是历史，它是历史中的真理，也是真理的历史。按这种观点来看，任何历史都是值得怀疑的，且是被遗漏的，甚至可以说是不真实的。真实的历史是无言的已经流逝的历史。

二

人们说，文史哲不分家。所以，从达尔文文学中观察历史也是一种正确的方法。史诗互证是一种古老而又现代的研究方式。而从文学中观察历史往往能透视出历史的本质，使历史上升到哲学的境界。那么，我们是否可以说，文学给我们描述了一个更为真实的历史。亚里士多德肯定地说：比起历史的真实，诗更为真实，诗提供意义的真实。事实上的确如此。神话的历史显然是虚构的，但民间以为它是真实的历史，是的确发生过的事件，所以神话的教益作用是巨大的。这是幻想和心灵的历史。基督教徒们相信上帝的历史和耶稣创教的历史，穆斯林也一样深信《古兰经》中所描绘的历史。

深受古罗马文化影响的欧洲人，大都接受过诸神创造历史的神话教育，他们以此而阐发新的思想和文化。有一个商人从小就深信荷马史诗特洛伊战争中有关宝藏的描述，他用毕生的精力终于发现了人人都认为是虚构的宝藏。很多历史在人们的心中。

中国的教科书中一度把所有的文学都当成是历史来教育青少年。《红楼梦》就是被当作封建王朝的没落史。而中国的作家们又何尝不是以这样的态度来进行文学创作的呢？不仅《李自成》《暴风骤雨》等数也数不清的现当代作品是这一思想下的产品，而且在新时期还有很多作家仍然是这样创作的。张炜的《古船》就是一部影响很大的"历史"作品。更不要说现在的影视剧了。在文学中，这一思想似乎太偏颇太过分了，它忘记了文学的其他方式。但不可置疑的是，文学中对人物命运的描绘本身就是一部人的历史。罗曼·罗兰在伟大的小说《约翰·克利斯朵夫》的前言中说，他不是在写一部小说，而是在写约翰·克利斯朵夫的历史，并形容它是一条大河，是一部交响曲。也就是说，罗曼·罗兰力图真实地不遗漏地描述约翰·克利斯朵夫的历史。

从古到今，历史都是由官方来记载的。官方记载的当然是官方的历史。在司马迁以前，史官所记都是朝廷中发生的大事。从司马迁开始，史官不仅从官方获得史料记载宫廷大事，且从民间搜集史料，记载在民间影响很大的事和人物，或补齐官方欠缺的史料。民间的历史被遗漏了，从民间搜集史料只是官方的一种补缺而已。

从有了新闻开始，报刊承担了记录历史的部分任务，尽可能地拾取着将被遗漏的历史。新闻记者来到了民间，开始书写民间的历史。但谁都明白，这些公开的历史也只是在官方的宣传思想下进行的，是官方思想的一种解释，是被改编了的历史。这种遗憾正是新闻工作者和史家的心病。那么，真正的历史何以存在呢？且这种历史也只是人类历史的点滴而已。

我们只好把目光集中在大量的文学作品中。文学正是填补了历史的空白，是暗藏着的历史，是来自民间和灵魂深处的历史。从刻画帝王将相到黎民百姓，从正面描写到侧面叙述，从叙述事件表面到描写内心活动，历史走向全面，走向民间，走向真实。这就是历史真正的血肉和呼吸。如果没有这种血肉和呼吸，来自官方的呆板的历史能让人相信吗？

文学所揭示的历史与一般的历史记载是不同的，它要通过人——这一鲜活的完整的主体来告诉人们表象背后的真实，它是真正的人的历史。从这一意义上说，它才是真正的历史。但事实上没有人同意这种观点，就是因为它是虚构的，即使是历史文学也是虚构的。人类有一个愚昧的特点和习惯：相信表象的流水账一样的历史。

流水账的历史当然是遗漏的，它抹去了作为个体的人的完整性；文学的历史往往又是不真实的。那么，什么才是真正的历史？

三

我们禁不住要问："人的历史在哪里呢？"

史家回答："在历史中。"

我们从已有的史料中，能看出人类的足迹和心迹。马克思对人类社会的划分是从生产力和生产关系即利益的关系上进行的，哲学家却是从人性的自由和解放来描述的，文学家是从人的完整性和真实性上来看待的，而宗教的历史完全是另一种历史。那么，人究竟在哪一种历史中呢？每一类历史都不过是人的一个侧面，并不是人的全部。假如把现存的所有的历史都加起来，就是人的全部吗？不是。

在孔孟以前，历史是一个样子，我们几乎不知道普通人的心理状况，只有一些粗糙的历史变迁，不仅大自然是荒漠，就连人性也是荒漠。孔孟以后，教化的历史便只有仁、义、礼、智、信，外加佛、道的符号。普通人的生活和心理只能到野史和小说中去找。女人的历史几乎是空白。《金瓶梅》和《红楼梦》不但启开了长期被禁锢着的性的闸门，还打开了女人这扇被奴役着的窗户。中国人的历史在此时改变了。但这仍然是民间艰难的解放。到了20世纪，中国的传统几乎全被否定，中国人的历史又改变了流向。儒、释、道不再统治人的灵魂，信仰变成唯物主义。世界涌入中国，中国人的选择多了。从各种运动到文学、哲学，对人的解释和对女人的解释已经大不一样。

但是，在《金瓶梅》和《红楼梦》以前，性的混乱、迷醉、麻木、苏醒、恐惧、淫乱在怎样地左右着人的灵魂，女人的呻吟、痛苦、迷恋、畸形又是怎样影响着世界，这都是我们无从知道的。在此之后，我们又注意了多少。在孔孟以后，我们对中国人灵魂中的对自由的渴望和对礼教的仇视又从哪里知晓呢？每一段历史都有它的光明和黑暗，每一次的教化和解放都将意味着新的关闭，意味着人的思想和灵魂中的一部分又成为禁区。这就是被遗漏的历史。这是集体的人类的历史。

那么，人的个体的历史在哪里呢？

司马迁第一次把个体生命的历史重视起来，开创了传记历史。这种历史仍然是粗糙的、表面的，但这样粗糙的历史形式却告诉人们，每个人的历史是不一样的，个体生命也是灿烂辉煌的，它的轰轰烈烈的历史绝不亚于人类浩浩荡荡的进程。

在《金瓶梅》中，我们第一次无比惊讶而恐惧地看到生命的冲动、性的呐喊和人对现有世界中现有秩序的反抗，以及生命的毁灭。我们由此而知道，人类自诞生之日起，这一切都是生命所可能有的历史。在这里，我们还发现，生命的历史似乎与人类的历史无关。生命自有它的历史。

在《红楼梦》中，我们又无比伤感地也同样是第一次这样倾听一个情种旷古绝今的伤心语词和一个女子无奈又倔强的悲切心声。这是灵魂深处发出的痛苦反抗和对生命的凄切爱怜，我们因此才发现了人的更加细腻的情感历史。在这里，我们同样发现，历史中的任何一件重大事件都与其个体生命没有关系，只有生命本身存在的大事件，才影响和构成个体生命的历史。在这里，人类的历史是无足轻重的，只有那些与个体命运相关的哪怕在别人看来是微不足道的事件才有意义。灵魂深处所暴发的革命、动乱、奇迹和蛰伏着的沉默、宁静乃至死亡，才是个体生命最为关心的大事件。

而在《约翰·克利斯朵夫》中，我们看到个体生命和人类历史以及整个世界的一致性。作为一个人，他的蒙昧时期、痛苦的生存压力、性欲世界的冲动、英雄的内心、真理的艰难追求、十字路口的徘徊直到信仰的彼岸，这一切构成他的历史。而在这个体的历史中，包容了整个欧洲的历史和现在，包容了宇宙。它的确是一条浩浩荡荡的河流。它的辉煌灿烂、细腻详尽甚至比目前记载的整个欧洲史更为壮观，更叫人激动若狂。

个体生命的历史并不仅仅意味着个体和他所生活过的历史，它可能包容了人类的许多历史，也可能超越了人类现知的历史。只有个体与以往历史取得联系，个体才与那些历史发生关系，那些历史也将影响到他，成为他的历史中的一个事件。当个体生命与以往历史甚至整个人类的历史没有取得任何联系时，个体生命的历史将是单纯的、绝对的。

有人说："任何历史都是当代史。"这是实用主义的历史观。从一种政治的历史到民间的历史，是一种自由；从人类的历史到个体生命的历史，更是一种自由。但就一般意义上的历史而言，个体的历史总是微不足道的。从生命个体的历史来说，我们不如说："任何历史都是生命的历史，是人的历史。"那么，我们就将摆脱目前的政治的和集体的历史观，摆脱实用主义的历史观，而进入对个体生命的历史中。我们所遗忘的人的生命世界和精神世界的历史将被记载。那些生命的诞生、冲动、努力、反抗、呐喊以至死亡，那些灵魂的悸动、不安、动乱、美丑、好恶、缺失和完满，以及个体对周围世界、信仰世界的体验，都将进入历史。那么，我们的历史将不再只是一本流水账，将不再只是对事件表象的简单记载，而是把人的自由、完满、真实当作历史。这样的历史才真正贴近人本身。

它意味着文史哲的统一，从某种角度来看，意味着过去历史的消失。这种历史便意味着最少的遗漏，意味着最小的偏颇，意味着接近本质。这也许便是真正的历史。

信仰从这里开始

历史需要一个梦

历史需要一个梦，来改变中国人的心性。

那时，在地球另一边的罗马帝国，一个三十多岁的瘦瘦的青年，自称是上帝的儿子，他来到此世是为了要与人类进行一个约定，用他的血清洗人类的罪恶，用他的死来为人类赎罪，以此劝导人类转离诸恶，一心向善，用爱去建立一个新的社会。他被自己的门徒出卖，钉死在十字架上。据说，三天后他复活了，以种种神迹来告诉人们他是上帝的儿子。他的门徒保罗等不惧牺牲，继续传教，又遭到罗马帝国大规模的迫害。

这个人尽管死了，但他的宗教在三百年之后终于在罗马获得认可，并成为西方世界的精神家园。他为那个以世俗性为特征的古希腊文明编织了一个来自天国的梦。诗人荷马所颂扬的诸神似乎都带着强烈的世俗精神，而在诸神之上，命运并未写下永恒的诗篇。伟大的神王宙斯一直在等待普罗米修斯预言的一场新的命运。苏格拉底对此充满了疑问，他自称听到了新神的声音。他到处发问，以此来破除那些束缚人类灵魂的教条，而发现人类心中存在的善与爱。他似乎是要摒弃神族的世俗性，而创立一种形而上的信念。他被处死在广场上。他因此成了古希腊第一位圣人。

四百年之后，他所开启的理性之路随着他的鲜血在希腊、罗马以及亚历山大所征服过的地方弥漫，但是，这场被称为古希腊哲学的运动始终缺乏一个不朽的神王。苏格拉底的学生柏拉图完成了灵魂的塑造和神性观念的提升，他的徒孙亚里士多德则完成了有关灵魂与各种观念的知识。但就是缺乏一个人格化的能够主宰人类命运并能扬善罚恶的永恒的神。那不是宙斯，自然也不是苏格拉底。那是陀思妥耶夫斯基在两千年之后仍然寻找的伟大存在。

正好那个青年创造了上帝——没有他，上帝就不能以那样的形象来到世间，并成为西方世界的主宰；没有他，上帝就不能从犹太教的崇拜中获得伟大的新生。几股思想的力量终于在公元前后相遇了。但是，要让自大的罗马人承认上帝是唯一、永恒的神并不是那么容易的事。就像犹太人在埃及的命运一样，这些自称是上帝的羔羊们在罗马也遭遇了同样的压迫、屠杀。

那是公元1世纪60年代的西方。

那个时候，中国似乎也经历了与西方一样的命运。经过数百年的百家争鸣，儒家学说终于因为其仁爱进取的普世精神和教育的传承手段而获得政治上的胜利。在西方世界进入希腊化时期，恰是中国的儒家学说经历先秦时期的道家、墨家、法家和汉初黄老之术的诸多挑战，终在汉武帝时用董仲舒之大才"罢黜百家，独尊儒术"。

一般人都以为，董仲舒真的只尊儒家，而将其他各家消灭了。其实不然。儒家在孔子之时，提出仁爱思想，不语"乱力怪神"；在孟子时期，发展了义和天道学说，但仍然不语"乱力怪神"。孟子与荀子的论战将儒家学说通向人性深处，互相不能说服。学术似乎走到根本了，但终极问题并没有得到回答。此外，儒家学说也没有形成自己系统性的纲领。在众多的争论中，墨家的兼爱思想与儒家相通，而墨家的鬼神思想与阴阳家、道家的一些观念恰恰是儒家不能深入民间的一个短处。法家的治国之术也是儒家所缺少的。董仲舒正是吸取了以上诸家之长，并广纳其他百家之术，而将儒家发展到一个新的阶段。这就是他的"天人感应"学说。他用墨家、道家、阴阳家等的学术嫁接到儒家的天道之上，赋予天以神性和人格的力量。天能够感知人世间的一切，天不再是无动于衷的空虚。天成了中国人的上帝。皇帝不再是自我命名的人间之王，而是天的儿子。从天地开始，再给人伦确定秩序，于是，"三纲五常"的伦理纲纪就此确立。大至一个国家，小至一个家庭，甚至具体到个人身上，它们都成为支撑天空、大厦和灵魂的柱子。

从理性的角度来看，到了这个时候，中国才真正地确立了起来。所以，董仲舒对于中国儒家学术乃至整个中国古代的学术发展来说，是一个里程碑式的人物，是一个集大成并承前启后的重要人物。他比子思、孟子等的作用要大得多。但历史没有给予他足够的地位，盖因其罢黜百家的原因吧。

然而，董仲舒的"天"仍然是模糊的，对于人类来说，它还缺乏具体的形象和人格化的一些内容。人们总觉得，天有人的样子就好了。那样的天就能与人息息相通了。人们不需要一个只讲"三纲五常"却没有人性的天。这与陀思妥耶夫斯基在《卡拉玛佐夫兄弟》中探讨的多么相像啊！

如此便走过了一百多年。那中间经历了王莽篡位。用当时占统治地位的儒家的观念来看，那位争议颇多、被很多史学家誉为"中国历史上第一位社会改革家"，并被胡适认为他是"1900年前的社会主义皇帝"的王莽，恰恰成了非"天子"学说的一个例子。代替他的是以儒家学说为根本的天子刘秀。他既是汉室血统，又以兴汉为己任，还大兴儒风。他自然成了真正的天子。但无论如何，这个天子仍然有人为的痕迹，"三纲五常"也无法取得根本的信仰。董仲舒确立的这套理论还不能真正深入人心。

在一个重视祭祀、巫术，同时又信鬼神的时代，什么才能真正深入人心，并使这套理论拥有无上的权威呢？《周易·观·象》云："圣人以神道设教，而天下服矣"。答案是清楚的。但如何做到呢？

那个时候，中国自身的文化资源已经被董仲舒用尽了。只好借助于外部的力量了。但外部的力量在哪里呢？

正好在那个时候，汉室皇帝明帝刘庄做了一个梦。他梦见一个金人，身体很大，身形很大，且头顶有光明，绕着大殿。第二天早朝时，他问大臣们这是一个什么梦。有博士傅毅上前说，这是西方之神，名曰佛。汉明帝于是便派使臣蔡愔、秦景十二人前往西域迎接这位大神。

就是这个梦，连通了中国与西域的进一步往来，这一次要比之前的政治、经济上的往来与军事上的杀伐要深刻得多。这是精神上的往来。那个时候自称为"中国"的汉朝帝国，虽然也知道在西域及东海之外有些小国家，但要么是牛头马面，要么就是人首蛇身。

他们不知道与此同时在大海的另一面，有一个同样强大的罗马帝国正在到处抓捕上帝的使者，他们也不知道在西域高原的另一侧有一个非常强盛的印度王国正在把他们的佛教传向世界各地。

佛陀灭度后的几百年，是佛教的学术走向成熟的时期。当亚历山大的大军进入印度之时，孔雀王朝的第一代君王旃陀罗笈多因势而起，他赶走马其顿军队，自立为王。希腊化运动未能在印度流入。旃陀罗笈多的孙子无忧王即位后，他不仅统一了印度，将佛教立为国教，而且派王子、公主到世界各地去传教，使佛教真正地成为世界性的宗教。

到公元前后，整个世界基本是三足鼎立。希腊、埃及、北非及中亚的一部分地区由罗马帝国统治，希腊化运动已经历几百年，正好遭遇基督教的兴起。中国则经历了战国时期而重新获得统一，并开拓西域及丝绸之路，儒家学说集成各家之长成为中国的正统，正在向外传播。印度则自成一体，正将佛教传向世界。这三个帝国此时并不清楚另外两方的实力，但已经彼此有一些传闻和接触。世界的风云似乎在这时应该有一些交集。马其顿的军队到达印度时，他们以为到了中国，但不久就被印度人赶走了。中国虽然无法猜想罗马帝国的强大，但以"大秦"来命名罗马足见其在汉朝的影响。有学者从文献中考证得出，在公元前 2 年时，有西域来的使者曾向中国的学者传授过佛经。

但史料确凿记载的只有一个梦。从梦出发，汉朝的使者们终于在月氏（今阿富汗一带）遇上了从佛陀之地传法的印度高僧迦叶摩腾和竺法兰。犹如亲人在黑夜里相遇，他们立刻觉得这就是佛陀的安排。于是，蔡愔、秦景停止了西去的脚步，而迦叶摩腾和竺法兰则应佛的启示欲踏上中土之地。他们的愿望达成了一致。三年后，他们用白马驮载佛经、佛像，千山万水来到京城洛阳。

从佛教的角度来说，这就是佛法之缘。最大的缘人当然是汉明帝。汉明帝对两个僧人礼遇有加，让他们先住在当时的外交部，即鸿胪寺。后来，专门在鸿胪寺附近仿天竺式样为两位高僧修建住处，存放佛经，讲经论道，为纪念驮经来的白马，便将那住处命名为白马寺。从此，寺院也就成了佛教修行说法的地方，而白马寺也便成为中国第一个官办寺院。

至此，中国开始了儒家学说向宗教学习的一步。

开放的视野

应当有一支颂歌从历史中站起，并兀立于中国思想学术的码头。

应该有更多关于他的记忆。

但他的几位先祖太伟大了——汉高祖刘邦、汉武帝刘彻、汉光武帝刘秀——以至于遮蔽了这位了不起的伟人。他被淹没在以军事和政治为主的历史泡沫中。他的了不起，不是他治世的清明，也不是他再次远征匈奴，而是他在中国学术史上的伟大。他为中国的思想学术引进了佛教。

中国的学术史在诸子百家时期可谓英雄辈出，而到了西汉时期，便成了一儒独大。东汉建立，仍然延续儒家治国的思想。可是，汉明帝刘庄对佛教的引入一则改变了"独尊儒术"的局面，二则使中国的学术向宗教方向发展。近现代以来，人学思想的突起，掀起了对神学思想的反抗，但是，从历史上来看，神学思想的发展是古代人类社会的必然结果。犹太教的一个故事足以说明它的重要性。当摩西带领犹太人往圣地行进时，他们来到了西奈山下的旷野。此时，摩西要与上帝进行一次会晤，那也就是上帝与人类的第一次约定，即摩西十诫的产生。当摩西离开众人去西奈山上时，山下的人们在旷日持久的等待中终于不耐烦了。他们开始信仰起自己古老的宗教。他们重新用首饰等铸造了金牛的图腾，用舞蹈来信仰它、崇拜它。人们的思想纷乱了。当摩西下山回来看到此情此景时，大怒，便立下十诫，杀了几千人。摩西十诫的第一条便是：

> 我是耶和华——你的上帝，曾将你从埃及地为奴之家领出来，除了我之外，你不可有别的神。

它的意义与价值恰恰就在于对多神教的统一，一神教在那时诞生。希腊的文化是诸神共同铸造的文化，因此，当罗马文化发展到后期遇到基督教文化时，便被一神教所征服了。从意愿上来讲，罗马文化也需要一神教来为乱象丛生、欲望崇拜的自身进行一次清理。

也是同样的道理，中国文化发展到汉明帝时期，便需要一个综合。新的儒家便产生了。但是，与罗马不同的是，罗马将外来的基督教、犹太教视为仇敌，给予其严厉打击，采取了驱逐的措施。而汉明帝采取了向外开放，积极寻找精神资源的政策。此种广阔胸襟在历史上是第一人。没有他，便没有中国学术的进一步发展。

汉明帝的胸怀，绝不比汉武帝和唐太宗逊色多少。在他之前，只有"黄帝问道"和秦始皇派人到东海求仙的故事，但都没有什么结果。其重要性和可贵之处在于，他在汉武帝"罢黜百家，独尊儒术"之后，以一个梦的方式将新的一家学术引了进来，且是西域的一家。那个时候的中国何其自大。西方有神的说法从《山海经》起，从周穆王起，从丝绸之路起，但都不过是比狄戎好不到哪里的蛮夷之族耳。神鬼之地，大概如此。中国要向这个地方学习，要从一个比自己还要弱小、蛮荒的地方引进学术思想，得是怎样的胸怀？怎样的胆识？

在他之后，唐太宗，这个世界的天可汗又一次怀着汉明帝一样的胸襟，派玄奘去西方取经。世界上几乎再没有这样的胸襟。它似乎要将整个世界的思想都汇聚于天朝。今天的美国也绝没有。唐太宗之后，中国的学术思想又走向聚合的道路。近现代中国向西方学习已经是迫不得已了。垂老的中国被自己发明的火药打得千疮百孔。即使那样，中国似乎仍然拥有汉明帝和唐太宗时期的基因，所以，"五四"又呈现出一个百花齐放、百家争鸣的学术景象。向西方学习仍然是中国思想学术发展的唯一路径。

西方，古代中国人认为地势最高的地方，有神人存在。所以，古代中国便不断地向西方去取经。从汉明帝到唐太宗一直到北宋，这条路径没有断过。

而东方，是中国人认为仙人存在的地方。秦始皇求仙的东海，李白梦中的天姥山则是世界的另一边缘。从宋代开始，当西方的道路被阻断之后，中国人又开始向海上开放，寻求新的精神资源。谁也没有想到，最终，中国人仍然到达了西方。

我们有一种错误的认识，即中国的农耕文化从来都是自给自足的，它不需要向外侵略，也不需要向外寻求帮助，因此，我们总是把中国的文化定义为保守的、封闭的文化。事实上，中国的思想学术是世界上最开放、最愿意向外学习的文化。也因此，它才拥有广阔的胸襟。也因此，它才始终没有从历史上消失。

白马寺的意义

那匹白马自然也是有缘者了。它驮来佛经，功莫大焉。于是，专门以它为名建立了中国第一座佛教寺院。它也有了与佛一样的待遇，塑像。供人瞻仰。一千多年之后，它再次复活于吴承恩的《西游记》中。它今天仍然活着。

与它一起来到中国的两位僧人迦叶摩腾和竺法兰，也是有缘者。他们成了中国佛教最早的传教者。据说，他们带来的梵本经典，有六十万字左右。有生之年，他们共同翻译了《法海藏经》《佛本行经》《十地断结经》《佛本生经》《佛说四十二章经》等，合计一十三卷。第一部翻译的经典，就是《佛说四十二章经》。到现在，保存下来的也只有这部《佛说四十二章经》。

《佛说四十二章经》第四章《善恶并明》云：

> 佛言：众生以十事为善，亦以十事为恶。何等为十？身三、口四、意三。身三者：杀、盗、淫。口四者：两舌、恶口、妄言、绮语。意三者：嫉、恚、痴。如是十事，不顺圣道，名十恶行。是恶若止，名十善行耳。

假如我们把《论语》《中庸》《大学》《礼记》等经典中的章节与此进行对比，就会发现很多相同又不同的地方。《礼记·礼运》篇除了对大同世界的想象，还有对一些伦理的简单确立：

> 何谓人情？喜、怒、哀、惧、爱、恶、欲，七者弗学而能。何谓人义？父慈、子孝、兄良、弟弟、夫义、妇听、长惠、幼顺、君仁、臣忠，十者谓之人义。讲信修睦，谓之人利，争夺相杀，谓之人患。故圣人之所以治人七情，修十义，讲信修睦，尚辞让，去争夺，舍礼何以治之？饮食男女，人之大欲存焉；死亡贫苦，人之大恶存焉。故欲恶者，心之大端也。人藏其心，不可测度也。美恶皆在其心，不见其色也，欲一以穷之，舍礼何以哉？

> 故人者，其天地之德、阴阳之交、鬼神之会、五行之秀气也。

显然，在孔子之时，主要是对人与人之间的伦理进行了大致梳理，而到了孟子与荀子时，便对人性善恶进行了争论，这是儒家学术史上的一次飞跃。因为争论，一些细节开始确立。到了董仲舒时，儒家对伦理的确定就上升到国家纲纪，也就是"三纲五常"基本伦理的确定。但是，我们仍然发现，儒家没有像佛教详细地历数人的善恶，对人的日常生活也缺乏详尽的确立，自然也没有讲如果做了恶事会如何处罚。

佛教也对人性进行了长时间的观察，但佛陀对这些讲得更清楚。比如，上面所讲的"两舌"，是犯了"无间罪"，死后，舌头要被拔起来，堕到"拔舌地狱"。连舌头都有专门的地狱等候。从这个意义上讲，佛教对生活的指导意义更细致，也更有威严，因为人一旦有罪就要在地狱里受罪。佛教走得更远一些。

再比如，佛教对妻、子的认识与儒家的大不同。孔子讲礼与仁，又以中庸之道一以贯之，所以，在很多地方，讲求适可而止，而不绝对。在面对人的性与欲时，孔子曰：饮食男女，人之大欲存焉。其门徒告子也曰：食色，性也。孔子对人性是很尊重的，所以，两千多年后，西方的存在主义哲学家雅斯贝尔斯将孔子定义为人性道德、思想范式的创造者。在轴心时期的历史上，再也没有一个人不靠神，只靠自己对人性、天地万物的观察与思考而得出关于人类如何生存和相爱的一套哲学。儒家对治家非常重视，将家与国在一定意义上并列，并有三纲五常护持，后来还诞生了一系列家规、家训，成为中国文化的一部分。佛教是反抗这些的。《佛说四十二章经》第二十三章《妻子甚狱》云：

> 佛言：人系于妻子舍宅，甚于牢狱。牢狱有散释之期，妻子无远离之念。情爱于色，岂惮驱驰！虽有虎口之患，心存甘伏，投泥自溺，故曰凡夫。透得此门，出尘罗汉。

第二十四章、第二十五章又云：

> 佛言：爱欲莫甚于色。色之为欲，其大无外，赖有一矣。若使二同，普天之人，无能为道者矣。
>
> 佛言：爱欲于人，犹如执炬逆风而行，必有烧手之患。

在这里，佛教成了儒家的对立面。在学理的层面上，儒家对人性和现世人生是持乐观态度的，既尊重人性有不足的一面，也顺应人性有好的一面，但它强调有个度不能过，这就是中庸之道。但何为中庸？孔子说，刀山可以赴，火海可以下，中庸之道难以达也。就是说这个度很难去把握。中国人的生活哲学中强调既要合乎情，又要合乎理，便是这个把握。众人都认为好了，连鬼神也安宁了，那就是达到中庸了。至于法，也是由中庸之道来调节。这与佛教和基督教详细的规定有所不同。佛教的十善、十恶带有绝对性。这在基督教中也有相同的论述。比如，电影《七宗罪》中形象地讲述了天主教规定的七宗罪：饕餮、贪婪、懒惰、淫欲、嫉妒、暴怒、傲慢。再比如，"摩西十诫"既是犹太教的教义，也是基督教的教义。

人类社会在公元前1000年之内是极度黑暗的，但也是人类文化草创的黄金阶段。我们的祖先为我们积累了生活的诸种经验。雅斯贝尔斯将公元前800年至公元前200年这段时期定义为人类的轴心时期，意思是在这段时间里，人类古代的几大文明同时出现，并且创立了各自地域所依赖的学说。时至今日，这些学说仍然发挥着基本的作用。事实上，应该将其时间再推后两三百年。因为在公元前后的一两个世纪里，欧洲文明发生了真正深刻的变化，在希腊化的基础上与基督教结合，印度文明中的佛教也趋于完善，中华文明中的三股力量（儒、释、道）开始融合并确立了以儒家为主流的学说体系。也是在这个阶段，所谓的几大帝国才正式从文化上得以确立，而且文化共同趋于宗教的完善阶段。

也是从这个意义上，佛教进入中国，可以说是对儒家和道家尚未深入的日常生活、人性的深层次进行了一次全新的阐释。这也许是民间所需要的信仰。佛教对儒家的革命还有政治上的。当儒家成为皇帝、知识分子安身立命的工具后，底层民众也只有通过这样一条通道才能成功。佛教则反对一切不平等，提倡有情众生皆平等。这也许是佛教首先在民间兴盛的原因。唐朝的韩愈在反对佛教时曾言："佛本夷狄之人，与中国言语不通，衣服殊制。口不言先王之法言，身不服先王之法服，不知臣君之义，父子之情。"从这一论述中可以看出佛教与儒家的不同以及当时儒家知识分子中一部分人对佛教的反对。

最后，儒家在孔子时期就重视祭祀，但孔子又不语乱力怪神，这就为人类的终极问题留下了巨大的疑惑。祭祀谁呢？人死后还有灵魂吗？现世的善恶有回应吗？这正是董仲舒要解决的大问题，但是，他似乎并没有完美地解决这个问题。佛教却解决了。佛教毫无疑问地肯定人是有灵魂的，灵魂是要轮回的，善恶是有报应的。于是，中国人学术中的一些终极价值问题就这样在佛教这里得到阐释。佛教在中国便渐渐立足。

这就是白马寺在中国学术史上最重要的意义。

白马寺的天空

历史的幽冥之处，往往因为两个漏洞无法说清：一个是大的，整个民族思想学说上的转折；另一个则是小的，某个个体的生命体验，甚或是其个性的彰显而导致历史的变化。

白马寺的建立，便是一也。历史上很多学者都不大愿意说出儒家学说的不足，所以，对于汉明帝的做法也没有一个学术上的正当理由，仅仅将其当作一个皇帝的梦，一个手握大权的皇帝不理性的一个举止。这难道是真正的理由吗？中国人总是说，水到渠成。佛家说，机缘成熟。说的都是一个意思。所以说，白马寺的建立是中国学术史上的一座丰碑。

但也正是它的建立，刺激了中国的学术界。首先是儒家对自身的修正。儒家被称为儒教，是佛教传入中国之后的事。东汉代末年，儒者蔡邕正式使用作为名词的儒教："太尉公承夙绪，世笃儒教，以《欧阳尚书》《京氏易》诲受四方。学者自远而至，盖逾三千。"（《蔡中郎集》卷五《司空杨公碑》）魏晋之时，"儒教"一词流行起来。隋唐以后，就真正成了国家的宗教。王维在《和仆射晋公扈从温汤》诗中道："王礼尊儒教，天兵小战功。"佛教对儒家的影响主要在于促成其各种体系的建设。如礼制到隋唐时更加完备，祭祀也从祭祖到祭"昊天上帝"，同时，唐代每个县都建有孔庙祭祀孔子，历代王朝都有对孔子的加封，至清代，孔子祭祀一度成为和上帝同等级别的"大祀"。再比如对经典的重视，有"六经"之说，有"四书五经"之说，也有"十三经"之说，这也便是"神道设教"的具体体现。这都是受到佛教的影响。这种影响一直到了北宋时期的理学，才完成了如同佛教一样的日常伦理教育体系。如对善恶的论述，对各种礼教的确立。

其次是直接催生了本土道教的创立。中国的文化自古以来都是巫史共存。就拿《易经》来讲，从《周易》始，不但易理得到儒家的阐释，成为儒家经典之首，而且其象、数也被儒家继承下来。南怀瑾在《易经杂说》中讲道，孔子时，其学生商瞿四十岁时还没有儿子，商瞿母亲便去问孔子，孔子掐指算了一下，说商瞿以后会有三个儿子，果然如此。所以，人们认为，孔子传《易经》给学生商瞿。商瞿传下来的主要是象和数。孔子的学生子夏后来也讲《易经》，有学生问他，明天下雨吗？子夏说，不下，结果下了雨。子夏传下来的是易理。从那时起，《周易》就分野了。历史也从那时起，分为两种传统，一种是所谓的正统历史，即由各王朝记载的正史，容易被人相信；另一种则是民间相传的野史，野史是有巫的部分，自然也有象和数的部分，所以就有很多地方存在争议，不容易让人相信，但冥冥又觉得不可全不信。把这些都加起来，就是真正的历史。历史其实一直都没死，还活在那儿，只是等待我们去发现，重新去解释。后来，易理的部分被儒家继承了下来，朱熹注《周易》，讲的只是理，并不讲象与数，所以南怀瑾认为，朱熹没有继承《周易》的另外一部分。象与数的部分被道教继承了，再与之前的巫结合起来，并吸收墨家的鬼神崇拜，在佛教到来后，便应运而成长为道教。所以，道教的历史源远流长，最早可以追溯到黄帝问道之时，其实也可以追溯到中国最古老的巫术崇拜那里。但这是通过与佛教的对照才促使其完成自身的血脉。然后，在与佛教的对照中，道教很快就创造了自己的神学体系。到了宋明理学之时，三教合一，彼此认可，神佛也可以坐在一起论道了。

　　从一定意义上来讲，东汉时道教的产生是中国文化在外来佛教文化面前的一种文化自醒。后来的《老子化胡经》虽然有些杜撰的滑稽成分，但也显示了中国文化不愿落后于印度文化的一种自大心理。之所以说自大，是因为自信得过头了。佛、道两家在历史上的种种恩怨，也是中国文化与外来文化之间的微妙心理所造成的。然而，中国有一种精神是了不起的，那就是对外来文化的宽容接纳。

儒家始终是正统，但这并不影响道家的存在，更不影响外来宗教佛教的传道，所以，佛教虽产生于印度，却在中国昌盛。这种文化心理在其他地区很难找到，只有古罗马还有那么一点胸怀。但古罗马文化在接受希腊文化和基督教文化后，其自身的文化基本上就消失了，当然，它本身也没有多少可以骄傲的文化可言。它成了外来文化的殖民地。

最后，则使佛教与中国文化心理相适应，成为中国人的宗教。关于这一点，白马寺的功劳是巨大的。

白马寺的第一代主人迦叶摩腾和竺法兰翻译的《佛说四十二章经》当时在中土并没有多大的影响。这些胡人在中国有一个被接受的过程。但一晃很多年就过去了，他们似乎也没做多少事就埋骨于白马寺。佛经在寂寞地等待有缘者的手将其翻开。那匹白马也一直在向西张望。八十年很快过去。白马寺的院落里落叶飘飞，时间堆积成尘埃。这个佛教向中土传教的码头有些破旧了。忽然的一天，有一个叫安世高的人推开了白马寺的大门，将这个码头上的灯火又一次点亮了。

这已经到了汉朝的末端，桓帝之时。安世高是安息王嫡后之子，"捐王位之荣，安贫乐道……宣敷三宝，光于京师"。可见，那时佛教在安息多么发达。据说，这位王子通晓"外国典籍及七曜五行、医方医术"。历史需要传奇，因为只有传奇才是最好的传播方式。佛祖何以立教？不仅是有非凡的见识，更有其种种传奇的经历。佛教在中国民间的传播首先是佛陀的种种圣行经变故事。那么，佛的使者呢？他应当也有种种非凡的能力。安世高便具有这样的能力。从公元148年至170年的二十多年内，他不但译出《安般守意经》《阴持入经》《百六十品经》等95部，共115卷，比迦叶摩腾和竺法兰的功德还要高，而且他用自己的奇异之术证明了佛法的高超。他为中土人士宣扬坐禅法，以此来引导人们进入佛教的世界。安世高的来临吸引了很多人，他还登坛讲法，将这个传教的码头变成了一座圣地。它在不断地崛起、升高。很快，中土信佛人士一眼就看见了它，而西域那些有志传教的僧人也能瞭望到它的圣火。

又一天，又一个西域僧人推开了白马寺的大门。据说这个人博学渊妙，才思精微，被人们称为"月氏菩萨"。他就是月氏人支娄迦谶。可喜的是，这个菩萨懂汉语。更可喜的是，他把大乘佛教带到了中原。迦叶摩腾、竺法兰、安世高翻译的佛经都是小乘佛经，是关于个人修行的佛法，而支娄迦谶的大乘佛教则是关于普度众生的佛法。

简单来看，小乘佛教与中国的道教有一些共同的地方。它们都是关于出世的哲学和信仰。即将个体生命的觉悟及修炼作为第一要务，把证得"阿罗汉"果作为修行的最高目标，并且信仰有最高的神。道教是太上老君，而小乘佛则是释迦牟尼。但大乘佛教超越了这一切，它有积极入世的特点。它讲求自度度人，以"普度众生"和成佛作为最高目标，这与中国的儒家和墨家有共同的理想。它还强调，在三世十方有无数的佛，释迦牟尼只是一个有觉悟的佛，在他之前、在他之后都有与他一样的佛存在，所以，便有人人都可成佛的道理。这也与儒家人人都可成为圣人的观点一致。由于这样的观念，所以，大乘佛教就有了各种各样怀着宏大愿望的菩萨。如地藏菩萨发下"地狱不空，誓不成佛"的宏愿，观世音菩萨发下"解脱一切众生之苦"的宏愿。这些菩萨对人世间都怀着巨大的同情心、爱心和怜悯性，与儒家的圣人有共同的情怀。

那么，一个有趣的问题便产生了。为什么先前三位高僧不直接传授两种佛法呢？一是小乘佛教产生早，迦叶摩腾、竺法兰以及安世高所习的都是在孔雀王朝时所讲的佛法，他们并没有接受大乘佛教。大乘佛教是在公元 1 世纪左右，印度佛教内形成的一种新的思想学说和教义教规，即对小乘佛教的革新和发展。可以说，支娄迦谶在中国传授大乘佛教使中国拥有了最新的学术成果。二是小乘佛教与大乘佛教各有主张，目前两种派别仍然存在。

大乘佛教的产生，使佛教拥有了再生的力量和空间，也使佛教真正成为一个世界性宗教。有意味的是，在此前后，从犹太教中诞生的基督教也是对犹太教的一次全新的革命。犹太教只爱护犹太人，而基督教则要爱整个人类。由是，佛教和基督教便成为公元前后那个正在扩张的人类世界最成功的宗教。

所以，对于以儒家为主的汉室天下来讲，大乘佛教的来临无疑更为妥帖。儒家的仁爱思想和积极入世的态度与大乘佛教不谋而合。这也许是大乘佛教后来在中国普遍流行的主要原因。

所以"月氏菩萨"支娄迦谶的来临，使佛教在中国拥有了新的天空。白马寺的天空也变大了。当时的东都洛阳，可以说是世界上最繁华的大都市。丝绸之路的开通使西域诸国的商人、僧人都有到洛阳来传教的理想。于是，印度的竺佛朔、安息的安玄、月氏的支曜、康居的康孟祥等都不约而同地来到这里，使这里一时之间成为东都洛阳最奇特的地方。

灵魂的依怙

在儒家学说中，有一个问题始终没有回答，即人死后到底去了哪里？人在现世的种种行为，无论善与恶都会有价值的回报吗？

翻开《论语》，我们看到孔子对祭祀非常重视，把孝道提得很高。孔子说，"自古皆有死"，"死生有命"，但"未知生，焉知死？"还说，"朝闻道，夕死可矣！"当他站在黄河边上，看见滚滚之流叹道，"逝者如斯夫！"《史记》中记载，当他突然感到自己要死亡之时，发出悲鸣的呼号，"弗乎弗乎，君子病没世而名不称焉。吾道不行矣，吾何以自见于后世哉？"《礼记》中又载：孔子临死之前感叹："夫明王不兴，而天下其谁能宗予，予殆将死也。"说完，他就闭上了眼睛。

先秦道家似乎也没有回答这个问题。老子说，有生于无。庄子说，人生于道，死的时候又回到道。但道是什么呢？庄子说，他怎么能知道呢？又说，也许一万年之后有一个聪明人能回答这个问题。有时候，庄子又说有些方式接近于道，如荒野之大树，江湖之瓢。

世俗之大众如何能接受这些终极回答呢？显然有大问题。就在这个时候，佛教进入了中国人的视野。在迦叶摩腾、竺法兰的时代，历史记载，只有楚王刘英信佛，其他皇室子孙及知识分子还没有。到了安世高和支娄迦谶的时代，已经有好些汉人开始追随于他们翻译经典，如受教于安世高的严佛调，洛阳人孟福、张莲等十多人。

到了西晋之时，已经普及到老百姓了。但是，对于佛教来讲，一个最大的问题便是：只有真正遵守佛教戒律，才算是入了佛家之门。那么，中国人是如何跨过这一关的呢？

第一个剃度为僧的中国人，叫朱士行。给朱士行施戒的是昙河迦罗。这位印度来的高僧，在白马寺开创了佛教在中国的新篇章。他把佛教的戒律翻译到了中国。戒律之于佛教，就像肉体之于灵魂。佛教有戒、定、慧三学，戒为其首。有戒方有定，有定方有慧。据说，他出生于大富人家，青年时期表现出过人智慧，"读书一览，皆文义通畅"。但是，有一天，当他看到一本佛经时，竟然不能懂，于是便去请教，结果就信了佛。那一年，他二十五岁，信了，便出了家。之后，来到中国传法。所以，在他看来，戒律是第一位的。他来到白马寺，为中国翻译了第一部佛教律典《僧祇戒心》，也是第一个为华人授戒的印度僧人。而这第一个受戒之人，便是他在白马寺收的徒弟朱士行。

从各种史料来看，朱士行是在少年时出的家。没有家室。但为何出家？没有记载。从其师傅昙河迦罗的出家来看，大概也很简单。就是真信了，也有"远志"，便出了家。世界上除了那些一生下来就处在宗教区域毫无条件地信了该地宗教的人们外，其他人要信仰宗教是非常艰难的。除了从理论上证实之外，一般都有个体难以解说的经验。朱士行的出家也许两者都有。今天我们已经无法再去探知他当时的心路历程，但有一点是确信无疑的，那就是，他是真的信仰佛教。于是，他成为中国第一个剃度为僧的沙门。

出家，意味着将世俗人生的一切烦恼抛之脑后，置之度外。世俗世界的名利场、情爱仇恨、华服美食，他都超越了。其灵魂飘飞于众人之上。这对朱士行来讲，定是奇妙的感受。一切都寂静下来。他唯一要做也是立志要做的是，便是信仰佛教，传播佛法。于是，他做了两件不可思议的大事。一是开坛讲法。他成为中国历史上第一个汉人弘扬佛法的人。但是，在他宣讲佛法之时，发现了译经中最大的问题，即翻译带来的断章取义，还有最早的翻译者用道家的理论和词汇来翻译佛经，总之，佛理不通。他从师傅那里知道在西域有第一手的佛经。于是，他做了第二件事。西行求经。他从洛阳出发，经雍州，涉流沙，经过千辛万苦，终于到达西域的于阗，也就是今天新疆的和田。在那里，他看到了真正的大乘经典，派人送到了洛阳，而他当时知道自己大限已至，索性不再回国，便埋骨于他乡。他成为中国历史上第一个西行求经的人。

朱士行的意义还在于，从他开始，中国的僧人不再由皇帝派出，而是为了自己的信仰传播佛法，自愿走上西行取经求法的道路。从他之后，西行者的身影便不断地闪现在古老的丝绸之路上。法显成为历史记住的第二个西行求法者。从昙河迦罗、朱士行，再到法显，中国的佛教才完成对戒律的学习。

在白马寺之后，洛阳成为当时中原佛教传播的中心。白马寺建成三年后，在离洛阳东南约 65 公里的嵩山玉柱峰下，建成了大法王寺。在此前后，在山西五台山台怀镇北侧建成显通寺（原名大孚灵鹫寺）。到了晋代，洛阳有佛寺四十二所。而到了北魏太和年间，洛阳的佛教活动呈现空前兴盛的局面。据《洛阳伽蓝记》记载，当时洛阳佛寺竟达 1367 所，"寺夺民居三分之一"。北魏末年，江北地区已有佛寺达 3 万余所。

从朱士行开始，真正的信仰便也从那时开始。到了西晋时，剃度为僧者达到 3700 多人，北魏末年时达 200 万人。而接受了佛法教育的民众与知识分子就无法估量了。真信了，便剃度为僧，而那些半信半疑的人们呢？在他们的生命中，佛法已经种下了。那么，对于那些已经信仰，但又因为种种现世的孽缘或其他缘不能出家的人呢？这就是居士产生的原因。

就这样，佛法在以白马寺为中心的诸多寺院中落地生根，开始真正影响中国人的精神生活。然而，寻求佛法必须要出家吗？这是那个时候世俗中人在信仰面前最大的疑问。直到今天，它仍然在问。基督教、伊斯兰教与佛教有一个很大的不同，即如何在更为广大的民众中传教的做法。基督教和伊斯兰教在人出生后有一个受洗的过程。这是无法选择的，是专制的。但是，佛教是自愿的，愿意出家的称为僧人，与基督教和伊斯兰教中的神职人员一样，但不愿意出家而又信仰佛法的人称为居士。这是佛教的开明之处。这样就慢慢产生了一个问题：怎样做才算是真正的开悟呢？

这是中国佛教发展到魏晋时期必须要解决的一个学术问题。

在朱士行出家 200 多年后的一天，从北印度来了一位僧人，名佛陀扇多，受到了北魏孝文帝的推崇。孝文帝特为他在嵩山创立少林寺。而他在公元 525 年至 539 年，先后在白马寺和邺教金华寺翻译了 11 部佛经。与此同时，另一身怀大法与绝技的印度僧人达摩，凭一叶扁舟来到中国。他先去了南京，见到了梁武帝。

武帝问达摩："朕继位以来，营造佛寺，译写经书，度人出家不知多少，有什么功德？"达摩说："并没有功德。"武帝问："为什么没有功德？"达摩说："这些只是人天小果，有漏之因，如影随形，虽然有，却不是实有。"武帝说："怎样才是真功德呢？"达摩说：

"清净、睿智、圆妙，体自空寂。这样的功德，不是在尘世上追求的。"武帝又问："什么是圣谛第一义?"达摩说："空寂无圣。"武帝又问："回答朕的问话的人是谁?"达摩说："不知道。"武帝没有领悟。于是，达摩来到了洛阳。

达摩来到洛阳，参观洛阳的各大寺院，自然不会错过白马寺。他对洛阳的佛寺宝塔极为赞赏，感叹"极佛境界，亦未有此!"因而"口唱南无，合掌连日"。他最终选择了嵩山少林寺，在那里面壁九年，并收弟子慧可，禅宗从此确立。

禅宗的确立，使佛教与中国儒、道真正地融合，也使擅长玄谈的中国知识分子意会，在内心深处接受了佛教。佛教由此在中国学术界得到真正的认可。

一个假说

今天，宗教似乎已到学术的边缘。科学、哲学、历史、艺术以及后来诞生的人类学、考古学、心理学等成了真正的学术核心。但在古代人类的学术史上，宗教是核心学术之一。它回答着人类的终极追问。它的使命和价值在于，在法律和社会制度尚不健全的时候，它代表公共道德、信仰价值，它还指导人类的具体生活，成为人类灵魂的依怙。

今天，人类靠科学发明创造财富，靠哲学、艺术以及形形色色的大众文化娱乐自己的灵魂。用西方一些哲学家的话说，人类杀死了上帝，自己开始成为自己的上帝。宗教，便成为一部分人的信仰。在中国，尤其如此。它已经不能像在古代那样占据人类的精神空间。这是好事，还是坏事？显然，它已经成为当今人类社会最大的争论之一。

在儒家将《易经》作为首经之时，儒家的思想中已经有了天人合一的整体观念。孔子说："易为天地准。"按南怀瑾先生的研究，《易经》是中国古人关于天体和大地的学说。它不仅诞生了儒道两家，还诞生了中医。可是，今天我们不懂了，使其流落于民间术士之手，将其当迷信学说。这也许需要一个重新认识的过程。据说，孔子到了五十岁时才学《易经》，到他七十三岁去世时，他仍然在感叹，如果再给他几年，他就能将《易经》完全理解了。可见《易经》之难，非常人所能学。但孔子之后，能真正传承《易经》之玄学的没有几人，大部分都是解释其易理，到朱熹时更是如此，所以南怀瑾认为朱熹虽创了理学，但也基本丢了玄学，只得了孔子之学的一半。王阳明对此有疑问，终在龙场悟道，创立了心法。

让我们再回到佛教初建并发展的东汉及魏晋时期。那时，中国的学术界出现了一派新的气象，要对过往一切学术进行一些新的解释。这场解释的结果又导致了一个新的学术现象，即清谈玄学之风。从历史的行间，我们能看到郭璞是当时继承《易经》最显的一个大师，据说，还是中国风水学的鼻祖。《晋书》记载，郭璞在国家大事上屡卜屡中，所以在当时为传奇人物。到了西晋末，他被镇东大将军王敦任为记室参军。324年，王敦一心想谋反，就请郭璞占卜。郭璞便占了一卦，想以礼教来劝说王敦，并说卜辞不吉，谋反必败。王敦便问，那你能卜出自己的命运吗？郭璞说，当然知道，你要杀我。王敦说，既然知道，为何还要来？郭璞说，这是命数。那一年郭璞 49 岁，刚刚到孔子学易的年龄。

谈玄是魏晋之风。伴随玄学的便是佛教的深入。这是中国学术史上的一大景观，中国文人之风骨在那个风起云涌的时刻表现得淋漓尽致，风采无限。一部《三国演义》将魏晋之前中国知识分子刻画得星光灿烂，激情四溢，又多姿多彩。而一部《世说新语》又使魏晋名士风采跃然纸上，叫人拍案称绝。中国历史上，除了诸子百家时期外，魏晋时期便是中国最富美学意味的时期了。《三国演义》和《世说新语》基本都是描写儒家知识分子的历史命运和生活细节，那么，道家和佛家的存在又在哪里？

就在魏晋之风中。鲁迅把魏晋之风归结为药与酒、姿容、神韵。李泽厚补充说："还必须加上华丽好看的文采词章。"这哪里够。这只是对竹林七贤、王谢诗文、名士之风、陶潜出世、二王书法的形容。他们仍然没有重视那个时代道家与佛家的行动，尤其是佛家。中国学术从汉开始进入尊孔之后，就进入一个"我注六经"的学术时代。像孔子一样的高峰不可能再有了。道家和佛家正好可以人才辈出。

读史可以看到，三国和两晋正面临纷乱局面，皇室崩裂，诸侯争霸。它也正好像春秋战国时期一样，知识分子可以著书立说，开创新知。乱世给知识分子平空强加了一种使命和强力，迫使他们走出书斋，直面乱世。这就是三国时期以曹操、诸葛亮等为代表的知识分子群体。但是，乱世更替，命运无常，知识分子又不得不苟全性命，便致使他们以侠、邪、怪、傲等形态处世，以谈玄避世或喻世，这就有了《世说新语》中的名士之风和玄学之风。

然而，一个非常重要的问题是，是玄学影响了佛教的发展，还是佛教的引入刺激了中国本土儒道玄学的产生及发展？长期以来，学术界普遍的看法是因为政治上的动荡和社会的变迁导致了玄学的产生，而玄学又正好可以解释佛教的义理，因此，佛教得到很好的传播。我们是否可以有另一种假说，即佛教的传播导致了魏晋玄学的产生，玄学与佛教是互相影响、互为因果的关系。因为早在魏晋之前，佛教已经传入，到魏晋之时已经有一百多年的传播和影响。

首先，中国思想学术发展到东汉之时，需要回答一些形而上的问题，一些终极价值问题，佛教应运而至。但是，佛教的到来也刺激了道家，道教应运而生。道教产生于东汉末年。如果从这个事件来看，佛教对儒家的影响也是极大的。儒家知识分子是当时的士人阶层，佛教与道教还都是在民间传播，且那时佛教人士大都被认为是方术之士，与当时被边缘化的道家人士有些类同。然而，从汉明帝开始，历代一些皇帝和王侯都非常推崇佛教高僧。比如，早在汉明帝迎西域高僧迦叶摩腾和竺法兰时期，楚王刘英就好黄老，崇佛陀，说明在那个时期的楚国就已经有了佛教的传播。此后经年，不断有西域高僧到东土传法，它必然会刺激当时的知识分子对佛教的关注和研究。《后汉书·陶谦传》记载说，东汉末年献帝时，丹阳人笮融"大起浮屠寺……可容三千许人……每浴佛，辄多设饮饭，布席于路，其有就席及观者且万余人"。曹魏之时，陈思王曹植喜读佛经，魏明帝曹睿尚佛，曾大起浮屠（塔）。据《佛祖统记》记载，自东汉至东晋共译出佛典近千部，信徒日益增多，到西晋已有寺庙180多所，僧尼3700多人。这足以说明佛教在当时的影响甚巨。再比如，前秦苻坚派大将吕光西征，其中一个目的是接迎圣僧鸠摩罗什。

当他攻克襄阳时说："朕以十万之师攻取襄阳，唯得一人半。"此一人指的正是一代高僧道安大师。皇室王侯如此，下士民众必当重视。佛教宣扬的色空学说和灵魂轮回学说以及因果报应学说在乱世中产生了巨大的吸引力。几代帝王因为王位的争夺而杀人无数，尤其是残害自己的亲人，内心极为不安，佛教也使他们有了安心的法则，这就是宣扬佛法。从上至下，佛教的思想开始在士人中得以传播。而佛教又以方术来影响民众，且造以灵魂不灭、轮回转世以及因果报应之理论，民众便信仰。这是乱世中所有人的灵魂依怙。因为这样的影响及学术上的成就，佛教对儒家的正统地位便产生了威胁，儒家学说便不得不向佛、道两家寻求学术上的融合。玄学就此产生。此其一也。

其次，从当时儒、道两家的心理上来讲，主张文化自信，必将对自身文化进行一次新的解释。所以，一方面要驱除佛教。这种事情在魏晋时期多有发生。如南北朝时期周武帝灭佛诏中云："佛生西域，寄传东夏，原其风教，殊乖中国。"到了唐时，韩愈上书灭佛也是此理。另一方面，要用自己的文化来解释一切现象，要表现出佛教中之理，其实在中国文化中早已存在。这就是玄学也讲"无"的道理。这也同时把儒、道两家推动了起来。当时的情形是，佛教主要在北方两京和河西地区传播，而南方相比要差一些。南方主要是南遣的世族们的清谈。于是，我们便能看出一种文化心理，即南遣的王公世族们虽然也受到佛教的影响，但是，出自文化的自尊和对儒家的革新，以及对佛教的调和，便有了谈玄之风。此其二也。

最后，佛教和道教在这种情况下借势发展。人们对佛教的解释一般以道家的理论为工具，这样既是对道家的尊重，又很好地解释了佛教，调和了佛、道两家的矛盾。而对道家的扬弃来自中国文化自身的运动，儒家在面对佛教的挑战时也更认同道家，所以，当时那些谈玄的名士们大多都是儒家出身，但都有了道家的外衣。因此，我们可以得出一个结论：佛教的参与，使魏晋时期的思想学术得到了更新，使汉以来独尊儒术的学术局面发展成为多元融合的构架。

至此，佛教真正地成为中国思想学术的重要组成部分，并在中国得以长足的发展。如果我们能够承认这样一种观点，那么，我们就可以重新来解读那时三教发展的历史和一系列历史细节。而这一切，都离不开白马寺的建设与传法。因此，古人将白马寺称为"祖庭"和"释源"。

中国性文化批评

从本源上来看，性的特征之一就是生殖。无性之人便不能生殖，不能生殖的人便失去了生命中最生动最本质的元素。文化也一样，无性的文化也就不可能有繁殖的能力。那么，中国文化是何时变成无性文化的呢？

中国目前可知的最早的哲学应该是《易经》，它是中国人的超验哲学。《系辞》云："易有太极，是生两仪，两仪生四象，四象生八卦，八卦定吉凶，吉凶生大业。"有人认为，两仪就是阴阳，也有人认为，两仪乃天地之形成。但无论哪种说法，从后期中国人对阴阳和天地之形容，都是阳、天代表男性，阴、地代表女性。这就是天人合一的哲学。《系辞》："神无方而易无体，一阴一阳之谓道。"《易·序封》又云："有天地然后有万物，有万物然后有男女，有男女然后有夫妇，有夫妇然后有父子，有父子然后有君臣，有君臣然后有上下，有上下然后礼义有所错。"从大的方面来讲，万物就是天地这一对"男女"所生的子女。这是中国最早的生命起源的学说，与性有关。

也就是说，有了性，才会有生育，有了生育，才会有成长。从各种风俗来看，中国最早时也有性崇拜。当然，所有的人都认为，那时人们还没有真正认识性，即不知道为什么性可以产生那样的快乐，妇女会流血，而最重要的是性能生殖。这在当时是不可思议的事。所以他们对性是敬畏的，以各种各样的宗教仪式来祭拜。现代人在讲到这里时，都觉得自己已经懂得了性，将原始人的这种认识视为愚昧，其实，愚昧的是我们现代人。我们对性究竟知道什么呢？性为什么会生殖？我们会拿实验室的说法来解释性，以看得见的精子和卵子的结合来图示性的过程，以为这就是了解了性，其实这只是一种浅薄的说法。我们不过比原始人多走了几步而已，也就是说，我们能更接近事实本身，但是，要回答事实的真相是不可能的。为什么精子和卵子会结合？为什么男人会有精子而女人会有卵子？人类乃至一切生物为什么会有这样的生殖能力？即生命的原初究竟是怎么发端的？为什么会发端成这样一种完美的属性？

当我们现代人要思考和回答这个问题时，就成了一种形而上的问题，其实，这与原始人直接崇拜性是共同的。原始人对性的神秘性是看得见的，是以祭祀的形式存在的，所以他们没有疑惑，也就没有痛苦，可我们现代人不一样。我们不但放弃了对性的形而上的认识，将性视为一种形而下的存在，而且我们没有任何对性的敬畏。这是性存在的真正问题所在。

《不列颠百科全书》在谈到基督教时曾有这样一段论述：所有异教的核心就是以这样或那样的形式崇拜自然。在所有异教中，自然的最深刻和最使人敬畏的属性是生育力。生育和生成的神秘性是自然的最深刻的神秘性。

这神秘性自然就是性。弗洛伊德是现代人中第一个发现并且大胆地论述人的这种能力的人。他将它称为"力比多"，认为人本来是拥有本能的全部的属于其个体生命拥有的力比多，但是，它在后期慢慢地丧失了。在弗洛伊德看来，这种性能力（力比多）不仅仅是指人的单纯的性活动，还散布在人的所有创造活动中，即人的思想中也拥有这种力量。所以，他认为，当一个人在不断地创造并随着成长不断地从事性活动，人的力比多就随之减少，后来，随着人的身体能力的下降，这种力比多也就慢慢地枯萎。这是有道理的。人的性能力实际上就是人的生命本身的能力，但是，这种能力不仅仅存在于人的身体中，还存在于人的思想意识中。

在古代，这种对性的认识还没有回到人本身，而是在人之外，是由不可知的神所赋予的一种能力。这种认识其实是可贵的，它更接近于真实。现代人有了孩子后，认为这是自己的能力所在，但其实我们仔细地想一想，并非如此。这种能力是我们先天就存在的，任何生命都有这样的生殖能力。我们所做的不过是赋予其一种新的历程，即生命本身的历程而已。我们在传承生命，而非真正意义上的从无到有的创造生命。这是生命所固有的意义之一。这种创造力在生命界无所不在，人类没有什么可以值得骄傲的。超越了这种个体之后，我们对生命和宇宙也许会有另一番认识。似乎从这个意义上来看，原始人其实与我们的认识没有多远。

《不列颠百科全书》在谈到基督教时这样论述性的存在：

> 对古代异教思想家来说，就像在现代科学家看来一样，宇宙起源和存活的隐蔽秘密的关键就在性的神秘性中。两种活力或力量，一种是积极主动的（雄性），另一种是消极的女性的或接受性的，在每一地方都被认为是为了创造之目的而结合。天

和地、太阳和月亮、白天和黑夜，被认为是相结合而产生存在。几乎所有古代文明的多神论崇拜都是建立在这个基础上的，由这个基础我们可以一个阶段接一个阶段地追溯出神灵分化成男神和女神，不同自然力的神化，人自身能力、欲望和情欲的观念化。人所理解的每一种力量都表现为一种敬慕的对象，人的意志的每一种冲动都成为神的一种具体表现。但在每一种多神论中，我们发现性的神化是黏合剂。没有任何一种古代宗教不靠某种宗教礼仪来献祭多种多样的性活动。当然，其中许多性活动实际上是把淫乱升华为一种庄严的宗教事务。①

从这种论述中我们是否也可以看出一个秘密，即基督教的产生是与性有着极大的甚至是根本的关系。基督教所教导的通篇都不过是人伦的关系，这与儒家所倡导的礼教人伦其实是一样的，只不过，儒家没有永恒的人格化的上帝存在，而是一种泛化的天道，所以人伦的礼教便越来越成为一种血缘关系，基督教所倡导的人伦礼教则不然，因为始终有人格化的上帝的存在，所以人伦的道德能够超越血缘关系，而始终成为一种人与上帝相互依存的关系。

今天我们可以从考古学那儿得知，人类最早的崇拜是从女性开始的，即母系社会。老子的《道德经》第六章云："谷神不死，是谓玄牝。玄牝之门，是谓天地根。绵绵若存，用之不勤。"很多学者认为，玄牝指的是母畜的生殖器，实际上从老子的哲学来看，就指的是一种生殖器，因为它能产生生命。学者赵国华也认为，老子的这段话实际上暗示了在过去中国有崇拜女阴的风俗以及存在过母系社会。

---

① 转引自刘达临《中国古代性文化》，宁夏人民出版社 2003 年版，第 23—24 页。

从文化符号学的角度来看，母系社会在中国古时是存在过的。今天我们看到的中国最早的姓都是从母姓的，即姓都有"女"字偏旁，如远古的大姓有姜、姚、姬、姒、妫等。为什么会从母姓呢？有几种说法，一种就是母系社会的说法，女性在社会中占绝对的优势，所以姓氏与母姓有关。这种说法与后来的婚姻家庭史上的一些说法相合。在原始社会那段时间，是没有固定的婚姻制度，女性和男性在性方面虽已经有了禁忌，但多没有制度的约束，同时，又没有节育能力，这样女性在生育之后便不知道孩子的父亲是谁，只好以母姓为主。这就是孔子等常说的"人不知其父"的时代。另一种说法是，"由于古代同姓不婚，所以娶妻必先知其姓。如果买妾而不知其姓，就要问卜。可见姓的最初作用是代表氏族并区别婚姻"。[①]这与中国古代的"男女同姓，其生不繁"（《左传·僖公二十三年》）是一个道理。

　　《吕氏春秋·恃君览》中说："昔太古常无君矣，其民聚生群处，知母不知父，无亲戚兄弟夫妇男女之别，无上下长幼之道。"《列子·汤问》中也说："男女杂游，不媒不聘。"意思是在中国古时候存在过群婚杂交的母系社会。由于不知道父亲是谁，所以女子所生的子女都由女子来抚养。

　　但为什么突然之间变成一个礼教的社会呢？孔子曾呼号自己的时代"礼崩乐坏"，所以他制定了《礼经》，追述夏、商、周时的礼。此前的历史他已无法考证，但也说明在夏、商、周时中国已经有非常完备的道德，特别是性道德。

　　一个非常奇怪的事是，从今天我们所熟悉的四大文明古国来看，

---

　　① 唐家健主编：《中国文化史概要》，高等教育出版社 1997 年版。

古印度、古埃及、古巴比伦都留下了大量的性崇拜图腾，中国却极少。还有，西方的神话中有很多乱伦的故事（如宙斯既和自己的母亲发生性关系，又和自己的妹妹等发生性关系），故事中性的张力极大，但中国的神话中几乎是"干净"的。它说明了一个什么问题呢？

从已有的资料可以看出，人类经历了群婚制的血亲杂交、血缘家庭、普那路亚家庭、对偶婚和一夫多妻制到一夫一妻制的历程，这个历程是人类的群体不断分化、道德从产生到复杂化、制度产生等社会化的过程。

关于道德生成并逐渐复杂化的问题另文讨论，在此不深入展开。我要说的是，人类经历了道德上的从无到有的过程，而这个正是制度产生和性观念进化的原因所在。今天我们都以为，道德是上帝制定的，是天生就有的，这与我们认为一夫一妻制的婚姻是天生就有的一样。主要是对历史缺乏必要的认识和分析而造成的。从人类婚姻家庭制度变迁的历史中，我们可以看到，性是道德产生的根源。也就是说，每一种新的道德与制度的产生，都与性有关。这里的性不仅仅指性行为，还指两性关系和同性关系。

为什么要指同性关系呢？过去人类群婚杂交时代，父女之间、母子之间都可以发生性关系，正如《吕氏春秋·侍君览》中说的那样："无亲戚兄弟夫妇男女之别，无上下长幼之道。"这种关系显然是混乱的，对正在形成的社会的管理是不利的，因此，首先要有秩序，而这秩序便是儒家所提倡的"礼"。那时，父子之间很可能是"情敌"（只是一种近似的比喻），是"同志"（那时，同性恋行为也很普遍），是陌生的关系。即男人之间也是混乱的，这也是一种性。我们今天可能不讲这种同性的文化，其实，在最早，同性的文化与异性之间的文化是同等重要，这并非是指同性恋，而是指他们之间的关系。

为了使这种混乱的关系有一些区别，妇女生的孩子便有了姓，她的子女就跟她的姓。这样，妇女就拥有了一种血统组织。妇女的地位随着这种组织的产生而在社会上有了很高的地位。我们所说的女娲娘娘是不是也是这样的一位妇女领袖呢？这是很难说的。女娲在神话中是一位造人的女神，她还拥有补天的本领与智慧。她是中国文化中的一个原型形象。

但父系社会开始后，即男性占有优势以后，文化与性的道德又产生了一次大的变化。究竟是什么使男性忽然间变成了社会的主流，至今众说纷纭，但有一点是可以肯定的，那就是对性的认识。过去人们都从男女的身体条件和社会角色来讨论，始终不能服众，但如果从性的角度来解释，也许会让人豁然开朗。

人们终于发现，女人要生孩子必须得有男人才行，且男人是给予，女人只是接受。这种主动与被动的关系是天生的，是生命本身所赋予的形式。于是，中国文化中的阳代表运动、阴代表静止的哲学观便产生了。这就是老子的哲学观。所以老子的哲学观更多的是一种母性哲学。人们还发现，男人只有给予女人精液后，女人才能生育，甚至有人会认为，男人的这种精液本身就是生命，只不过在女人身体里被养育而已。所以在古代一些民族的图腾崇拜里有崇拜男子精液的。古希腊剧作家埃斯库罗斯的《奥列斯特》三部曲里写了一个很有意思的故事。在古希腊，克丽达妮斯特拉为了她的情人亚格斯都士杀死了自己的丈夫阿伽门农，而她和阿伽门农所生的儿子奥列斯特又杀死了自己的母亲，为父报仇。这个案子被告到了神那里，引起了很大争论。依理逆斯神认为夫妻间没有血缘关系，因此杀夫是可赎之罪；儿子和母亲的血缘关系极其亲密，所以杀母是非判死刑不可的。但是，阿波罗神和雅典娜神却认为，杀夫是十恶不赦的死罪；而因为母亲杀死了父亲，所以把母亲杀死，只不过是报了父仇，为神执行了法律而已。他们强调，奥列斯特杀死的是母亲，却并不是自己的血亲，因为一个人的血缘只同父亲有联系。他们认为自己并不是母亲所生，而是父亲所生，"父亲没有母亲也能生育"。最后，帕拉斯神以仲裁者的身份裁决奥列斯特无罪。

这里，依理逆斯代表母权制，阿波罗神和雅典娜神代表新兴的父权制。最后，依理逆斯神在绝望中长叹：

啊，年轻的神灵，

你们践踏了古老的律令。

这是一种认识的不同而带来的文化上的不同，而它的不同就是来自于性。性既标志一个社会时期的结束，又标志另一个社会时期的开始。

如果这样来解释母系社会向父系社会的转变，也许更能说明问题。中国古代也有一种叫"产翁"的习俗，即明明是由女子生产，可是男子偏偏装作在生产，躺在床上假扮痛苦。古书上有"伯鲧腹禹"的说法。鲧是禹的父亲，腹内没有子宫，怎么会生出禹来呢？有的学者就据此推测说，鲧是女性。其实，这是一种"产翁"的习俗，同时，它也说明中国古人同样有认为男子能生育的观点。

其实，从今天的性科学的知识来看，在性活动中，男子和女子同样都是主动者，也同样是给予者。过去人们以为只有男子在给予女子精液，却不懂女子在受孕时也同样给予卵子。没有卵子，空有男子的精液和子宫是不能生成生命的。但是，这种认识在今天也并不见得人人都懂。由于数万年的进化，在男子为中心的文化社会中，男子的体格比女子要健壮，男子的主动性比女子要强得多；但是，在以女子为中心的文化社会中，女子的体格却要比男子强健，至少和男人差不多，如有些摩梭人就是如此。

真正从体格上来讲男女平等与否是站不住脚的。虽然有些学者举出了动物界雄性比雌性要高大壮美的说法，但这仍然是劳动的结果。劳动改造了人的形体。

那么，我们现在是否可以说，从母系社会向父系社会的转变，就是女性的贞操观开始建立和性道德开始严格的时候呢？从宋兆麟所著的《走婚——女儿国亲历记》一书可以看出，摩梭人的家庭形式有母系家庭、双系家庭和父系家庭三种形式，从他的描述中不难看出，这三种家庭形式基本上呈一种递进的关系。他说："泸沽湖东边杀奸夫，西边杀婴习俗的出现，表明泸沽湖畔的母系制已处在周围父权制的左右夹击之中。母系制正在走向衰落，父权制正在缓慢然而却又是顽强地发展着。"在这种转变中，有一个特点是，在母系制的地区，性的禁忌是不多的，基本上实行的是走婚制，但是到了双系家庭时就不同了，因为这时父亲被确立下来了，而到了父系家庭后，就彻底地不同了。在这个过程中，有一个现象很能说明这个问题，即杀婴习俗。

中国古代和世界各民族古代也有杀首子的现象。主要原因是那时没有处女情结，人们对处女膜还缺乏认识。结婚的夫妇一般都是在婚前发生过性行为的，所以，丈夫一般都不相信妻子的第一个儿子是自己的儿子。例如："禹曰：予辛壬娶涂山，癸甲生启，子不子。"司马贞《索引》说："岂有辛壬娶妻，经二日生子？不经之甚！"这是对子女血统的怀疑与否定。父系社会的残忍可见一斑。

父系社会从一开始确立就是带着暴力而行进的。血缘是很重要的关系。而父系社会一确立，便开始统治女性，对性进行了多种约束，而这种约束往往是对女性的约束，对男性则相对很宽松。如男子可以娶妻与妾，女子则只有被休的可能。这是性禁锢的第一个标志。

父系社会的这种杀首子的现象和对女子的约束所带来的便是对处女的认识。这是性禁锢的第二个标志。父系社会的确立，不仅仅是确立了男女关系，还确立了长幼之间的关系。这大概就是父系社会伦理的开始。礼的出现与这种性文化有关。

在这种变化中，性道德起着非常重要的作用。但是，这种性道德与我们今天所认识的性道德是不同的。古时候的性道德与宗教有关。一方面，性道德促使人从群婚制走向单婚制，这是人道的进步；另一方面，宗教使这种性道德神圣化，这是天道的人格化。人道使父权制社会开始崇尚一种处女情结。宗教又使这种处女情结神圣化。这在古代的多神教中是常见的。很多宗教都以处女为象征。处女代表了圣洁，而这种圣洁就是不沾染性。基督教教义中的原罪就是指男女意识到了自己的性的存在，从此被逐出乐园，而带着罪活在这个世上。这里的原罪精神就是一种性道德的觉醒，即人类在意识到性是需要道德时，就可能会犯罪。

中国古代各民族都有自己信奉的宗教，这些宗教又把这种父权制思想下的处女情结神化，于是，慢慢地形成了一种处女文化。中国的文化很显然就是一种处女文化。如此说来，是处女崇拜与原始宗教将中国文化中的性意识改变了。

关于这一点，我们可以从古代中国人信奉的"圣人无父，感天而生"的处女情结中看出。中国古人认为，我们的祖先都有一位神性母亲，而没有父亲。华胥踏巨人迹而生伏羲，安登感神龙而生神农，女枢感虹光而生颛顼，附宝见大电绕北斗而生黄帝，庆都遇赤龙而生尧……就连孔子的母亲也是梦见帝如，忽觉有孕。在基督教教义中，耶稣也是无父的。若说有父，便是神灵。佛经上说，释迦牟尼的母亲是在梦到白象入怀时怀了他的。在很多民族中，人们几乎都把他们所崇拜的"圣人"当成是神与人的儿子，即使是刘邦做了皇帝后，还要撒一个谎，说自己是母亲和神结合后所生。

究其主要原因，一方面是处女情结的作祟，人们不愿意让性与圣人有染，认为性是不洁的；另一方面，认为圣人是神的儿子，即使有性，也是神与圣人之母的性，与人间的污浊的性不同。从这一点来看，中国人对性的认识已经太远了，早已脱离了事实。

因此，可以说，人类文化中对性的禁锢来自于母系社会的没落和父权制的建立，而处女崇拜和原始宗教导致了人类对性的彻底禁锢。

在我们今天能看到的中国古老的文献中可以发现，在中国过去有很多原始宗教，但是从奴隶社会也就是夏、商、周时期开始，中国人已经慢慢地与原始宗教脱离关系，而自觉地踏上了一条人文主义道路。关于这一点，可以从老子的哲学和孔子的学说中看出。

对性的认识，老子认为男性为主动而女性为被动，但他认为，女性是生命的源泉，这种认识可以看成是中国文化从母系社会向父系社会转变的一个符号。因此，从某种意义上，我们是否可以说，老子代表了母性文化。

孔子则不然，他是积极的、主动的、刚性的，是一种父权思想的代表，是男性文化的代表。孔子为什么要治礼？他就是要给混乱的人伦一个秩序。人伦的混乱是什么呢？不外乎是性的混乱，性的混乱又导致长幼不分，父不父，子不子，即男子之间没有一种确定的关系。长幼不分又会导致社会的整体混乱，这就是君不君，臣不臣。孔子是看到从夏开始到周就有的一种模糊的礼制，这就是父权制社会下的血缘关系。因此，从孔子开始，性就穿上了儒服，被彻底地遮起来了。

但是，无论怎么讲，老、孔时代，已经认为性有一种肮脏的意味。老子的哲学其实就是一种无性哲学。孔子讲"思无邪"其实还是一种处女心态。这是道德的作用，道德使洪水猛兽的性变得温顺。孔子试图摆脱原始宗教对人的一系列约束，而直接进入一种人道主义的礼制中。在这种礼制中，孔子非常强调血缘关系，即父子、夫妇等关系，说透了还是一种性关系。与其说血缘关系，还不如说是性关系。只有发生了性，才可能有血缘关系。性是本质。至于君臣之间的礼制，是性关系之上的一种社会关系。至此，性对道德的影响慢慢地被遮蔽了，社会关系对道德的影响越来越大，越来越显著了，但是，如果我们要真正对道德进行一次清理和反观的话，我们只能看到人伦道德，而人伦道德本身就是由性关系而确立下来的。

孔子时期，由于儒家思想的影响还很小，性道德还相对较宽松，孔子说："饮食男女，人之大欲存焉。""君子，好色而不淫。"孟子时期的告子也说："食色，性也。"但是，汉时独尊儒术后并把儒家思想当成一种宗教似的理念来看待时，儒家所提倡的礼教思想开始兴盛起来。中国人的性观念开始被礼教思想一步步引向变态的处女情结中，中国人的文化开始变成无性文化了。

无性的文化，也就是不能再生产的文化，所以，中国的文化从汉时就不能生产了。文化失去了一种孕育功能。

宋儒是对中国文化进行阉割的最后一批罪人。他们提出"存天理，灭人欲"，自古以来在中国人看来，性就是欲望之首，把性能治理下来，便可以宁静下来了。这是中国人的哲学的根本，其实是老庄哲学的根本。

前面已经讲了，老子哲学本身就是一种无性的文化，或者说是一种单一的女性哲学。它本身是不可能生产的。只有与另一种阳性的哲学发生关系，才可能会生产。这种阳性的哲学便是积极入世的儒家思想，可是，到了宋明时，儒、释、道合一，都变成一种阴性文化了。这就是中国文化之所以没落的原因。

近百年来，西方文化入侵，可以说，这是一种阳性的文化。它的暴力色彩极其浓厚。但如何与阴性的中国文化孕育出一种新的文化，还要看文化的对话能力。

后 记

　　眼前的这本集子里弥漫着我十年的岁月。重新翻阅这些篇章，感慨重重，十年来的很多瞬间像电影一样闪回。因为过去写诗歌、小说、散文的缘故，我不大情愿把我的思想和心血写成那些枯燥的格式化的论文，消弭于庞大的期刊网络中，只在年底时以考核的数字示人，我宁愿它们发表在一些被更多人看到但不一定被学者们重视的地方，所以我写成随笔式的散论，有时直接贴在我的博客里。

　　当然，我并不是说那些晦涩难懂的文论没有价值，只是说，当它们要寻求传播的时候就会阻力重重，万山相隔。我选择了一条相对便捷的道路。我同时也相信，很多文章其实不需要那么长篇大论，也不需要那么引经据典，只需要直抒胸臆即可。我们但凡真的对真理有信仰、对文字有崇敬、对社会有关怀，便不会那样做。尤其是在今天这个被娱乐和欲望俘虏的时代，更需要我们单刀直入、简洁明了去破除真理上空的迷雾。浮士德的困境是今天学者们普遍的困境，但很少有人像浮士德那样走出书斋。

　　当我们说得越多，真理便离我们越远。我还想起两千年前司马迁就在《史记》中批评儒家有关礼仪的著述太繁，以至于无法实践，那么，我们今天的著述是否已经多得像脑梗一样阻塞了整个民族思想的大脑？整个人类不也一样？

我们需要清理血液，使思想的传播与实践变得更为便捷。

当然，如此一说，并不是说我的思想多么了不起，而是说它更低，低到了大地上，低到了世俗里，低到了庸常的思想里。它没什么高明之处。它只是真诚地表达了一个思想者的心迹。最重要的是，我想与我的学生交流，与读我博客的网友交流。更大胆一些说，我想在交流中能够影响一下他们，同时，也印证我思想的是与非、对与错、高与低。也因此，我的思想总是在与他们的交流中变化着，不住相。我喜欢这样写下去。我相信我们离真理和大道永远只有靠近的可能，却不可能握住真理。即使握住了真理，也不能按住它令它停止不变。

这也是我宁愿在这本集子里呈现可能矛盾的思想。它们是我在十年间思想的流淌。我不能在这几天修改得让它静止不动。所以，我总是在想，《论语》本就是孔子流淌的思想，定然也有不成熟的地方，甚至有前后矛盾和错误的地方，但后人总以为孔子从出世到死去思想是一致的、不变的，是一开始说话便成熟了的。我不相信。要么孔子为何说自己"十五向学，三十而立，四十不惑"，到五十才知天命。六十岁又有变化，变得耳顺。七十岁时还有变化，得了中庸之道，才处于自由之境，从心所欲而不逾矩。

他所梳理的这条思想的轨迹后人并不去理解，故而他被歪曲了。事实上，从他死后，子夏之流者就已经不能真正地传达他的思想了。

他破碎成各种形象，被其学生按自己的方式理解，并歪曲。早在那个时候，他就不再是自己。两千五百年来，他早已不是他。最根本的原因，我们从未像知己一样去理解他。要么在智慧上不如他，要么将他高高捧起，只能去敬仰他，不敢冒犯他。事实上，他需要冒犯，需要真正的大智慧者、大道德者去冒犯他。

鲁迅是第一个真正敢于冒犯他的人，但并没有试着去理解他。在鲁迅的心底里，孔子是整个国家虚弱的代表，是真正的罪人。所以，鲁迅对孔子的态度是对孔子进行审判。

但那是真正的孔子吗？

今天又是儒学热，四处又是祭孔尊孔的热闹场面，但孔子是谁人们并不去辩论，人们需要的只是一尊属于自己的神而已。这仍然会将我们带入荒谬。

故而我们需要重新去理解传统，尤其需要重新去理解孔子，然后，用我们今天的思想去冒犯他，重新塑造他。

我不知道那个大智慧者、大道德者在哪里，我更不敢像司马迁那样在《史记》里暗示自己是孔子五百年后的圣人。康有为曾经如此自诩过，但他的实践离孔子实在太遥远了。但我们应当有司马迁、康有为那样的伟大志向，因为只有那样，才有资格与孔子对话，才有可能去理解孔子，更有可能去冒犯孔子。

我一直认为，孔子的伟大之处绝非他在《论语》里说过那些话，而是他的教育实践。一生之中，他在仕途中的时间仅仅数年，但从30岁至73岁的43年间，他绝大多数时间都在从事教育。他以其伟大的抱负完成了他的学说体系：六艺思想。《论语》只是他实践过程中的只言片语，而《周易》则代表了他的形而上学，《春秋》代表了他的史学,《诗经》代表了他的诗学,《尚书》代表了他的政治学,《礼记》代表了他的礼学,《乐经》代表了他的艺术学。后世以此作为经世之学而运用。

想以《论语》去理解孔子,只是盲人摸象。但轻视孔子的黑格尔和尊崇孔子的雅斯贝尔斯都是以《论语》理解孔子,离孔子实在是太远了。我们不能因为雅斯贝尔斯对孔子说了几句好话就认为他对孔子的理解是正确的。

如果说十年前我才试着去理解孔子,那时的那些文字只能说是盲人摸象,漏洞百出。我保留了它们。今天,我愿意作为孔子的知己去试着理解他,也写下诸多文字,但我自认为还离得很远。比如《周易》,我还没能像他那样"韦编三绝",更不能通晓其中的天地至道。我看过胡适之先生对孔子的批评就是从《周易》着手,算是找到了法门,但用西方的实证思想去批判充满了巫史传统的《易经》,必然是离题万里。

我只能说,我在自己的世界里,重新打开了中国传统文化这扇大门,也才走了几步,以后的路充满艰难。我知道,那需要知识的积累,但绝非知识能支撑下去,更多的是需要大智慧,需要伟大的情怀。

2015年暑假,我千里迢迢去拜见孔子,观仲尼庙堂,然车服不在,礼器不用,更不用说司马迁所说的"诸生以时习礼其家"的繁荣场面了。我在孔子庙前停驻良久,想对他说几句话,但终究忧伤而归。归来即写了《文学青年孔子》一文,长达四万字。从那时起,我暗暗起誓,此后的写作和教育,便向着传统。几月来,一些地方请我去讲学,我也不再讲文学和电影,专讲孔子。

现在编辑出版这部集子，也是为这个愿望。

感谢编辑罗莉女士为本书的出版付出的心血，感谢徐艺嘉、王梦琪、闫倩、李富妍、宋烨、何玉娥等几位同学帮我整理、校对。

是为记。

2015 年 11 月 22 日夜于兰州